ピサの第10回国際プラトン学会(2013年)にて

内在と超越の閾

内在と超越の閾

加藤信朗米寿記念哲学論文集

土橋茂樹・納富信留
栗原裕次・金澤　修 編

知泉書館

はじめに

　人間にとって自己というものが，結局のところ，朽ち果てるべき肉としての自己であらざるを得ないとするならば，しかもそのような自己としての肉体が他者によって見られ，触れられるものでしかないとするならば，人と人との出会いにおいて相手の肉体から得られた強烈な印象が，殊のほか深いところで内面の真実へと繋がるのもあながち不思議なことではないのかもしれない。学生時代，卒論の指導を引き受けてくださった加藤信朗先生の前に初めて間近に対面した際も，真っ先に私が強く惹き付けられたのは先生の太く短い手の指であった。先生の指は，細くしなやかな文人のそれとは対照的な，長年にわたって黙々とものづくりに励む匠の指そのものであった。後年，先生の論文に深く接するようになって，ようやくその時の印象が間違いでなかったことを確信した。なぜなら，思考の抽象的構造体である論文も，それを物として見る限り単に薄紙に印刷されたインク跡の集合に過ぎないにもかかわらず，その数々の論文が，先生の場合，まるで重く硬質な石板に刻み込まれた言葉が幾層にも緻密に積み重ねられたかのような厚みのある確かな質感をもって私に迫ってきたからだった。
　加藤先生の指を見ると，人の学問に対するありようを宝玉細工の匠になぞらえた荀子大略篇の一節を思い出さずにはいられない。そこでは，もともと衛の国の武公を讃える詩の一節であった「如切如磋如琢如磨」が引かれ，「人の文學に於けるや，なお玉の琢磨に於けるごとし。『詩経』に曰う《切るが如く，磋くが如く，琢つが如く，磨ぐが如し》は，學問を謂うなり」と解されている。象牙を切磋し玉を琢磨する匠のごとき指をもってひたすら切磋琢磨されたに相違ない先生の玉稿の数々を，私たちも文字通り指でなぞるようにして幾度も読み返したものだった。

「余人の読み候は,口ばかり言ばかりは読めども心は読まず。心は読めども身に読まず」と諭した日蓮上人さながらに,先生は自らの匠の業によって,私たちに「色心二法」を併せもつ心身一如のテキストの読みを叩き込んでくださった。その意味で本書は,加藤哲学を論者各人がどのように心読／身読したかを互いに切磋琢磨する場たらんとして編まれたと言っても過言ではない。

その一方で,先生との交わりを彩るもう一つの強烈な印象は,おそらく誰も真似し得ないほど際立って天上的で高らかな先生独特のあの笑い声である。決して高笑いというのではない。そもそも,笑い声というよりは,もっとずっと気息的で,だからこそ霊的な響きすら帯びた笑いと言ったらよいだろうか。実際,先生と親交のあった教父学者ポーリン・アレン女史でさえ,先生を懐かしんでいつも真っ先に口を衝いて出るのが,「Shinroのあの笑い声」は健在かという話題なのであるから,先生の笑い声に惹き付けられたのは決して私一人ではないはずである。とりわけ,ご自宅で催されたマンデー・セミナーで議論の行き詰まりを解き放ってくれたのは,いつも先生の笑い声であったような気がする。

パウロ的に言えば,「土から成る」(『第一コリント書』15.47-49) 匠のごとき太く短い指と,天から舞い降りたかのような軽やかな笑い声,この極めてシンボリックな両極性を,一方で際立たせ多層的に交錯させながら,他方でそれら相互を相対化し,自身の内に絶えず緊張関係を孕みつつ融通無礙な閾的領域として自らを体現するところに加藤先生の哲学の心髄があるように思われてならない。時に土臭く野生的でさえありながら,同時に天上的で透明な祈りにも似た加藤哲学の秘密を探りたい,それが『内在と超越の閾』といういささか生硬な書名に込められた私たち論者の率直な思いである。本書が加藤哲学の再検討の端緒となること,とりわけ加藤哲学に触れたことがないかもしれない一人でも多くの若い読者が加藤先生の諸論攷に直に向き合うようになることを心より願ってやまない。

2015年初夏

編者を代表して

土　橋　茂　樹

目 次

はじめに……………………………………土橋　茂樹　v

総論　重厚なペプロス──加藤哲学の「三一構造」………納富　信留　3
 1　『ポリティコス』という始まり………………………………………3
 2　加藤哲学の三つの顔……………………………………………………7
  (1) 研究領域の三一構造…………………………………………………9
  (2) 哲学問題の三一構造…………………………………………………11
  (3) 学問実践の三一構造…………………………………………………12
 3　プラトン哲学の三一構造………………………………………………14
  (1)「初期プラトン」哲学の確立…………………………………………15
  (2)「中期」の捉え直し……………………………………………………16
  (3)「初期」の継続としての「後期」……………………………………17
  (4)「発展／単一」を越える「三一構造」………………………………18
 4　後期対話篇とは何か？…………………………………………………19

I　哲学のメトドス

1　プラトンをめぐる接近法──「プラトン解釈の問題点」を軸として
………………………………………………………瀧　章次　25
 1　はじめに…………………………………………………………………25
 2　「問題点」の方法論的問題……………………………………………26
 3　「問題点」における方法論の，実践との整合性……………………28
 4　「問題点」を軸とする先行日本研究史における方法論の概観……30
 5　プラトン解釈方法論におけるわれわれに託された課題……………33
  (1) 対話篇作者プラトンは哲学者か……………………………………33

(2) 対話篇を作者プラトンの哲学に転換しなければならないか。……34

2 「ギリシア哲学」とは何か——『ギリシア哲学史』を出発点として
　………………………………………………………………金澤　修　39
　はじめに………………………………………………………………39
　1 「ギリシア哲学史」を構成するもの……………………………42
　2 考察1「ヘレニズム期の哲学」の位置づけを巡って…………43
　3 考察2 「ギリシア哲学の本質」を巡って………………………47
　おわりに………………………………………………………………54

3 　加藤，プラトン——『初期プラトン哲学』，「白鳥の歌序説」などを
　めぐって……………………………………………………荻原　理　55
　1 加藤から学んだ四つのこと………………………………………55
　2 プラトン，そして哲学の厳しさ…………………………………56
　3 『弁明』篇…………………………………………………………59
　4 加藤・プラトンからの，筆者の離反……………………………61
　5 読みの勘所…………………………………………………………64
　6 哲学史的洞察………………………………………………………66
　7 神　秘………………………………………………………………67
　結　語…………………………………………………………………69

II　プラトン解釈

4 決定的な時(カイロス)——『ソクラテスの弁明』論をめぐって…田中　伸司　73
　1 ソクラテス弁明の基本軸——神々の存在の承認と否認………73
　2 自証知と吟味——デルフォイにおわす神を証人として………76
　3 本当に正義のために戦うとは——ソクラテスの持ち場………78
　4 むすび………………………………………………………………84

5 初期プラトンにおける「善悪の知」——『カルミデス』・『ラケス』
　論をめぐって………………………………………………野村　光義　85
　1 『カルミデス』の分析……………………………………………86

2　『ラケス』の分析………………………………………………91
　　3　「善悪の知」の位置づけ………………………………………96

6　ダイモニオン的な仕事──「三一的解釈」とプラトン中期から後期
　　………………………………………………田坂　さつき　103
　　1　「三一的解釈」と分割法………………………………………104
　　2　二世界の架橋……………………………………………………106
　　3　ダイモニオン的な仕事…………………………………………111
　　4　人間とは何であるのか…………………………………………115

7　後期プラトンにおける神，知性，魂──加藤信朗「プラトンの神学」
　　によせて………………………………………高橋　雅人　119
　　1　加藤信朗の哲学観と神…………………………………………119
　　2　後期プラトンの神，知性，魂…………………………………125

Ⅲ　美（カロン）と徳（アレテー）

8　プラトン・イデア論のダイナミズム──「かた・かたち・すがた」
　　に学ぶ…………………………………………栗原　裕次　135
　　はじめに………………………………………………………………135
　　1　「かたち」と「かた」…………………………………………137
　　　（1）等しい事物の感覚判断………………………………………138
　　　（2）〈等〉の知識の獲得…………………………………………139
　　　（3）探究としての想起……………………………………………140
　　2　〈美〉の「かたち」の現象……………………………………140
　　　（1）〈美〉のイデアの特異性……………………………………141
　　　（2）〈美〉の想起の欠如性………………………………………141
　　　（3）〈美〉と〈節制〉の学び……………………………………143
　　3　〈ソクラテス＝哲学者〉の「すがた」………………………144
　　　（1）ソクラテスの同一性…………………………………………144
　　　（2）牢獄のソクラテス……………………………………………145
　　　（3）ソクラテスの生の選択………………………………………146

(4)〈ソクラテス＝哲学者〉の範型化 …………………………… 148
　　　(5) 感化と模倣による自己形成 …………………………………… 148
　　むすび ……………………………………………………………………… 150

9　美の発見と日常性の美学──「道徳性」の形成における美の役割
　　……………………………………………………………… 一色　裕　153
　　0　現代美学の問題 ………………………………………………………… 153
　　1　発見の対象としての美 ………………………………………………… 154
　　2　美の具現としての日常生活 …………………………………………… 163

10　美しさのために（καλοῦ ἕνεκα）──「何かのために」と「誰かの
　　ために」を繋ぐもの ……………………………………… 神崎　繁　167
　　1　目的の構造 ……………………………………………………………… 168
　　2　「美しさのために」と「善さのために」における「〜のために」の
　　　　位相の違い …………………………………………………………… 171
　　3　「それ自体としての価値」としての「美しさ」──行為それ自体の
　　　　「評価」と「利他性（altruism）」の基盤 ……………………… 175

Ⅳ　哲学と信仰

11　観想と受肉──「肉体」「形の現象」を中心に ……… 土橋　茂樹　183
　　1　加藤哲学の二つの「場」──プラトンとアウグスティヌス ……… 183
　　2　東方教父との関わり …………………………………………………… 185
　　3　肉体における超越の方位と内面化の方位 …………………………… 188
　　　(1) 形の現象─超越の方位 ……………………………………………… 188
　　　(2) 肉体存在の存在論─内面化の方位 ………………………………… 189
　　4　「神に似たものになること」と「キリストの模倣」 ……………… 190
　　5　観想（＝肉体からの超越）と受肉（＝肉体を伴った内在）……… 195

12　自己・肉体・わたしのあること──アウグスティヌス論をめぐって
　　……………………………………………………………… 出村　和彦　197
　　序 …………………………………………………………………………… 197

	1 自己と肉体	199
	2 場　所	204
	3 永遠と時間	206
	結　び	210

13　アンセルムス Cur Deus Homo の「真っ直ぐ」における正義——「人間の完成」への指向 ……………………………… 千葉　惠　211
序 …………………………………………………………………… 211
1 方法論 ………………………………………………………… 212
2 司法的正義の限界 …………………………………………… 218
3 神・人による意志の正義の実現 …………………………… 221
結　論 ……………………………………………………………… 224

V　人類の共生に向けて

14　初期近代における相互的仁愛論の可能性——平和なる共生のための政治哲学に向けて …………………………………… 川出　良枝　229
1 『平和なる共生の世界秩序を求めて』をどう読むか ……… 230
2 初期近代における相互的仁愛論の可能性 ………………… 234

15　他民族・諸文化の多元性を越えて——新渡戸稲造『武士道』論をめぐって ………………………………… ムケンゲシャイ・マタタ　243
序 …………………………………………………………………… 243
1 『武士道』の多面性と問題点について …………………… 244
　（1）新渡戸稲造の『武士道』の特徴 ……………………… 244
　（2）武士道とキリスト教の比較（接点） ………………… 249
2 新渡戸『武士道』における徳目研究 ……………………… 250
3 加藤信朗による新渡戸稲造理解の要諦 …………………… 255

あとがき ……………………………………………… 栗原　裕次　259
執筆者一覧 …………………………………………………………… 261
参考文献一覧 ………………………………………………………… 263

人名・事項索引……………………………………………………275
原典箇所索引………………………………………………………284
英文目次……………………………………………………………287

内在と超越の閾

――加藤信朗米寿記念哲学論文集――

総論　重厚なペプロス
―― 加藤哲学の「三一構造」――

納 富 信 留

1　『ポリティコス』という始まり

　加藤信朗が米寿を迎えるまでに展開してきた哲学は，全体として何であったのか。現代日本の哲学の現状，その可能性を考える上で，この問いは重要な出発点となる。だが，加藤の哲学を全体として見渡すことは容易ではない。一つの理由は，それぞれの学生，研究者が，授業を受け，演習に参加し，あるいは論文を読んだその時における加藤の関心で，彼の哲学と出会っていることにある。私たちはそれぞれの側面で加藤哲学を学び，それを引き受けて展開したり，逸脱したりする。始まりは，それぞれに異なる。

　筆者には，学部生時代，1985年4月から2年間にわたって東京大学文学部で開講された「哲学演習」プラトン『ポリティコス（政治家）』が始まりとなった。その演習は，私にとって哲学専攻に進学して最初のギリシア語講読であり，加藤の授業に参加した初めての経験であった。この演習はまた，加藤の経歴においてプラトン後期哲学に挑む始まりであった。ただし，この点をきちんと理解したのは後年になってである。それ以後の加藤ゼミの門下では，私や田坂さつきや荻原理ら後期対話篇を主テーマとする者がでている。

　4月17日の初回授業で，加藤は以下の導入を行ったと筆者のノートにある。

○後期対話篇を読むにあたっては，プラトン全体をどう読むのかということについて，態度決定を迫られる。このことを抜きにしては，問題は抜け落ちてしまう。
○Respublica において全体的な視点を提出したプラトンが，Politikos で何を始めたのか，問わざるを得ない。
○プラトン全体の中での後期対話篇の位置づけについては，何といっても Respublica との関係を吟味しなければならないが，その際，Respublica の中心とされるⅤ，Ⅵ，Ⅶだけではなく，全体との対応が必要になってくる。Politikos は Respublica の全体的な framework とかかわりやすい。
○アリストテレスの Politika は，プラトンの Respublica や Leges を念頭において考えられたものだが，それ以上に Politikos と非常に近い所で問題が始められていることに注意せねばならない。
○哲学的な問題点
　① 分割 Diairesis の問題　⟷　アリストテレスの定義 definition の問題へと移行する。同じか違うか，つながり，特徴は？
　② 政治（家）と哲学（者）

　これは，『ポリティコス』を読むにあたっての方向づけであり，同時に，「後期対話篇」へ向かう基本視座を定めている。それはまたプラトン哲学への視座でもある。2014 年の現在，加藤は朝日カルチャーセンターで後期対話篇を集中的に検討しているが，これまでこの視座は基本的には変わらない。「後期対話篇」をどう読むかが，プラトン研究の要となるのである。
　それから 2 年間で『ポリティコス』を読み終えた 1987 年 1 月 28 日の最終回に——加藤の東京大学での最終授業——残した総評は，次のようであった。

　　○Politikos 篇　重厚なペプロスの趣
　　　どこにいても中心であり，どこにいても部分である

　「機織り術」をパラデイグマ——加藤は「雛形」と訳す——として取

り上げ，縦糸としての「勇気」と横糸としての「節制」とを織り合わせてポリスという織物を仕上げる。「政治家」の術をそう定義する『ポリティコス』篇は，それ自体，さまざまな言論の織り合わせによって仕上げられた，「ディアレクティケー」という哲学の作品であった。

　逸脱につぐ逸脱で複雑に織り上げられたこの対話篇の言論は，焦点を移すことで，全体がそれぞれ異なって見えてくる。「政治家の技術」という主題から見ると政治哲学となり，学問分類論にも見える。「分割」を遂行・反省する定義論でもあり，「パラデイグマ（モデル）の論法」を提示し「測定術」を扱う哲学方法論でもある。また「宇宙逆転のミュートス」は，ながらくプラトンの宇宙論の一部として読まれてきた。それらどこも対話篇の中心であり，また部分に過ぎない。この感覚をもって『ポリティコス』を読んだ加藤の直感は，彼自身の哲学と響き合うように感じる。

　『ポリティコス』演習以前に加藤は，おもに初期対話篇を扱っており，研究業績としては1988年に東京大学出版会から刊行された『初期プラトン哲学』が代表となる[1]。後期対話篇について本格的な研究を発表したのは，『ポリティコス』篇の「パラデイグマ論」の論考からであり[2]，1992年夏にイギリス・ブリストル大学で開催された国際プラトン学会の第3回プラトン・シンポジウム（クリストファー・ロウ主催）で発表した「パラデイグマ論」がその最大の成果となっている[3]。

　私が加藤哲学に出会った1980年代半ばは，プラトン初期哲学の研究をまとめつつ後期哲学の論究が開始され，二つの関心が重層的に展開される時期であった。神崎繁を始めとして，これより以前に加藤の授業で学んだ人々は，アリストテレスの倫理学，プラトン初期対話篇において加藤哲学と出会っている。各人がそれぞれの始まりを，そうして定めてきた。

　加藤が1985年から後期対話篇に焦点を向けた背景には，おそらく1981年に日本で『テアイテトス』の一連のゼミを開講したマイルズ・

---

[1] 加藤（1988）。
[2] 加藤（1992）参照。但し，最初期に『法律』を扱った論文「プラトンの神学——晩年の哲学体系」加藤（1956/1997a）がある。その論文については，高橋論文（第7章）参照。
[3] Kato (1995/1996).

バーニェットの影響がある。1978年イタリア・パドゥアでのアリストテレス・シンポジウムでロンドン大学の講師だった彼に出会い日本に招聘した加藤は，世界の研究動向を見通していた。実際，ヴラストスやオーエンに先導された英米の分析的古代哲学研究は，ライルやヴラストス「第三人間論」に触発された『パルメニデス』研究から，後期の位置づけをめぐって『ソフィスト』『ポリティコス』『ピレボス』そして『ティマイオス』へと関心を移しており，その先駆けをなす『テアイテトス』の知識論は，ゲティア問題やヴィトゲンシュタインとの関係で，古代と現代の哲学が出会う最前線であった。加藤がバーニェットの研究に注目したのは，彼自身の能力も無論のこと，アリストテレス『分析論後書』のエピステーメーを「理解」(understanding) と解するバーニェットの哲学研究が，後期対話篇を主な場として世界のプラトン研究を牽引することを見通してのことであった。

その際，加藤がなぜ研究でマイナーな位置づけにある『ポリティコス』を最初のテーマに選んだのか，その理由は推測するしかないが，おそらく『テアイテトス』『ソフィスト』『ポリティコス』という三部作を後ろから逆の順で読み解くという「直感」があったのではないか。実際，加藤は『ポリティコス』演習で東京大学での定年を迎えて以後，東京都立大学で3年にわたって『ソフィスト』演習を続けている。『テアイテトス』は，バーニェット来日時に集中的に議論していたが，加藤は近年そこに回帰している。

80年代半ばに『ポリティコス』をテーマに選んだことは，その後の世界的なプラトン研究の展開において，慧眼が確認される。このマイナーな対話篇には，19世紀のルイス・キャンベルの注釈書の他，スケンプによる英訳・注が参照される程度で，他の対話篇と比較しても研究状況は格段に遅れていた。演習で独立に検討したオーエンの「描き得ないもの」論文は[4]，チャーニスとの間で交わされた『ティマイオス』の位置づけをめぐる論争の一部をなすやや特殊な論考であり，含意される哲学問題は興味深いものの，『ポリティコス』全体に関わる問題とは言えない。他方で，演習参加者の間では，1980年に出版されたミッチェ

---

4) Owen (1973/1986).

ル・ミラーの『プラトン『ポリティコス』における哲学者』が参照された[5]。その研究書は，独断的で教説体系をなすと見られがちな後期対話篇『ポリティコス』を，若いソクラテスとエレアからの客人の間のニュアンスやアイロニーに富んだ対話と教導と見なす革新的な読み筋を提供するもので，分析的解釈一色であった80年代にこの方向を正しく理解し評価する人々は少なかった。ミラーの研究書はむしろその後の脱分析的研究動向で再評価され，2004年に第2版が刊行されている。加藤の演習では欧米での偏見からある程度自由に，こういった研究を参照していた。

　『ポリティコス』から新たなプラトン研究を開くという動きは，実際にその後世界規模で起こったことである。1992年のプラトン・シンポジウムは，『ポリティコス』の新たな注釈書を後に出版するクリストファー・ロウの指導で開催された国際学会であったが，そこに結集した研究者と成果は「学会論文集」等で発表され，その後のさまざまな研究に結びついた。ブリストル学会で加藤はプレナリー・セッション報告の任を果たし，三嶋輝夫の徳論発表と合わせて，日本のプラトン研究が世界の最前線にあることを示した。筆者が大学院生として始めて参加したその国際学会は，日本が古代哲学，とりわけプラトン研究で世界を先導する可能性を垣間見せたが，その始まりは東京大学での『ポリティコス』演習にあった。

　加藤が1990年代から積極的に発言するようになる，哲学と政治の関わりについても，『ポリティコス』はなんらかの意味を果たしたはずである。ただし，加藤は，政治哲学の主なテクストを『ポリテイア（国家）』『法律』とアリストテレス『政治学』の三作にしぼっている。

2　加藤哲学の三つの顔

　「加藤哲学」とは何か？　それを語る難しさは，同世代の哲学者たちの研究スタイルや活動との比較で明瞭になる。

---

5)　Miller (1980/2004).

盟友であった井上忠は，言葉による生の刻みをひたすら追求して，パルメニデス，プラトン，アリストテレスを縦横に駆け巡りながら，哲学の現場に佇みつづけた。大森荘蔵は，明晰な日本語による鋭利な分析で世界のあり方に迫り，黒田亘は，古代を視野にいれつつ最先端の現代哲学を実践した。今道友信は哲学史と世界に広がる華麗な活動を展開し，九州大学では松永雄二が，ひたすらにプラトンとソクラテスの真理に迫っていた。加藤信朗は，こういった同僚のような一点突破の哲学，あるいは誰もが同定する形や見かけをもたない。加藤の文体は，格調たかくリズミカルな散文であるが，井上や松永のように，その日本語に伝染するというタイプではなかった。

　加藤は東京都立大学，東京大学，上智大学，聖心女子大学，慶應義塾大学等で複数の授業を持っていた。それらはプラトン，アリストテレス，教父・中世哲学という大きく三つのテーマに分かれ，通常並行して開講されていた。学生の間では，古代ギリシア哲学を中心に学ぶ者と，中世や教父哲学を学ぶ者で，ある程度の重なりや交流はあったものの，基本的に棲み分けがなされていた。加藤と同様にこれら全分野を均等に対象とし，かつそれらで研究をリードする研究者は，残念ながら現われていない。

　「加藤哲学とは何か」という問いに対してと，それを全体として捉えることが難しいのは，さまざまな側面や領域にわたり，単独の焦点が見えにくいこと，また，「肉体，かたち，美」といった独特の着眼に起因するのであろう。だがそこに，加藤哲学の特徴がある。この重厚さを，加藤自身が語る「三一的」という構造に準えて捉えることができるかもしれない。

　1988年に出版した『初期プラトン哲学』の序章で，加藤はプラトンの三つの時期を「三つの顔」と呼んでいる。プラトン哲学をそれらに分断することは，「対話篇の豊かさを失わせ，プラトン哲学の生命を枯渇させるように思えてならない」と指摘し，「プラトン哲学の三つの相貌をそれぞれ固有のものとして保ちながら，なおかつ，プラトン哲学の一性を見据えていく途」を模索する[6]。1996年にまとめられた『ギリシア

6）　加藤（1988），38。

哲学史』でも同様の三部分が語られる[7]。この「三一的（Trinitarian）解釈」を，加藤哲学そのものに当てはめて考えてみたい。

　「三一構造」という理念について，加藤は詳細な説明を与えてはいない。だが，キリスト教神学の「三位一体論」を念頭におき，三つの異なるペルソナが一つの実体をなす構造に意義を見ているのであろう。哲学は，必然的にある形，図式をつうじて姿を現わし，それを逸脱することで展開する。加藤がプラトン哲学に見るこの「三一構造」を基本形として，その哲学全体に迫ってみよう。

(1) 研究領域の三一構造

　加藤哲学の対象は，哲学研究の枠組みでは，「古代哲学／中世哲学／現代」という三つの領域に及ぶ。


```
            現代の政治哲学
             ↗       ↖
      古代哲学 ─── 中世哲学
```

　「古代哲学」で，近年の加藤はプラトン研究に集中しているが，初期にはパルメニデスからヘレニズム哲学，プロティノスにいたる研究があり，『ギリシア哲学史』（1996年）に結実している。

　また，『分析論後書』と『ニコマコス倫理学』の翻訳を中心としたアリストテレス研究も，戦後日本の古代哲学研究の代表的成果である[8]。『分析論前書』の井上忠訳と連携して取り組まれた『分析論後書』訳は，2014年に岩波書店「新アリストテレス全集」で高橋久一郎の新訳がでるまで，日本語で唯一の翻訳であった。その詳細な注と関連論文は，その分野での研究の基盤となってきた。高橋久一郎，千葉恵，河谷淳ら，『分析論』研究が高いレヴェルにあることは，本翻訳による所も大きいはずである。

　『ニコマコス倫理学』には，それ以前に高田三郎訳があったが，加藤訳は透徹した解釈でこの分野の研究を牽引した。近年には「西洋古典叢

---

7) 加藤 (1996), 84。
8) 加藤 (1971a), (1973a)。

書」の朴一功訳（京都大学出版会，2002年）と「新アリストテレス全集」の神崎繁訳（岩波書店，2014年）が批判的にそれを受け継いでいる。

他方で，加藤は一般にアリストテレス哲学の中心とされる『形而上学』を，編集上の問題ある著作として距離をおき，他のアリストテレス研究者と異なり，それへの集中的な考察は避けている。

「中世哲学」では，『アウグスティヌス『告白録』講義』（2006年）を代表とする教父哲学が中心であるが，研究ではトマスなど広い対象をカバーしている。宮本久雄，谷隆一郎，清水哲郎，出村和彦，土橋茂樹らが直接の教え子であり，加藤和哉，山本芳久も大きな影響を受けている[9]。

その一方で，2013年に『平和なる共生の世界秩序を求めて』にまとめられた現代社会への政治哲学の発言が「現代」の柱である[10]。これは現在の日本社会，そして政治状況に対する哲学の立場からの発言であり，1990年代から活発に行われてきた。2007～2010年に首都大学東京で行われた科研費補助金プロジェクト「ギリシャ政治哲学の総括的研究」で，古代哲学と政治哲学との対話が図られ，東京大学法学部の川出良枝らがそれに応じている。

三分野の間でも複数にまたがる考察がなされ，特筆すべき研究が出ている。「人間」をめぐるギリシア合理主義とローマ・キリスト教での実現を論じる論文「ヘラス・フマニタス・自我」（1964年），及び，「自己認識の問題点」を扱う論文「肉体」（1968年）が，古代と中世を結びつけている[11]。また，「共生」の政治哲学は，プラトンを中心とする古代哲学から現代へのメッセージとなっている。研究と呼ぶにはやや異質であるが，個人的に縁のあった画家・和田三造の『イエス・キリスト画伝』の監修は，キリスト教と近現代日本との関わりという加藤の関心を表している[12]。

加藤は三つの領域でそれぞれ独立に研究を進め，どこかに偏ったり一つに還元したりはしない。あたかも別の相貌をもって展開されるそれぞ

---

9) プラトン，アウグスティヌスとの違いについては，土橋論文（第11章）参照。
10) 加藤（2013）。
11) 加藤（1964/1997a），（1968/1997a）。
12) 加藤（2009）。

れの研究は，深いところで相互浸透し，一体の哲学を成している。これは加藤の関心がもたらす偶然の相かもしれないが，哲学そのもののあり方として示唆的である。西洋古代哲学と中世哲学は，歴史的に連関するだけでなく，ある意味で対照的な可能性をもち，両者を対で検討することは個別以上の意義がある。それらの哲学史研究はまた，現代にどのようなメッセージを発するかという問題関心と結びついて，初めて「哲学」として生きる。「三一構造」という加藤の途は，そういった哲学の可能性を示している。

(2) 哲学問題の三一構造

時代や対象とは別に，哲学の問題領域でも「三一構造」が見られる。「知識論」と「倫理学」と「哲学方法論」である。

```
                「哲学の途」哲学方法論
                   ↗         ↖
     「知の問題」知識論  ────  「徳の問題」倫理学
```

『初期プラトン哲学』の中核をなす第二章と第三章は，「知」と「徳」と題されている。『カルミデス』と『ラケス』に代表される二つの問題は，加藤哲学の両輪をなす。「知」の問題では「自己知」に焦点が当てられ，『ソクラテスの弁明』から『メノン』『テアイテトス』への「知識論」が射程に入れられる。アリストテレスでも『分析論後書』における「矛盾律」や「普遍」の検討がそれに属する。他方で「徳」の問題は，『ニコマコス倫理学』を中心にした目的論や現代の共生の哲学を含めて，広く「倫理学」の問題領域をなす。そして，「ホドスとメトドス」(1975年) を代表とする「哲学方法論」がもう一つの柱をなす[13]。

加藤の研究業績は截然とこれら三つの問題に分けられる訳ではない。むしろこれらの問題や関心が織り合わせて，それぞれの論文が成立している。

---

13) 加藤 (1975a/1997a)。加藤のプラトン哲学への方法論については，瀧論文 (第1章) 参照。

(3) 学問実践の三一構造

哲学研究の実践面では,「哲学」(philosophy) と「文献学」(philology) が学問の両輪を成し,それらの結合とバランスで研究が進められる。言葉への繊細なこだわりと分析は,直接に哲学的な問題の核心をえぐる。それらは,演習等の「共同探究」の場で実践的な営みとして一体化する[14]。

まず,「文献学」として,テクストとの向き合い方が大切である。それは,ギリシア語・ラテン語のテクストを細部まで丁寧に読み解き,その焦点を観て取りそこを掘り下げる態度である。加藤がテクストの核心に鍵となる語や文を取り出し,そこから全体の問題を見通す方法は独特である。とりわけ,著作冒頭を読み解く姿勢は,『ニコマコス倫理学』やアウグスティヌス『告白録』で見事に示されている[15]。

「哲学」としては,問題の論じ方に特徴がある。加藤は既成の問題枠組みに縛られず,独自の視点から事柄そのものに向き合う。「肉体,かたち,カロン,われわれ」といった,主流ではない観点から問題の本質に切り込んでいく直感は,他者には真似できない。英米分析系の解釈が全盛の時代に,加藤はそれらを咀嚼しながらも必ずしも依拠することなく,より正統的な哲学の議論を展開する。それは加藤が1959～1961年に在外研究したのが,ドイツのケルンとミュンヘンであったことに関係するかもしれない。中世哲学やドイツという基盤は,英米系というより大陸系の西洋哲学により親近性をもったのであろう。

「共同探究」では,議論の場の創出が顕著である。共同セミナーやカルチャーセンター講義といった場で教育・研究を実践し,国内外からの招聘で高度な学問機会を実現してきた。東京都立大学退職後に自宅で毎週開かれるようになった「マンデー・セミナー」でも,20年以上にわ

---

14) 加藤の教育的側面については,荻原論文(第3章)が具体的に扱っている。
15) 加藤 (1976/1997a),及び,加藤 (2006a),第2, 3講。

たってプラトンの講読を行っている。野村光義，金澤修らはその主要参加者である。

　国際的な場で議論し，若手研究者に世界での研究や発表を奨励した加藤は，日本の古代研究でもっとも海外とのパイプが太い研究者であり，筆者がケンブリッジ大学に留学するきっかけともなった。閉鎖的な日本の哲学研究で大きな風穴を開けたことは，おおいに評価されよう。とりわけ，2010年8月に東京・慶應義塾大学で開催された国際プラトン学会「第9回プラトン・シンポジウム」では，世界からの参加者と『ポリテイア』が論じられ，加藤の長年の国際的な活動の成果となった[16]。

　加藤ゼミの特徴は，『ポリティコス』演習の筆者ノートに「心得」というメモで残っている。

　　○ギリシア語を正確に読む（発音）
　　○日本語でどこまで正確に表現できるのか

　日本語での思索という課題は，『ニコマコス倫理学』の翻訳で実験された訳語「器量」（アレテー）に代表されるような，繊細な精神と時代への異議申し立てが結実したものであった。哲学する日本語の文体については，戦後の哲学者たちが葛藤する主要テーマであったが，加藤は和語や漢語の日常語に独特の感覚をもってこだわり，そこで本格的な哲学を展開してきた。「ただしい，うつくしい，よい」や「かた，かたち」等に独自の考察が光っている。

　1994年1〜3月に，筆者は栗原裕次，荻原理と共に，アメリカ・フィラデルフィアのペンシルベニア大学での加藤とチャールズ・カーンとの合同演習に参加した。毎週『ピレボス』を検討するセミナー室には，日本語の単語を白板に書きながら，その考え方を大学院生たちに説明する加藤の姿があった。英語でプラトンを論じるという中で，加藤がその問題を十全に展開できたとは言えないにしても，日本語で哲学し，そこでプラトンを論じるという姿勢は，海外の研究者にも共感され，理解されている。その実質をきちんとした言葉に移しながら，外国語で伝えて

16）　その研究成果の一部は，Notomi and Brisson (2013) として公刊された。

3　プラトン哲学の三一構造

「三一構造」とは，加藤がプラトン哲学を捉えるために提示した枠組みである。これは，『初期プラトン哲学』「序章」で明瞭に提示され，『ギリシア哲学史』でより具体的に展開されている。だが，この構造は，「ホドスとメトドス」論文の「プラトンの哲学の道」で，すでに「アポリアー／ミュートス／ディアレクティケー」という「三つのモメント」として示されていた[17]。加藤のプラトン論の基本をなすこの枠組みについて，その独自性に正当な評価が必要である。

プラトン哲学の全体像については，19世紀から積み重ねられてきた執筆年代の推定，具体的には，文体統計の手法を用いた「初期／中期／後期」の区分が，現在では研究者の間で広く受け入れられている[18]。加藤はその三分法をおおむね受け入れた上で，独自の位置づけを行っている。

初期哲学「アポリアー」
↗　　↖
中期哲学「ミュートス」　——　後期哲学「ディアレクティケー」

加藤による三区分は，四点で特徴づけられる。一点ずつその意義を検討していこう。

(1)「初期プラトン」哲学の確立
第一に，現代の英米を中心としたプラトン研究で「初期対話篇」

---

[17]　加藤（[1975a] /1997a），18-26. この論点については，田坂論文（第6章）を参照。
[18]　加藤は基本的にヴラストスの区分に依拠している（加藤（1988），26-28）。もっともこの三区分には近年疑問も提起されており（J. Annas 等），研究者一般の間では，『初期プラトン哲学』刊行当時ほど自明視されてはいない。

(Earlier Dialogues) は「ソクラテス対話篇」(Socratic Dialogues) とも呼ばれ，「歴史的ソクラテス」の教説や活動をほぼそのまま伝えるものと解されている。とりわけアメリカで分析的解釈を牽引したグレゴリー・ヴラストスは，それをプラトン哲学（イデア論）から切り離して論じる傾向を作った。彼らは「初期対話篇」をおもにソクラテス哲学の資料として用い，プラトンの独自性がまだ展開されていない段階と見なす。それに対して加藤は，「初期」の名でまったく異なる理念を打ち出す。それはプラトン哲学の「初期」であり，後に展開される哲学そのものがすでに存在することを示すのである。とりわけその際に焦点となるのは，端緒となる『ソクラテスの弁明』である。

盟友チャールズ・カーンは，初期の諸対話篇に『ポリテイア』への予見的議論を見るが，『ソクラテスの弁明』のみは「歴史的ソクラテス」の教えであると捉えている。加藤の議論はこういった理解の不適切さや限界を示し，むしろそこにプラトン哲学の端緒，そしてプラトン哲学全体を貫く基盤を観て取る。それが，著書『初期プラトン哲学』の試みであり，『ソクラテスの弁明』の解釈は，とりわけ英米系の歪んだプラトン解釈への強力な反論になっている[19]。

欧米での執筆年代区分は，プラトンの思想発展をあまりに単純に，また，分断的に捉えがちであるが，加藤は「初期哲学」からプラトンを「全体」として捉える独自の見方を打ち出す。その具体的成果は，現在でも世界的に見て高い水準と内容である。『ソクラテスの弁明』という基礎に加えて，『カルミデス』における「自己の知」論と『ラケス』の丁寧な読解も独自の視点と考察に満ちている。だが，『初期プラトン哲学』に収められた論考のうち，『弁明』以外は英語で出版されていない[20]。これは，海外では加藤の初期プラトン論の全体像が知られていないことを意味する。

他方で，この観点からは「ソクラテス」をどう扱うかという問題に，

---

19) Kato (1991/1996).『ソクラテスの弁明』論の評価については，荻原論文（第3章），田中論文（第4章）を参照。

20) 『カルミデス』と『メノン』の考察は英語で口頭発表されたが，『ラケス』論は英語化されていない。欧文論文・発表原稿は，私家版の Kato (1996) に収められている。野村論文（第5章）も参照。

有効なアプローチがとりにくいという弱点もある。加藤は実際，独立してソクラテスを扱うことがほとんどない。『ソクラテスの弁明』は「ソクラテスの存在の真実を弁証した」作品であり，そこに「プラトンにとってのソクラテス」原型があったと考えている[21]。だが，プラトンとソクラテスという二者の関係は，問題として残されている。

(2)「中期」の捉え直し

加藤は「中期」のイデア論を，「初期」のソクラテスの問いを人間本性の根拠への問いとして捉え直す段階として位置づけている[22]。他方で，中期哲学が「魂のミュートス」という構想力に基づき，「二世界説」をもたらしたことを「限界」と見なし，『パルメニデス』の批判をへて後期哲学が新たに展開されたとする。これは，中期の基本をなす「魂離在」の否定的評価と連関している。加藤の「三つの顔」の中で，もっとも問題含みの箇所である。

「中期イデア論」については，さまざまな問題が残されている。とりわけ，「離在，超越」の問題をどう考えるか。たとえば，この側面を受け継いで発展させたプロティノスをどう理解するか[23]，「構想力」による「魂のミュートス」の意義をどう積極的に評価するか，「二世界論」を単純に退けてプラトン哲学は意味を成すのか。こういった問題について，私たちはさらなる説明を求めたくなる。

「中期」の「二元論」が「ここ／あそこ」の弁別で成り立ち，「肉体／魂」の分離で遂行されることの意味は，単に「限界」として片付けられないのではないか。それは，加藤がこだわって追求した「肉体」や「内

---

21) 加藤 (1988), 55-59, 242 参照。加藤がソクラテスをどう見定めたかは，田中論文 (第4章) が明らかにしている。この点で，岩田靖夫 (1995/2014)『ソクラテス』，松永雄二「ソクラテスの現存」(松永 (1993) 所収)，井上忠「プラトンのソクラテス像」(井上 (1980a) 所収) といった同世代の論考と比べると興味深い。

22) 栗原論文 (第8章) は，加藤の「かた，かたち，すがた」の考察を「イデア論」と結びつけて再解釈する可能性を示している。

23) 加藤 (1965/1997a)。その「附記」(i) では，通常のプロティノス解釈を退けている：「魂が「眸 (まなざし)」となる時，肉体のもつ「生命性」は最も純粋化されると考えるべきである。存在することは絶えざる自己附与であるという存在の根源的事態がある限り，魂の理性および一者への帰向は，肉体の放棄という形にはなり得ない」(加藤 ([1965]/1997a), 401)。プロティノスの位置づけは，加藤 ([1964]/1997a), 64-69 も参照。

と外」の問題を，果たしてプラトン哲学に位置づけられるか，という核心に関わる[24]。加藤哲学の特徴をなす「(純粋化された) 肉体＝自己」へのこだわりは，プラトン哲学とその伝統，特に『弁明』の「魂の配慮」から『パイドン』の「死の訓練」へと至る教えとは齟齬するのではないか[25]。

加藤が超越という問題を「内へ」，つまり「肉体へ」と収斂させていく論理は，プラトンやギリシア哲学から直接に導出することはできないように見える。それは，キリスト教の「肉体」という問題，とりわけイエスの「受肉」という別の観点からの哲学に見える[26]。加藤はとりわけ，アウグスティヌスの「内」，自己把握に「肉体」の問題を見ている。それはデカルトやキルケゴールといった近代の人間の内面性とは異なる位相なのである[27]。古代と中世との接合という三一構造の魅力は，この点ではギリシア哲学に負荷を掛け過ぎているように思われる。だが，内なる超越という視野こそ，加藤哲学の最大の特徴である[28]。加藤のプラトン論と加藤自身の哲学とは，明瞭に区別して評価されるべきかもしれない。

(3) 「初期」の継続としての「後期」

加藤は「後期」プラトンを，先立つ「中期」との直接性よりも，むしろそれに先立つ「初期」との接続で考えようとする。これも通常では取られない独自の見方である。オーエンやヴラストスらの問題提起以来，「後期」対話篇をめぐる議論の焦点は，「中期」で展開された「超越イデア論」が放棄されたのか，修正されたのか，それともそのまま維持されているか，という問題であった。日本でも藤沢令夫はハロルド・チャーニスに同調して「単一説」(unitarian) をとり，井上忠らはオーエンやヴラストスが示した「発展説」(developmentalist)，つまり『パルメニデス』のイデア論批判によってプラトンが後期で新たな哲学を始めたと

---

24) 加藤（1968/1997a），（1975b/1997a），（1977/1997a）。
25) 荻原論文（第3章）が注20で触れている「白鳥の歌序説」の「身体」論を参照。
26) この点は，土橋論文（第11章）を参照。
27) 加藤（2006a），321-22 参照。
28) とりわけ，土橋論文（第11章），出村論文（第12章）参照。

いう立場に親近性を示している。

　加藤はその論争に直接答えたり論じたりすることなく，むしろ「後期」で扱われる問題が「初期」でソクラテスが提起した問題に本格的に関わるものである点に注目する。「快と善」という問題は『プロタゴラス』の「快楽主義」が鮮鋭に提起した論点であるが，後期『ピレボス』がそれに決着をつけている。また，「知識」をめぐる問題は『カルミデス』や『メノン』が問題を提起したが，後期に先立つ『テアイテトス』がより本格的に扱い，『ソフィスト』に受け継がれる。これらは「初期」にソクラテスの問題としてプラトンが扱った諸論題であった。この視点は，「単一説／発展説」のやや不毛で行き詰まった論争を避け，別のルートからより有益な示唆を得ようとする点で示唆的である。

　「初期・中期」を踏まえた「後期」の独自の位置づけが重要であり，とりわけ「雛形」の論法や「分割法」を中心とした論考から，後期全体，そしてプラトン哲学全体が捉え直される[29]。

(4)「発展／単一」を越える「三一構造」

　「初期／中期／後期」をそれぞれ独立した相として捉えながら，それらをどれかに解消したり統合したりしない，繊細な見方と位置づけは，単純な「発展説」でも「単一説」でもない。それら三つは独立し，安易に統合できないそれぞれの顔を持つと同時に，プラトン哲学を「発展」に解消しない，不可欠な相貌を成すものである。それぞれのグループがもつ連関と特徴をつかむことが，プラトン哲学へのアプローチである。

　加藤は三つの相貌を，プラトン哲学の異なった段階としながら，哲学そのものの三つの側面，可能性と考えている。この独自の読み方は，実際どのくらい成功しているか，その本格的な検証が必要である。私は現時点では，プラトン哲学の「三一構造」とは，一つの理念，私たちが目指すべき哲学の目標であって，加藤哲学がすでに十分に満足のいく仕方で提示した解釈であるとは考えていない。それは，私たちが引き継ぐ課題である。

---

29) 後期の問題圏については，田坂論文（第6章）参照。

4　後期対話篇とは何か？

　加藤哲学のプラトン理解は，現在の日本での古代哲学研究の水準と，今後私たちが取り組むべき課題を示している。その一つの焦点は，「後期対話篇」をどう扱うか，という問題にある。

　「後期対話篇」とは，文体統計などに依拠して研究者の間でほぼ合意が得られている一群の作品，即ち，『ソフィスト』『ポリティコス（政治家）』『ピレボス』『ティマイオス』『クリティアス』（未完），及び『法律』の六篇である。それに先立つ『テアイテトス』と『パルメニデス』も「過渡期」著作として，「後期対話篇」と強く結びついている。プラトンはこれらの対話篇で，一体何を行っているのか，それは「初期」や「中期」と異なるどのような哲学の可能性を開いているのか，が問われる。

　例えば，それ以前の対話篇と異なる一つの特徴に，対話篇相互の連続や参照が増えている点がある。『テアイテトス』の舞台設定は『ソフィスト』と『ポリティコス』に受け継がれて三部作を成している。『ティマイオス』は何らか『ポリテイア』を引き継ぎながら，『クリティアス』に続く。また，『テアイテトス』と『ソフィスト』では，ソクラテスが若い時にパルメニデスと対話を交わしたこと，つまり『パルメニデス』篇が参照されている。こういった連続性は，さまざまな角度から一定の問題群を扱う，「後期」の方法を示している。初期対話篇を念頭におきつつ加藤が提唱した「プラトン対話篇のモナド論的読み方」は[30]，彼自身も自覚するように，後期対話篇にそのままでは当てはまらない。

　加藤が「初期プラトン」にまず集中し，その後「後期プラトン」に向かっていることは，戦略的に有効であり，従来の固定的なプラトン哲学理解に別の方向から光を投げかける。他方で，欧米や国内で長く論争になってきた中期「超越イデア論」の帰趨をめぐっては，加藤自身も有効な見通しは提出していない。この点では，戦後の日本で「イデア」の問題に正面から取り組み，それを「離在」から読み解いていった松永雄二

---

30)　加藤（1988），23-24 参照。

の仕事の再検討が必須である[31]。プラトン哲学の中心に「イデア論」があり，それが歴史的にも哲学的にもプラトンの魅力となってきた以上，「イデア論」の意味とその帰趨を理解する必要がある。これは，加藤が「政治哲学」の原点としてこだわる『ポリテイア』の理想政体論と，後期『ポリティコス』と『法律』での現実路線との違いという問題とも，何らか関わるはずである。

「後期対話篇」の特徴で注目されるべきは，読者想定や執筆目的が「初期・中期」とは異なっている可能性である。それ以前の対話篇は，一般読者，流布を想定していたように見えるが，「過渡期・後期」の対話篇は，学園アカデメイアで学ぶ仲間や学生を読者に書かれた，高度な理解を要求するものではないか。前387年頃に設立した学園が軌道にのり，スペウシッポス，エウドクソス，クセノクラテス，ヘラクレイデス，アリストテレスら研究者による活発な議論が遂行されていた。対話篇はその議論の素材，問題提起となっていたと推測される。プラトンが主導したアカデメイアには，共有テーマがあり，学園員たちはそのテーマをそれぞれ異なる角度から議論していたのである。

イデア論の批判はアリストテレスらに共有され，プラトン自身がこの方向を奨励していた可能性がある。『パルメニデス』に始まるその批判的吟味は，アカデメイアでの議論を促し，反映するものであった。『ピレボス』が検討する快楽主義には，エウドクソスの賛同と，スペウシッポスの反対が知られているが，アリストテレスも『ニコマコス倫理学』で本格的に取り組む課題となった。また，『ティマイオス』の宇宙論は，字義通りに解釈するアリストテレスと，比喩的に解釈するクセノクラテスらの議論を引き起こしている。国制と法律研究は，アカデメイア全体の関心であったが，アリストテレスの国制論でより本格的に検討される。

『パイドロス』『ソフィスト』『ポリティコス』『ピレボス』で提示される「分割と総合」の哲学方法は，スペウシッポスの分類論，アリストテレスの類種分類に批判的に受け継がれていく。「ディアレクティケー」の方法は，アカデメイアで実践され，その方法論はアリストテレス『ト

---

31) 松永 (1993)，とりわけ，「イデアの離在と分有について——或る序説」(1967/1993) 参照。

ピカ』として整備されていく。

　『ティマイオス』が示した「場（コーラ）」の存在論は，アリストテレスの「質料因」につながり，「不文の教説」と呼ばれるアカデメイアでの議論も含めて後の哲学に大きな影響を与えている。プラトン「後期哲学」はアカデメイア，とりわけアリストテレスらとの対決として改めて本格的に議論されなければならない。後期対話篇は，古代から中世へ，そして現代の哲学へと開かれた窓口として，大きな可能性を宿している。

　加藤信朗は，そうして異なる諸相を織り合わせる哲学のプログラムを示し，重厚な視野において，古代や中世の哲学が現代に生きる可能性を示した。他方で，そのペプロスを織り上げ，現代に着せる役割は，加藤のあとで私たち次世代の哲学者が担うべき課題となる。

I
哲学のメトドス

1

プラトンをめぐる接近法
――「プラトン解釈の問題点」を軸として――

瀧　章　次

1　はじめに

　プラトンに接近することは，プラトン自身の作品を読むことに始まる。そしてその作品を読むとは，古典ギリシアの作家であるから，まずその二千数百年にわたる作品の伝承に関わり，プラトン自身の本文を批判的に吟味することになる。他方，その作品形式は一人称独白体の現代流の論文ではなく，当時の意識で言えば，戯曲または物語の枠を有する戯曲であって，かつ，韻文とは異なる散文ということになる。表記法に至っては，恐らく句読法も音声記号もなく，また，話者交代の記号も恐らく一貫してはなかった。かような条件にあるにせよ，古代の作家としては稀なことに，全作品がほぼ完全に現代まで伝わり，近代校訂本，各国語諸翻訳が作られ多くの読者を獲得してきた。その結果プラトンに関する言述は多岐多様に広まっている。その多くは本文伝承や解釈法の批判的自覚とは無縁であるが，専門研究者の間でも解釈法については統一を見ていない。
　プラトン作品伝承史上，日本伝承史は，素朴な哲学史的言及も数えれば，19世紀後半以来の150年余の歴史がある。この過程で，プラトン作品は，とりわけ専門研究者の間で，どのように読まれてきたのか。特に，その自覚的な方法はどのようなものであったのか。今日その歴史を

振り返るとき，その課題は何か。

このように問うとき，四半世紀を経ているとはいえ，自覚的に方法論的問題を提起した加藤信朗「プラトン解釈の問題点」[1]（以下，「問題点」と略記）を軸として省みると，どのような展望を得られるのであろうか。

ここで予備的留保を付すると，先ず，原資料（パピルス並びに中世写本）に基づく本文校訂については，欧米と異なり，日本では，他の古典研究（たとえば，今道（1972））に比べて，近代諸版本の本文批評証言から間接的に行うに留まってきた。よく利用されるBurnet版本文批評証言は，19世紀研究の集大成としての価値があるとは言え，諸写本校合上の欠点が明らかになり，その見直しが直後から始まり今も続いている。この点で，日本のプラトン研究は，方法論以前における制約があった。

第二に，「問題点」の方法論的提起は，本論で確認するとおり，自身の方法論的転回である事が，また，その枢要には，前提は異なるにせよ，先駆者がいた事が，現在では辿れるものである。

以上の留保の下で，以下，「問題点」の方法論的意義を確認し，改めて国内先行研究を省みた上で，海外研究をも参照しつつ，プラトンをめぐる接近法について今後に託された課題を検討したい。

2 「問題点」の方法論的問題

まず，「問題点」のプラトン解釈における方法論上の問題提起についてその要点を確認する。

構成上，「対話篇はどう読まれるべきか」との小見出し（16）後に，「解釈の鉄則」2項（16）や「プラトン対話篇のモナド論的読み方」3原則（23-24）を定める一方，先に，プラトン解釈の難問を論じ，その解決指針を示す。この先行部分には，すでに多くの方法論的前提が潜在的に散在する。それゆえ，単純に論行に従って定式化された項だけを抜粋することは論理関係上問題を孕む。他方，言明の先行諸条件を逐一詳論

---

[1] 加藤（1988），3-52．

することは，議論を錯雑にする。そこで，行論の便宜上，加藤（1975）も参照し，私の理解し得たところに従って，加藤の方法論的前提を要約し，その問題については別途最後に論ずる。

> H1: 歴史的人物プラトンの責任に帰すべきことを求める時，相対的に信頼できる歴史資料は，量的豊富さ，証言の「歴史的客観性」を考慮すれば，自己言及的証言たるプラトン自身による対話篇である。アリストテレス証言，歴史的伝承資料は二次的，補助的である（12, 16）。
> H2:「書かれた言に作者の真意はない」ことを含意する『パイドロス』（275c-277a），『第七書簡』（341b-d）の言明は，書かれた言であるからパラドクスに陥り，何も有意なことを語り得ない（13-14, 16）。
> H3:【造型された対話において】作者が同名登場人物として登場していない故に，登場人物の言明が作者自ら関与する言明である保証はない（7,「解釈の鉄則」1（16-17; cf. 加藤（1975），213-14））。
> H4：対話篇の対話は独立した一つの対話であり，その対話の部分は，全体の文脈に統御された個別文脈下の対話者同士相互の応答である（16）。この部分と全体とを解明することが先決問題である（「プラトン対話篇のモナド論的読み方」I, II（23-24））。
> H5: H4に言う解釈の営みはその事自身が，プラトンのいう意味での「哲学」（philosophia）となり，プラトンそのひとの「哲学」（philosophia）の全体を明らかにする可能性を有する（「解釈の鉄則」2（19-21; cf. 加藤（1975），214）；「プラトン対話篇のモナド論的読み方」III（24））。その条件は，対話篇の対話の個々の接応・問答について，その当否，適否を問う過程で，その当否，適否の判断基準を，解釈者の独断的基準に留まらず「プラトン」に帰属する基準として試すことによって，テクストと解釈の間で往還を進め，段階的に上向することにある。そしてその判断基準の上向の終端が，解釈者のドクサに対して「事柄自体」，「事柄そのもの」となる（19-21）。
> H6: プラトン著作は，制作年代上，初，中，後の三区分があるが，しかし，内容上は，「ソクラテスの真実を辨証するため」，また同

時に,「人間における生きることの真実と虚偽の場所を弁証するため」,それゆえ,「ひとが真実に哲学して生きることを勧めるため」に書いた点において,したがって,「知の問題」と「徳の問題」とを問題とする点において,発展的な区別はなく,一つである(26-52, esp. 49)。

なおこの方法論は,加藤自身の個人研究史上,H1-5 の概略は加藤(1975)に既出である。しかし,それ以前,加藤(1956)は,H3, 4 に反する解釈を実践している[2]。一方,加藤(1996), 68-75 では,H1-4 は繰り返されている。また,H3 に沿って「イデア論」は「プラトン哲学と言われているもの」の一部である(76)。が,H5 の「臨在」,「事柄自体」という鍵鑰となる述語には言及がない。また,「第 4 章 プラトン」(63-183)において,「プラトンの」とプラトンの責任に帰することを省略したものと思われる「初期哲学」,「中期哲学」,「後期哲学」の各項がおかれ,各対話篇の解釈が記述される。そこでは,確かに,プラトンの責任に帰する言明は過小であるけれども,H4 にいう部分と全体の解釈の要請は課題となっていない。

3 「問題点」における方法論の,実践との整合性

「問題点」は,方法論とその実践とにおいて,首尾一貫していたと言えるであろうか。

まず,対話篇の登場人物間の相互の応答における,特に問答における,個々の問いと答えとを,それらが関わっている「事柄自体」から考えて「正しかったのか,否か」判定するという「読者の判定に委ねられている」とされたことが,具体的に実践されていたか[3],このことを問わねばならない。具体的には,解釈者加藤が,何を「事柄自体」として措定を試み,その「事柄自体」を判断基準として,特定の問いが正しく問われているか否かどのように判定しているか,また,その問いに対す

---

[2] 加藤(2006b/2014c), 41, 47-48。
[3] 加藤(1988), 18-20。

る答えについて，同じく正しく答えられているか否かのように判定しているか，この基本的な解釈の手続きを見てみなければならない。

　もちろん，個々の対話のやりとりの評価のために，対話が関わっている「事柄自体」に到達することは，解釈者自身の自らの探求に関わることと考えられ (18)，「問答〔対話篇中の対話（注は引用者）〕→自己（ドクサ）→事柄自体」(21) という解釈の過程は，運動として，「事柄自体」に向けて，「螺旋状の軌跡を描く」と表現されているので，単純に，対話篇の個々のやりとりについて，「事柄自体」を提起し，それを判断基準として，解釈者が個々の発言の応答における評価を下すという図式とはならないようにも考えられるが，いずれにせよ，「事柄自体」と個々の対話者の応答の評価がどのように展開されているかが焦点となろう。

　「知――知と不知への関わり／『カルミデス』篇」（加藤 ([1983]/1988)，101-35) は，初出，加藤 (1983) のタイトルに主題「知」が加えられている点で，「知」が「事柄自体」を指すに相違ない。しかし，本文には，「もの」と読ませる「事柄」（加藤 (1988)，131，加藤 (1983)，26 上，下），ルビなしの「事柄」（注7，加藤 (1988)，244，加藤 (1983)，32）はあるものの，「事柄自体」という方法論上の術語は使用されていない。対話の逐一のやり取りの分析と評価にはさほど関心がなく，解釈の「螺旋状」の運動が分かる三段階記述の連鎖もない。

　それに対して，「徳――「徳とは何であるか」の問／『ラケス』篇」（加藤 (1987a/1988)）では，冒頭に，「徳」，またその「何であるか」を問うこと，これら『ラケス』篇が問題にしていることそのものを問い返すところから始まり[4]，その途次に「事柄そのものから来る困難」（ただし前出 (1988)，21 の「ドクサ」と対照される「事柄自体」という，「我々の認識にとって先立つ」の意を含意する用法とはズレがある）という文言だけでなく，「徳へのソクラテスの関わりをわれわれに身近なところで働く言葉の場に映し，その反照に照らしてわれわれの目を事柄自体へと向けさせる手立ては何もないだろうか」という方法論に相即する言述がある（(1988)，143)。「事柄自体」の使用の有無を措いて，ここには，方法論で言及されていたとおり，対話篇の対話の問題になっている事を解釈者

---

　4) 加藤 (1988)，140-41。

が見定め，それから，対話を分析していくという手続きが明らかである（1988: esp. 142-3, 145）。さらに，『ラケス』篇の構成を示し，「解釈の勘どころ」として論述の的を絞った上で[5]，解釈を提示する手続きを述べるところに，方法論で示した[6]，対話の分析と秤量を通して作者プラトン自身の関わっていた事柄自体へと遡及することが明らかにされている[7]。

以上，中心的2章を方法論的論述と対照するとき，『ラケス』篇解釈は，明らかに，方法論を直接支持するものと評価できる。

4　「問題点」を軸とする先行日本研究史における方法論概観

ここまでの確認で，「問題点」は，解釈の道筋が誰の批判にも開かれているように，その手続きを明らかにしようとしたと評価できる。そこで，解釈の実践においてこのような方法論的弁証がなされているかという点に着目して，「問題点」に先行する研究を概観すると，その告発にある通り[8]，趨勢としては，方法論的弁証はなされていない[9]。

第二次世界大戦前においては，波多野精一（1877-1950）[10]，安倍能成（1883-1966）[11]がその例である。金子武蔵（1905-1987）は，方法論的問題を意識し[12]，対話とイデア論との不即不離の関係を示していたが[13]，しかし，対話篇解釈の途次では方法論的弁証がない。この傾向は，戦

---

5) 加藤（1988），146-48。
6) 加藤（1988），21。
7) 加藤（1988），148。
8) 加藤（1988），17。
9) 「問題点」の方法論的問題提起に対して，中畑（1997）に明確な応答はない。内山（2004）は，対話編と作者の思考の形式的な相同性ばかりか，内容上，対人論法以上の公共性の可能性を見るが，「問題点」(1988) 前後の英米の方法論論議に配視しつつも，「問題点」への応答はない。また，その後も，一般に，対話に登場する主要な登場人物の発言をそのままプラトンの考えとして議論を進めることに方法論的弁証が十分になされているわけではない（たとえば，天野（1998））。
10) 波多野（1901）。
11) 安倍（1916），61-93。
12) 金子（1935），211-30, 290-91。
13) 金子（1935），292, 293-96。

前，和辻哲郎（1889-1960）[14]，出隆（1892-1980）[15]から，戦後，山本光雄（1905-1981）[16]，斎藤忍随（1917-1986）[17]にまで確認できる。

しかし，加藤（1988）に先駆ける方法論的弁証が皆無という訳ではない。高津春繁（1908-1973）（1952）は文学的方法に焦点を当てた。また，出も，『西洋古代中世哲學史』「プラトン」の項で[18]，全体としては，方法的弁証なしにプラトンの学説をまとめながらも，イデア論解説冒頭で，自らのまとめ方そのものを，動的なものを固定化しようとする「無謀の挙」とし（148），「もっとも実を言へば，彼の対話篇の性質上，そこに散見するイデアの説（およびその他の諸説）が果たして作者プラ・ン自らのであるか否かという疑問も可能であり，……」〔旧字体は新字体，かなに変更〕（圏点，出）（148）と，「問題点」が指摘する問題をすでに示唆する。

田中美知太郎（1902-1985）も，哲学史記述では，方法論的弁証なしに，イデア論をまとめていたが[19]，田中（1959）は，プラトン対話篇の解釈問題として，プラトンの責任に帰する言明を特定することの困難を，『パイドロス』（274c以下），『第七書簡』（341b-c）の引証を交え，すでに明確にしていた。しかし，どのように解決すべきか，その詳述を回避した。田中（1966b）でも，未決にとどめている。さらに，田中（1969）も，作者不在と，登場人物になりきることの巧さとに基づいて，プラトンの責任に帰せられることは直接には何もないこと（423），また，解釈は読者の自由に開かれていること（442）を言明するが，依然未決のままである。

この未決を，田中（1979）は解消する[20]。そこで，『パイドロス』における書かれた言葉を否定する主張も，書かれたものを戯れとする主張も，プラトン自身の著作には該当しないと結論づけ（442-8），また，法律を書くことに関するプラトン自身の異なる評価をも調停する（451-3）。

14) 和辻（1936/1962）；（1939/1962）；（1951/1962）。
15) 出（1937）252-58；（1941）317-25。
16) 山本（1949）；（1959）。
17) 斎藤（1968）；（1972），130-31, 140, 159；（1978）；（1982/1997）。
18) 出（1949），143-81。
19) 田中（1949/1985）。
20) 議論の概要は田中（1977）にすでにある。

しかし，その過程で，対話篇の登場人物の発言をプラトンの発言に変換しながら，その方法論的弁証はしない。また，作者不在問題に至っては，プラトンの言明の同定は読者の「素直な眼」なるものに託している（455）。この種の方法論的弁証抜きの変換は，解釈の実践にも見られる[21]。以上，田中（1979）の議論については，「問題点」は「委細については，ここでは触れない」（n.7）とする。

　藤沢令夫（1925-2004）（1976）も，同じく「問題点」が対質を差し控えた論であるが，藤沢は，まずプラトンを「哲学者」であるとし，したがって，その著作を文学書でもあるけれども「哲学書」でもあるとする。プラトンの対話篇は，同時代の文学ジャンル理解から，「文学」であって「哲学」ではないとすることは，プラトン自身の自己理解においては困難であると論ずる（66-73）。さらにまた，言語の相互主観性として「対話性」というものを強調し，古代ギリシア文学史の必然的発展形態であると結論する（93）。しかし，その行論において，プラトンの対話篇の中で対話者が語る考えをそのままプラトンの考えとして知り得るという前提で議論を進めている（87-91）。プラトン対話篇の独一性に関するこの論は，藤沢（1988）にも引き継がれているが[22]，同様の問題を胚胎したままである。とはいえ，同書は，作者プラトン自身が対話篇の内部における言明に対するコミットを留保していることを——そのコミットにおける留保の度合いをどう確定するかは措いて[23]——明確にしている（64 - 5）。

　井上忠（1926-2014）は，対話篇からプラトンの理説をまとめる営みを，方法と目的とにおいて批判した。井上は，『第七書簡』を一典拠とし，プラトンには，「なにひとつとして自らの教説として固定化されるものはない」と言明する[24]。また教説や学説を導出することの不当性並びに個々の対話篇の独一性を示唆する[25]。この間，井上（1965b）において，当時のプラトン研究状況を批判して，解釈者自身の哲学の無さを批

---

21) 田中（1984），258-71。
22) 藤沢（1988），65-68。
23) 藤沢（1964），174;（1996）（責任表示法「ソクラテス（プラトン）」）。
24) 井上（1960/1974a）;（1965a），24;（1974b）。
25) 井上（1965a），26-27。

判する (9-10)。井上 (1980) でも，プラトンのテクストはあくまでみずからが「哲学する」ためにあることを強調する。しかしながら，その一方，テクストへの参照を読者に求めるとき，対話篇登場人物の発言をどのように哲学的言明に転換し得たのかその方法的手順については必ずしも明示していない[26]。

松永雄二 (1929-) も，松永 (1980/1993) (1983/1993) が示すとおり，個々の対話篇の全体について細部にわたって分析し提示するという手続きはとらない。そうした解釈を議論の後景に配置して，「われわれ」にとっての問題として自己自身の思索を展開し，そこにおいて，プラトン対話篇の特定個所を引証する[27]。この点では，井上の目指すところと同じ方向を目指すと言えるけれども，そのテクスト参照要求は同じ問題を抱えている。

以上の概観からすると，加藤 (1988) の提起は，出，田中，井上ら先駆者がいるとは言え，プラトン解釈方法論における重要な論点を改めて明らかにしたと言える。また，先行研究者の暗黙の手続きが浮かび上がった点でも，加藤 (1988) の提起は有意義である。そこで，次に，今後のプラトン研究に託された方法論上の課題を考察することとする。

5 プラトン解釈方法論におけるわれわれに託された課題

(1) 対話篇作者プラトンは哲学者か。

歴史的プラトンについて，アリストテレス証言も，プラトンに関する歴史的証言も，真正性に問題のある『第七書簡』(「哲学の賞賛者」328e3) も，確実な証言としては採用しないとすると (H1)，対話篇を唯一の証言とする場合，対話篇作者が哲学者であると明言できるか。加藤 (1988) は，先行場面で，「プラトンは，……哲学の書物を書いた」と確言する一方 (6)，H3 に関連する議論で，「対話篇が文学書ではない哲学書である」という予断を非難する (17)。これは，解釈の終端 (H5, 6)

---

26) 同種の趣向については，岩田靖夫 (1932-2015) (1965)，今道友信 (1922-2012) (1964)；(1987a)；(1987b)。
27) 森、中畑 (1993), iii。

と解釈の方法的前提（H3, 4）という各々の論ずる場の違いとして理解することにより調停できる事かもしれない。しかし，読者の受容という恣意に抗するという主意からも（19），先ずは，プラトンの書くことにおける責任の範囲を確定するということが重要ではないか。この書くことにおける責任の範囲を確定するという解釈の方針は，Strauss, Stokes に見られ[28]，とりわけ，Rowe に示されていることがらである[29]。もちろん，解釈において，哲学史における諸々の「哲学」の知見を動員することは補助的には必要であろう。ただし，それは，造型された対話の登場人物が，対話の進捗の中で，意図するところのことがらを，また，当の意図について他の対話者から理解されているところのことがらを，明確にするという解釈の第一の課題のためであって，解釈者みずからの前提を導入してテクストに何かを言わせることではあるまい[30]。こうした一作品の全体という第一の課題が果たされる結果として，プラトン作品相互の連関性ならびに作者プラトンの作品総体における意図が明らかにされたり[31]，歴史的プラトンによって対話篇の外部にある歴史的資料によって埋め合わされるべき性格が明らかにされたりする[32]可能性は拓けてくるとしても，その逆ではないであろう。

(2) 対話篇を作者プラトンの哲学に転換しなければならないか。

対話篇を書く事におけるプラトンの責任の範囲にあることを確定するという H3, H4 の先決課題を越えて，プラトン自身がそれを越えてさらに何をしようとしているか，その先の何かを求めることは可能なことなのか。

まず，対話篇の登場人物の発言を作者プラトンの発言に転換することの言語上の問題を改めて確認したい。これは，作者が対話篇の作品の中にいないという作者不在の問題として語られてきた。加藤も先行の議論の言い回しを踏襲している[33]。しかし，この「不在」とは正確に言う

---

28) Strauss（1952），32-37, 100-01, 104, Stokes（1986），1-3;（2005），4.
29) Rowe（1992a）;（1992b）;（2007），3, 5, 6.
30) Rowe（2007），11, n. 36; contrast Annas（1995），xxii-iv and Sedley（2003），1-3.
31) Rowe（2007），3-5, 23.
32) Szlezák（1985），（1999）.
33) 加藤（1988），7; cf. 加藤（1975d/1988），211。

と，造型された対話において，その中に作者と同名の人物が対話に参加していないということであろう。ところで，造型された対話の中の発言を作者の発言に翻訳できるか否かという問題は，同名登場人物の登場に関係なく代弁者が登場しているか否かという問題なのか，それとも，同名登場人物や代弁者の参加如何とは独立に，そもそも造型された文脈の発言を現実の文脈の発言に翻訳する規則を劇作者は読者に保証することができるか否かという問題なのか。通常，前者の意味で議論されていると思う。作者による翻訳規則の保証は可能であるという前提の下に，劇中代弁者特定の相対的困難さの問題として，すなわち，作者が作中のどこでだれを代弁者として指定しているか判定する問題として，議論されている。確かに，作者の立場に立って，登場人物のセリフを構想するばかりか，自分の信条を劇作中に投入することもできると想像される。そこで，今度は解釈者の立場に立って，作者の投入を再構成することも可能と想像される。この想定では，まず，作者の構想の場という造型以前に遡って，セリフに内蔵される以前の命題を同定することが目指される為，作劇された細部の設定は非本質的な事で撹乱条件となる。またさらに，同定された命題群に専ら関心を注ぎ，論証をそこに見て，各個命題の真偽条件，その論証の健全性を論ずることも有り得よう。もしそのような議論こそが，解釈者自身の解釈以上の別の目的に必要ならば，造型された対話を論証や教説に転換することの方法論的保証は二次的なことと意識されてきたと思われる。そう考えれば，「作者不在」を知りながら方法論的弁証に注意が払われなかった事を十分説明できる。しかし，作劇された人物が現実の文脈の人物と同じ命題に関与するからといって，たとえ作者と同じ名前を有するとしても，意図と対他の相互関係の下で体系的に同じ命題に関与しているであろうか。作劇構想の場で，作劇上の諸制約が，とりわけ，登場人物の意図の制約が，付与される以前の命題そのものに解釈者はどこで出遭えるのか[34]。

いずれにせよ，「作者不在」という問題に対して，最終的に，「不在」である作者プラトンの責任の下に，書く事における責任の範囲を越えて何かを求めるならば，歴史的プラトンの何かそれ以上を求めていること

---

34) Penner and Rowe (2005), 195-211.

になる。この点では，造型された対話以前の論証群を抽出可能とする発展史的プラトン像も，Annas や Rowe の反発展史的プラトン像も同じと見える[35]。しかし，もしそうならば，歴史的プラトンの（対話篇作者プラトンと歴史的プラトンは別だというのでなければ）再構成というミラノ＝テュービンゲン学派の企図に（「教説」とか「教義」いう言葉に対する近代的忌避感を持つか否かは措いて）統合されてはならない理由はないことになる——とりわけ，今日，豊富になった古代哲学史におけるプラトニズムの現存全資料に基づくならば。

　また書く事における責任の範囲以上の何かとは，歴史的プラトンにとっての「哲学」であるならば，そこで最終的に目指されていることは，諸々の「哲学」からなる歴史記述総体の一齣となる。もし，解釈者にとって，最終目的が，諸々の「哲学」ではなく，自己自身の「哲学」であるならば，その解釈の営みは，造型された対話劇を作者の「哲学」に還元して，自己の「哲学」と比較秤量する営みとなる。しかし，その限りにおいては，テクスト解釈は第二義的なものであるか，さもなければ，テクスト解釈を粧った自己の「哲学」もどきとなる。しかし，その粧いが常態化すれば，先に井上忠の批判に見たような，プラトン研究の堕落に直面する。もし，このような趨勢が逃れ難く多くの解釈者を覆っているとすれば，加藤（1988）の挑戦（H5, 6），すなわち，テクストの解釈という読者の運動そのものが，自己の哲学が試される場となる，「真の」哲学の営み（それはプラトンの遺産としての「探求」としての哲学）の場となるという課題は，今も未完と思われる。

〔後記〕
　加藤信朗先生の「プラトン解釈の問題点」（1988）については，その内容の一部を，東京大学本郷で 1983 年，1984 年に聴講した先生の古代哲学史で，すでに窺ったようにも記憶するが，度重なる引越しでノートが散逸してしまい，今はそのことを確かめられない。『カルミデス』篇論文は初出時に読んでいたが，本格的に『初期プラトン哲学』を読んだのは，1992 年から 2 年あまりダラム大学で Michael C. Stokes 先生の下

---

35) Annas（1988）；（1992）；（1999），1-30;（2002）; Rowe（2007），1-51.

で学んでいた時であった。何とか『ヒッピアス（小）』篇の対話の部分と全体について分析したものを修士論文として提出し，日本に帰ってきてから，ダラムでの学びを先生にご報告申し上げたところ，ご自宅でのMonday Seminarに誘ってくださった。またトロントの国際プラトン学会にも誘ってくださり，そこでT・ロビンソン，H・タラントとの今に続く親交を得た。今回，プラトンに未だ近接していないことを思わされながらも，自分自身にとっての出発点に返って，加藤先生への感謝の思いをもって，また，2年前急逝したStokes先生への，また，ダラム大学に行く時お世話になりこの秋亡くなられた井上忠先生への，哀悼の心をもって，この原稿を書き終えられたのは幸いであった。(2014年11月12日)

2

「ギリシア哲学」とは何か
―― 『ギリシア哲学史』を出発点として――

金 澤　　修

はじめに

　「ギリシア哲学」とは何なのだろうか。哲学，或いはその歴史に関わろうとするものであれば，一度はこの問題に向き合うことが必要であろう。この問いに対し，加藤信朗は，『ギリシア哲学史』[1]の序章「古典ギリシア哲学の成立」の中で，まず漢字表記の「哲学」の起源としての「フィロソフィア」の源流をたどり，「近代ヨーロッパは中世ヨーロッパから……中世ヨーロッパはこれ〔哲学〕をさらに古代ローマから……古代ローマはさらにさかのぼってこれを古代ギリシアから学び，継承したのである」と述べる[2]。そのうえで，「哲学」は，もともと古代ギリシア語で綴られており，ローマ人さえも「自分たちの言葉ではないギリシア語を用いて『哲学』を呼びならわしてきた」[3]と指摘する。そして古代ギリシアは哲学の系譜の原点に位置しており，この語が示す「『知の探究の道程』は，まぎれもなく古代ギリシアのある時期・ある所で生まれた」と，この営みが，いわば言語，時代，地域という意味での「古代ギ

---

1)　加藤 (1996)。
2)　加藤 (1996), 4-5。
3)　加藤 (1996), 5。

リシア」に発しているとしている[4]。

　つづけて加藤は,「フィロソフィア」という概念が「古代ギリシア」において, いわば段階的に成立したことを指摘する。つまり言葉の面からすれば, 前5世紀から前4世紀にかけて成立した「比較的歴史の新しい語」であり, 同時に「哲学という事柄自体もまた, 前五―四世紀の間に成立した新しい知的営為であったことを推測させる」と述べるのである[5]。だが加藤の理解は,「前七世紀‒六世紀に小アジアのイオニア植民市で興った自然学探究にギリシア哲学の端緒を求めている」通常の哲学史理解とは異なる。というのも, 前5世紀のフィロソフィアの用例は, 実際には自然学探究と相即した知的探究一般を意味していると指摘した上で, これをいわば広義の「哲学」とするからである。そしてその上で加藤は, この知的探究を準備として生まれた, いわば次世代の「哲学」, 言い換えれば,「ソクラテスとプラトンの間において成立した」フィロソフィアを,「厳密な意味での哲学」,「狭義のフィロソフィア」として両者を分けるからである[6]。整理してみよう。前7世紀‒前6世紀のイオニアの自然学探求は, 前5世紀―前4世紀に「フィロソフィア」の名の下に展開した広義の「ギリシア哲学」の出発点ではあるが, 厳密な意味での「哲学」ではない。そしてその「広義のフィロソフィア」もまたソクラテス, プラトンによる「狭義のフィロソフィア」の準備である限りで, いわば漢字に翻訳されてまで我々にまで受け継がれた「哲学」の直接の「源泉」ではないのである。

　「哲学」の成立を複層的に示した上で, 狭義の哲学, ソフィアを愛するという営みは,「ソフィア(知恵)から隔てられ」つつ, それに「かかわらずにはいられない」という二面性をその本質として備えていることを加藤は指摘する[7]。そもそもソフィアとは,「世界と自己の全体についての一つの了解」[8]で, いわば「神の知」であり, フィロソフィアとは,「そこから自己を隔て」,「そういう自己において知がいかなるもの

---

4) 加藤 (1996), 5。
5) 加藤 (1996), 6。
6) 加藤 (1996), 6-7。
7) 加藤 (1996), 7。
8) 加藤 (1996), 8。

としてありうるかを探究すること」だと言う。「世界と自己の全体についての原初の了解は世界を一として」把握することだが，その場面で世界は分節化し「多」であると同時に，「一としても把握されて」いる。原理である「一」への了解から隔たった「自己」は「多」なる世界にかかわるものと定位されるが，この際に「自己が何をどこまで知っているか」が反省される。哲学とは，こうした「多から一」へというモメントで捉えられるものであると加藤は述べる。

　このように，「狭義の哲学」の了解対象とそれへの関わりかたを構造的に示した後に加藤は，その本質，或いはその成立の契機を，「『かたち』が存在の原理であることを確認すること」にあると続ける[9]。「『かたち』はそれぞれのものを『一つのもの』『まとまったもの』『全体』とする秩序であり，『きまり』である」と言うのである。確かにこれらは，プラトンのイデアやアリストテレスの形相などの，普遍と特殊，一と多という関係を念頭に置いた説明であろう。いずれも術語として使われてはいても，「すがた」「かたち」という本来の意味をまったく失っていたとは考えられないとすれば，そのような主張はそれほど突飛なものではない。だが，加藤の見解はそこにのみとどまるものではない。すなわち，その直後で「かたち」に第一次的に存在にかかわる「形相語」と，「形相語」による存在の把握を前提として成立する「分類語」が，「普遍語」でありながらも，「存在へのかかわりという点でその機能は著しく異なっている」と述べるのである。つまり，「人」「犬」という感覚対象——「かたち」を伴った存在——にかかわる段階と，「哺乳類」「動物」という普遍相互の関係をあらわす，「かたち」を伴わない段階には大きな差異が存していることを指摘する[10]。いうなれば加藤は，具体的な「かたち」を伴わない普遍の段階までも視野に入れた上で，それでも「ギリシア哲学」の本質は「かたち」にあると主張しているのである。

　以上のように，加藤は，「ギリシア哲学史」を語るにあたって，「ギリシア哲学」の発端を「古代ギリシア」に求めながら，哲学の本質を「多から一」へ向かう知の反省作用と位置づけ，ギリシア哲学の特徴について「かたちによる存在の把握」としている。

---

9)　加藤（1996），16。
10)　加藤（1996），17。

1 「ギリシア哲学史」を構成するもの

　以上の定義を行った加藤の『ギリシア哲学史』は，どのように「ギリシア哲学」を提示しているのか。その構成をみてみよう。冒頭で記されているように，この書は「ギリシア哲学全体の歩みに一つのまとまった眺望を与えること」が目的であるという[11]。だとすれば，同書の構成は，加藤が見たギリシア哲学に他ならない。序章から終章まで注を含め 265 ページに渡る同書は，「あとがき」を除き，先の定義が示される序章が 3 ページから 24 ページ，いわゆる自然哲学者を扱った第一章が 25 ページから 43 ページ，パルメニデスを中心とした第二章が 45 ページから 54 ページ，ソクラテスについて述べられた第三章が 55 ページから 62 ページ，プラトンを扱う第四章が 63 ページから 183 ページ，アリストテレスを検討する第五章が 185 ページから 245 ページ，ヘレニズム以降の動向が記される終章が 247 ページから 265 ページとなっている。手にとれば解るが，初期，中期，後期と年代別に詳述されるプラトン，知識，存在等，テーマに基づいて各論が記述されるアリストテレスだけで 182 ページに渡る。さらに言えばプラトンが全体の三分の一以上，アリストテレスは三分の一弱であり，三分の二がこの両者に割り当てられている。

　この構成は，「哲学史」の本としては或る意味で異様である。単純に比較はできないが，たとえば「日本史」を冠する本で，1467 年の応仁の乱の勃発から 1590 年の豊臣秀吉による後北条氏滅亡まで，或いは 1853 年のペリー来航から 1945 年の太平洋戦争終結までで全体の三分の二が費やされていたとすれば，それらの時代がいかに記すべきことに満ちていたとしても，「戦国時代から理解する日本史」，「幕末から近代史を中心にした日本史」と冠したほうが良いだろう。場合によってはバランスを欠いていると指摘されてもおかしくはない[12]。

---

11) 加藤 (1996), 3。
12) プラトンの誕生が紀元前 427 年であり，そこからアリストテレスの死去した前 322 年までは 105 年間である。

しかしながらこのような構成は，加藤の『ギリシア哲学史』という書物の成り立ちからすれば当然の帰結でもある。というのもすでに見たように，言語，地域，時代に対して当てられていた「ギリシア」を，全て「ギリシア哲学」の成立要件として考えた場合，アレクサンドロスの死[13]によってヘレニズム時代が始まった以上，それ以降に成立した思想は，「ヘレニズム期の哲学」となるからである。これに加え「ギリシア哲学の本質」を「『かたち』が存在の原理であることを確認すること」としていたことも思い出すべきである。つまりその定義において，「ギリシア哲学」は，プラトン，アリストテレスの思想に絞られ，それにより，結果としては「一つのまとまった眺望」はこのようにならざるを得ない。確かにそうであろう。本章ではこの経緯を一部は認めつつ，けれども一部に対しては疑問を呈する。具体的には二点である。まず「ヘレニズム期の哲学」の位置づけに関連して「古代ギリシア」の意味を問いたい。その上で「ギリシア哲学の本質がかたちである」という点について考察してみたい。

2　考察1「ヘレニズム期の哲学」の位置づけを巡って

すでに見たように，加藤は「フィロソフィア」という「知の探求の道程」の起源について，「古代ギリシアのある時期，ある所で生まれた」と述べている[14]。この「ある時期」が実質的にはソクラテスを受け継いだプラトンが活動した紀元前4世紀を意味すること，そして「ある所」がアテナイを意味することは，「狭義の哲学」の定義から明らかである。この活動が，いわゆる「古典ギリシア語」によって綴られたことは言うまでもあるまい。その意味で加藤にとって「ギリシア哲学」とは，言語，時代，地域という3つの「古代ギリシア」と深く関わっていた。確かにプラトン，アリストテレスの思想はこの3つを，いわば「連言」として備えている。だが，それらが「選言」として関わりながら「ギリシア哲学」が成立する余地はないのだろうか。

---

13)　紀元前323年。
14)　加藤（1996），5．

一般的に考えるとき，「ギリシア哲学」にとって「古典ギリシア語」は本質的である。散逸してしまった思想の復元にラテン語文献が用いられることは別として[15]，「ギリシア哲学」はそれなくしては存立しなかった。「地域」はどうか。「古代ギリシア」が国家ではない以上，定義は難しいが，少なくとも「古典ギリシア語」が話されていた地域と考えるなら，それもまた「ギリシア哲学」の成立や存続にとって本質的である。「哲学」が人間と人間との間で継承されるものである以上，媒介でありかつ学そのものを構成する「言語」と，それが話された「地域」は，「哲学の継承」が成立する必要条件である。

　「時代」はどうか。これを「ギリシア哲学」と関連して語る際には，注意が必要である。周知のように，「古代ギリシア時代」は歴史学において定義された概念である[16]。アレクサンドロスが死んだ紀元前323年を「古代ギリシア時代」の終わりとし，これ以降，アウグストゥスが権力を掌握し，プトレマイオス朝エジプトが滅亡する紀元前31年までが「ヘレニズム時代」とされている。加藤も『ギリシア哲学史』終章で同じことを述べ，アレクサンドロス以降の時代の哲学を「ヘレニズム期の哲学」としている[17]。問題はこの言葉の意味である。端的に問うならば，「これ以降の哲学思想はギリシア哲学と言えるのか」である。ギリシア哲学を，言語，地域によって定義するなら，ヘレニズム期以降もギリシア哲学は存続することになろう。したがって，上記の加藤の「ヘレニズム期の哲学」は「ヘレニズム期のギリシア哲学」を意味することになろう。しかし，言語と地域に加え，時代も「ギリシア哲学」成立の要件であるとすると，「ヘレニズム期の哲学」は「ギリシア哲学」と対等な一区分になってしまう。

　加藤の『ギリシア哲学史』序章の最後の「時代区分」を見ると[18]，「ギ

---

15) 例えばエピクロスの原子論（「原子の逸れ」）を資料的に補完するルクレティウス『ものの本性について』，アカデメイアの懐疑派を補完するキケロ『トスクゥルム山荘』など。これらの場合，ラテン語文献はギリシア語文献に対して重要だが二次的な位置を占める。

16) J. G. Droysen によって 1836 年に出版された *Die Geschichte des Hellenismus,* I, でこの概念は提唱された。Droysen の時代区分の導入と彼の知的背景などについては，たとえば Bosworth（2006）を参照。

17) 加藤（1996），247。

18) 加藤（1996），23。ここでは上記「ヘレニズム期」は「ヘレニズム時代」とされているが，同じ意味と推測する。

リシア哲学の歴史は大きく二つの時期に区分され」ているが，その転換点はヘレニズム時代の成立に求められており，歴史学的な区分に依拠していることが分かる。区分の一つは「古典ギリシア哲学」で，そこには「初期自然学」と「アテナイ古典哲学」が含まれる。前者は「広義の哲学」，後者は「狭義の哲学」に相当するであろう。それに対し，もう一つの区分である「ヘレニズム時代の哲学」と「ローマ帝政時代の哲学」には，それを包含する一つの分類名はなく，「ギリシア哲学の継承と展開」と位置づけられている。

　この位置づけには加藤の「ヘレニズム時代の哲学」に対する，2つの視点が混在しているように思われる。一つは「ヘレニズム時代の哲学」〔及び「ローマ帝政時代の哲学」〕も，「ギリシア哲学」とする視点である。それはヘレニズム時代の成立以降も含めて，加藤が「ギリシア哲学の歴史」としていることから了解される。そもそも「ヘレニズムの時代の哲学」を含めて，『ギリシア哲学史』という書物が書かれていることは，これを如実に示している。その場合，「ギリシア哲学」は言語と地域を構成要件としても，時代区分には必ずしも制約されず，その限りで加藤の言う「ヘレニズム時代の哲学」は「ヘレニズム時代のギリシア哲学」という意味を持つだろう。

　これに対し，それらを「ギリシア哲学」と離して扱おうとする視点も垣間見える。というのも，「古典ギリシア哲学」，或いは「アテナイ古典哲学」という表現がそこで，或る意味では唐突に使われているからである。これはソクラテス，プラトン，アリストテレスに対し用いられており，「古代ギリシア」の3つの要素，言語，地域，時代を「連言」として成立する「〔狭義の〕ギリシア哲学」者と一致する。「古典ギリシア哲学」が「〔狭義の〕ギリシア哲学」を意味するとすれば，時代としての「古代ギリシア」が終わるとともに「ギリシア哲学」も終わることになる。だとすれば加藤の言う「ヘレニズム時代の哲学」と「ローマ帝政時代の哲学」の2つは，「ギリシア哲学」ではなく，それに対応する1ジャンルを意味することになろう。

　その視点は，終章「ヘレニズム期と古代末期の哲学」にも認められる。そこでは，「1 ヘレニズム期の哲学」，「2 古代末期の哲学」という節が設けられており，「古代末期の哲学」に関連して，福音書の成立や

教父の活動について述べ,「末期ギリシア哲学とキリスト教神学との二つの思想の併存がこの時代を特徴付けている」という一文が認められる[19]。だとすれば,「古代末期の哲学」は,キリスト教思想をも含む時代の思想思潮を表しており,全体として「ギリシア哲学〔或いは古典哲学〕」に対する,異なったジャンルを示しているようにも見える。

　これらを踏まえた上で,論者は『ギリシア哲学史』における「ギリシア哲学」は,その意味がより明瞭にされるべきだと考える。言語と地域はこの思想の構成に本質的であるとしても,時代はどの程度の意味があるのか。「ヘレニズム時代」は政治の変動によってもたらされたものであるが,この歴史的側面を哲学史の中でどう評価すべきなのか。世界の枠組みの変化が新しい思想を要請することはあっても,それ以前から継承されていた思想が内容的に急激に変容したとは論者は思わない[20]。アレクサンドロスの死後もテオフラストス,スペウシッポス,クセノクラテスは学の継承を行い,その限りで「ギリシア哲学」は継承されていたはずである。連綿とした継承の上に成立する思想において,このような時代区分は便宜上のものではあっても,それ以上では無いように思われるからである[21]。『ギリシア哲学史』に認められる2つの視点の混在は,加藤自身がこれらの側面に気づいていたからだと論者は推測する。その限りで,加藤の見解を待ちたいと思う。

---

19) 加藤 (1996), 256。

20) 継承されている限りでの突然の変容はないという意味。もちろん政治の変動が断絶を引き起こすことはある。後の529年のユスティニアヌスによるアカデメイア閉鎖は,突然ではなくとも,思想の継承を不可能にした。ただしその断絶も実際は,アカデメイア,或いはアテナイでの継承が不可能となったと言う意味である。これについては,秋山 (2007) を参照。

21) とはいえ,このような区分は加藤にのみ特有のものではない。Algra et al. (1999) は,加藤の「ヘレニズム期の哲学」に相当する時代区分を採用している。Long and Sedley (1987) も同様である。また Gerson (2010) も「古代末期の哲学 (Late Antiquity)」という区分を受けいれている。さらに「後期ギリシア哲学 (Later Greek)」なる区分を採る Armstrong (1970) のようなものもいる。それに対し,リーゼンフーバー (1995) は,このような時代区分を採用しない。

3 考察2 「ギリシア哲学の本質」を巡って

　加藤は,ギリシア哲学の本質を「『かたち』が存在の原理であることを確認すること」にあるとしていた[22]。加藤は「『かたち』はそれぞれのものを『一つのもの』『まとまったもの』『全体』とする秩序であり,『きまり』である。それぞれのものは,一つのもの・まとまったもの・全体であることにおいて,そのものとしてある。すなわち『かたち』とは存在するものが存在することの原理なのである。『かたち』が存在の原理であることを確認することによりギリシア哲学は成立した」と続ける[23]。「見えるもの」を個々の「見えるもの」として存在させる,「内的なきまり」こそが「かたち」であり,「存在の内的な『かたち』『きまり』がそこで顕わになっているところが『理性』である」と,加藤は続ける[24]。この「かたち」は視覚的な意味には留まらない。既に指摘したように,加藤は普遍を普遍相互の関係を表す段階までを含めて,ギリシア哲学の本質を「かたち」としているからである。そしてこの段階の普遍を把握するものが「理性」であることを,上記引用箇所は適切に示していると言える。

　さてこれらがプラトン,或いはアリストテレスの思想の本質であるとするならば異存はない。しかし「ギリシア哲学の本質」かどうかは留保すべき点があるように思われる。ただしそれは後に記すことにして,加藤による「かたち」の重視が大きな意味を持っていることを確認させられる一つの事例として,アリストテレス『動物誌』を見てみたい。

　『動物誌』(*Historia Animalium*) について,加藤は「論理学研究はおそらくアカデメイア時代に始まり,『分析論後書』で頂点に達する。これは自然学研究へと展開する。動物学研究はその最も輝かしい業績である」と述べ[25],いわば,アリストテレスにとって論理的な方法論の応用

---

22) 加藤 (1996), 16。
23) 加藤 (1996), 16。
24) 加藤 (1996), 16。
25) 加藤 (1996), 194。

と位置づけている。その一例を見てみよう。『動物誌』の冒頭で動物の生活法，食物摂取，身体各部など分類原理が示される際，「類と種」の関係についてアリストテレスはこのように述べる[26]。

> 動物には，身体どの部分も相互に同じものもいれば，異なるものもいる。そのいくつかの部分は「種（εἶδος）」において同じである。それは例えば或るヒトの鼻と眼は別のヒトの鼻と眼と同じであり，一方のヒトの肉は他方のヒトの肉と，骨は骨と同じである。このことはウマについても，また我々が「種」において同一と言う，その他の動物についても同様である。というのも，〔同一種の動物どうしでは〕，まさに一方の全体が他方の全体に対するのと同じ仕方で一方の動物の各部分が他方の動物の各部分に対応しているからである。
>
> これに対し，「類（γένος）」が同じといわれる動物では〔相互に〕同じではあるが，超過と不足という点で異なっている。私がここで「類」というのは，たとえば「鳥」や「魚」のことである。というのもどちらも，「類」としての差異があり，「鳥」や「魚」の類には，多くの「種」があるからである。〔同じ類の〕動物では，ほとんどの部分で，例えば色や形が反対の状態〔あらわれ〕を示すこと性によって〔種が〕異なる。つまり部分は同一であっても，そこにあらわれる状態の程度の多寡，多いか少ないか，大小など，総じて言えば超過と不足によって〔種は〕異なるのである。（『動物誌』第1巻第1章 486a14-b8）

諸家が指摘するように，ここでの「類」は「種」の上位概念であり，「類種」は，現在の動物学の分類原理のように固定的なものではなく，相対的なものである[27]。それはともかく，ここでは「種」も「類」も，

---

[26] 以下，『動物誌』の引用に際して，テキストは，Balme（2002）を使用した。それに従わない場合は注を記す。また訳文の作成に際しては，金子，伊藤，濱岡，金澤（2015予定）の成果の一部を参照した。

[27] 例えば『カテゴリー論』第3章における種差と上位類，下位類との関係を参照。下位の類は「種」に相当する。

2 「ギリシア哲学」とは何か

個々の動物の身体的特徴に基づいて分類されていることが分かる。これは「かたち」による把握であり，当然といえば至極当然な方法である。そしてこの分類原理は，同類異種間では，「多いか少ないか，大小など，総じて言えば超過と不足（ἔτι δὲ πλήτει καὶ ὀλιγότητι καὶ μεγέθει καὶ σμικρότητι καὶ ὅλως ὑπεροχῇ καὶ ἐλλείψει）」として現れると言われる。だが，それは「とさか」など，或る種には認められるが，或る種にはないというように，「かたち」の有無にまで拡張されている点に注意すべきである。つまり「かたち」による分類は，かたちの不在によっても機能することを意味しているのである[28]。

さて「かたち」によって把握された「類」は，上記の「鳥」や「魚」のように，一定の「名前（ὄνομα）」と対応する場合もある。「名前」による対象の把握が世界の把握と密接に関わることは，「同名異義（ὁμώνυμον）」，「同名同義（συνώνυμον）」など，名前と意味との関係を巡る考察や，「名前」と「名前」の結合関係を考察しているアリストテレス『カテゴリー論』から[29]，さらに「名前」は「動詞」と組み合わせられて「文章（λόγος）」ができ，その或るものは「命題（ἀπόφανσις）」を構成し，「命題」こそが「真を語る，或いは偽を語る（τὸ ἀληθεύειν ἢ ψεύδεσθαι）」ことに関わるとする『命題論』から[30]，或いは『分析論後書』からも理解される[31]。その限りでは，「名前」による把握は，加藤の言う「かたち」による把握と同様の重要性を持っている[32]。だが，「かたち」による把握が「名前」と一致しない場合もある。

　ところで，様々な動物がその下へとこれまで分類されてきた，動物の最大類は以下のとおりである。一つは「鳥」の類，もう一つは「魚」の類，さらに「鯨」の類で，これらはみな有血である。さら

---

[28]　もちろんこれは同類の間の比較であり，まったく異なる類の動物の話ではない。
[29]　『カテゴリー論』第1章，第2章を参照。
[30]　『命題論』第1章から第4章を参照。たとえ名詞と動詞が組み合わされていても「祈願文（ἡ εὐχή）」は真偽の対象ではない。
[31]　『分析論後書』第1巻第1章，第2巻第19章を参照。
[32]　『命題論』が『カテゴリー論』と同様に，プラトン『ソピステース』において展開された「ある」「あらぬ」の問題，或いは『クラテュロス』における言葉の問題と関係している点については山本（1971），163の解説を参照。

に別の「殻皮のもの」の類があり，これは「貝」と呼ばれる。さらに「軟殻のもの」の類があり，一つの名前によって名指すことができない。例えばイセエビや，カニ，ウミザリガニの仲間類がこれにあたる。(『動物誌』第 1 巻第 6 章 490b7-12)

動物の「最大類（γένη δὲ μέγιστα τῶν ζῴων）」を挙げるに際し，「エビカニ」と言いたくなる一群の動物について，アリストテレスは「軟殻のもの（μαλακόστρακος）」と，まさにそれを把握する名前を与えているように見える。けれどもそれは，「一つの名前によって名指すことができない（ἀνώνυμον ἑνὶ ὀνόματι）」のであり，その意味では「柔らかい殻を有している」という「かたち」をもとに「類」が把握されても，それに対応し，それを名づける「一つの名前」はないのである。

名前の無い類はそれだけではない。我々の語で言う「ハチ」についても同様の記述がある。

> 有節動物の類の一つで，一つの名前によって名指すことができないが，全てが似通った形をしているものがある。つまり巣房を作るもののことで，たとえばミツバチや形がそれに近いものたちである。これには九種あり，そのうち六つは群集性で，ミツバチ，ケーペーン〔これはミツバチの中にいる〕，スズメバチ，一年（寿命の）スズメバチ，アントレーネー，テントレードーンである。(『動物誌』第 8 巻第 40 章 623b5-10)[33]

先の例と同様，ここでもアリストテレスは，「名前」によってではなく，「全てが似通った形をしている（ἔχει δὲ πάντα τὴν μορφὴν

---

[33] 623b5 について，底本の Balme (2002) は，「一つの名前によって同名異義的に名指される（ὃ ἑνὶ μὲν ὀνόματι ὁμώνυμόν ἐστιν）」としているが，既に見た『動物論』第 1 巻第 6 章，及び Q 写本に基づいて「一つの名前によって名指すことができない（ὃ ἑνὶ μὲν ὀνόματι ἀνώνυμόν ἐστιν）」とする。なお，「ケーペーン」とは，現在であれば「オスバチ」で，ミツバチの巣に同居しているが，当時はその発生も同種か否かも不明であった。またここではそれらが有節動物の一つの類とされているが，これは上位区分の「類」に対する下位区分としての意味であり，「種」に相当するといって良い。

συγγενικήν)」こと,「形がそれに近い (τὰ παραπλήσια τὴν μορφήν)」ことに基づいて分類をしようとしている。「種」は個々の動物に即したものであり,それに包含される動物はその種に認められる「かたち」を有している。それに対し,「種」をまとめる「類」概念も,まずは「かたち」に求められるが[34],それは「超過と不足」の関係にある以上,部分によっては「ない」場合もある[35]。さらに,それらの「種」をまとめるものは,「名前」という,既存の分類原理と一致する場合もあれば,そうでない場合もある。「エビカニ」と「ハチ」においてアリストテレスが直面しているのはまさにそれである。

これに関連して『分析論後書』にあたってみたい。まず第2巻第14章を,ついで第2巻第19章を見てみよう[36]。

> さて,われわれはいま,在来用いられてきた共通の名前に従って論じているが,これらの名称について考察するだけであってはならない。もしも,これらとは異なる何ものかが〔事物に〕共通なものとしてあるということが観察されるとするならば,これを取り出し,ついで,これが何に随伴するものとしてあり,また,これにどのようなものが付随するものとしてあるかを考察しなければならない。たとえば,「角のあるもの」には「重弁胃」のあること」と「両歯ではないこと」とが〔それに付随することとして〕ある。〔とすれば〕今度は,「角があること」は何に付随するものとしてあるのかと尋ねるのである。というのは,初めに述べられたこと〔重弁胃があることと両歯でないこと〕が,それらのものについてあることになるのは何故かという理由は〔このように考察するとき〕明らかであるからである。すなわち,それは「角があること」のゆえであろう。(『分析論後書』第2巻第14章 98a13-19)[37]

---

34) もちろん,動物,或いは生物の「かたち」は,その部分が果たす「働き」を表し,またその「働き」は,それぞれの動物の生活形態と関係している。『魂について』412b1-b9 を参照。

35) 存在しないものについて,その非存在を顕わにするのは,視覚ではなく推理的な思考だとすれば,それは「理性」によるものと言ってよいだろう。

36) 以下は加藤 (1971a) の訳を引用する。

37) 加藤訳 (1971a),760。ただし,文脈に対応させるために「名称」を「名前」に変

「在来用いられてきた共通の名前（τὰ παραδεδομένα κοινὰ ὀνόματα）」とは日常言語のことであろう。「種」の上位概念としての「類」を探究する際に，アリストテレスは，「両歯」や「重弁胃」といった「かたち」の比較を通して，一つの名前によって名指すことのできない「類」を確定させようとする。その結果，アリストテレスは「軟殻のもの」と同様に，「角のあるもの」という，いわば造語によって「類」を見出すのである。ここに日常言語のみによる探求の限界と，術語の制作による克服とが見てとれる。

「かたち」という感覚対象から，それを包含するものが成立する過程を，アリストテレスはこうも述べている。

〔互いに形相における〕差別を持たないもの〔個別〕の内の一つが止まる時，魂のうちに最初の「全体的なもの」が生じる（何となれば，ひとが感覚するもの〔感覚対象〕は個々のものであるが，感覚〔内容〕は全体的なものについてだからである。すなわち，感覚〔内容〕は人間についてであって，人間である〔個々の〕カリアスについてではないからである）。ついで，これらの〔最初の全体的な〕ものの内に〔いっそう全体的なものの〕停止が起こり，遂に，無部分なもの，すなわち，〔最も〕全体的なものが止まるに至る。例えばこれこれの種類の動物が〔一つの全体的なものとして〕止まって，動物の停止に至り，またこれについても同じ事が起こるというように。（『分析論後書』第2巻第19章100a15-b3）[38]

例として出されているヒトの場合，「〔互いに形相における〕差別を持たないもの〔個別〕の内の一つが止まる時（στάντος γὰρ τῶν ἀδιαφόρων ἑνός）」が，個別の人間を包含する「ヒト」という「種」の成立する時である。さらに「種」が「停止」すると，今度は「〔いっそう全体的なものの〕停止が起こり」，「遂に，無部分なもの，すなわち，〔最も〕全体的なものが止まる」と言われている。加藤はこの箇所に付した注において，この「無部分なもの（ἀμερῆ）」については，「種

更した。
　38）　加藤訳（1971a），770-71。

２　「ギリシア哲学」とは何か　　53

が類と種差の複合であるのに対して，最高類はそのように分析される要素を」持たないとし，これを「最高類」としている[39]。だとすればこれは，先に引用した『動物誌』第1巻第6章での「最大類」に相当するものとも推測できる。いずれにせよ，上記箇所が，個物から発して，その上位概念である「種」や「類」へと到るプロセスを描くものであるとすれば，加藤の言うように，アリストテレスにおいても「かたち」は，普遍の出発点であると同時に，それを構成する条件と言える。というのも「かたち」とは，「超過と不足」によって或る種には認められない，言い換えれば感覚できないにもかかわらず，認められる種も，認められない種も，さらにそれらを含む「類」をも成立させるものだからである。その限りで，「この存在の内的な『きまり』である『かたち』は目によってではなく，理性によって摑まれる」[40]という加藤の主張には，うなずかざるを得ないのである[41]。

　以上のように，加藤が「ギリシア哲学の本質」として重視する「かたち」による把握は，『動物誌』において「一つの名前によって名指せない類」をも成立させる原動力であり，その限りで「名前」よりも重要な役割を果たしている。「かたち」とは，少なくともアリストテレスの哲学にとって根源的なものであると言えるだろう。但しそれを「ギリシア哲学の本質」とする点には，多少の留保が必要であろう。確かに「かたち」を表すギリシア語は「エイドス（εἶδος）」であり「イデア（ἰδέα）」である。そして狭義の「ギリシア哲学」がプラトン，アリストテレスの思想を意味していた以上[42]。プラトン，アリストテレスの哲学の本質は「かたち」であるとするならば，賛成である。けれどもそれは「狭義の」と断り書きをつけるべきと論者には思われる。さらに言うならば，自然哲学者や，いわゆる「ソクラテス以前の思想家」の営み，或いはプラトンと同時代のデモクリトスやキュニコス派のディオゲネスなどの思想や活動を思い起こしたとき，「かたち」にのみ収斂させてギリシア哲学を定義することは，古代ギリシアで起こった，「広義のギリシア哲学」の

---

39) 加藤訳（1971a），835，注15参照。
40) 加藤（1996），18。
41) 上記翻訳で加藤はνοῦςを「理性の洞観」と訳している。
42) これは「アテナイ古典哲学」とも言われていた。加藤（1996），23。

意義を霞ませてしまう恐れがあるように感じられる。だがこれもまた，「狭義のギリシア哲学」とその周辺をどう位置づけるのかという点に関連しているのであり，加藤の見解を待ちたいと思う。

おわりに

『ギリシア哲学史』は異様であると形容したが，読み進めるうちに，それは加藤による「ギリシア哲学史」の理解と密接に関連していることに気づかされる。そして同時に，その異様さも解消される。何故なら，加藤の言う意味での「〔狭義の〕ギリシア哲学史」を記述したものであれば，これはまさに正鵠を射たものだったからである。その限りで「ギリシア哲学の本質がかたちである」という定義に対しても腑が落ちる。論者は加藤の「眺望」を共に眺めていたのである。それを共有した後に求められるのは，私が自身の眺望を描くことであろう。そのためにはまず問いを発しなければなるまい。「ギリシア哲学」とは何なのだろうか，と。私が発したこの問いを解くにあたって，加藤の『ギリシア哲学史』が出発点となっていることだけは確かである。

3

加藤，プラトン
――『初期プラトン哲学』，「白鳥の歌序説」などをめぐって――

荻 原　理

　加藤信朗は哲学者（philosophos）である。
　哲学者であるというのはたんに，大学の哲学科の教官で，論文や本を書き，講演や学会活動等を行ってきたというだけの意味ではない。人の存在の規定が哲学者だというのだ。
　人が哲学者であるということは，人が語り，書く言葉において顕わになっている。
　だが，顕わになっていることを見て取るのに力が要る。（当然のことながら）筆者の力量の限界内で，加藤の哲学の一端を論じたい。ここで加藤の哲学とはその理説ではなく，自己の存在に関わる持続的営為としての愛知である。個人的な話も多くなるが，寛恕を乞う。

1　加藤から学んだ四つのこと

　筆者は学部 3 年の 1988 年，都立大学での『ソフィステス』演習に参加して以来，加藤から大きなことを多々学んできた。主に学んだことどもを，ここでまとめてみたい。
　加藤が書いたものは実に多いが，この機会に手が伸びる先は何より『初期プラトン哲学』（1988 年，東京大学出版会）だ。この書物は筆者にとって決定的な意味を持つ。すべてを理解できたわけではないし，理解できたすべての主張に，細部に到るまで全面的に賛同するわけでもな

い。しかし，筆者による哲学の試みの核心をなす認識は，ここに確乎として刻み付けられている。このような書物が存在すること自体が励みになってきた。

　筆者が加藤から学んだ最重要の点を，おもに『初期プラトン哲学』のうちに照らし出しつつあえてまとめるなら，次の四つになる。
　　（ア）プラトンを読むことがそのまま哲学になること
　　（イ）哲学の厳しさ（アより，これはプラトンを読むことの厳しさでもある）
　　（ウ）『ソクラテスの弁明』にプラトン哲学の出発点があること
　　（エ）テクストを読む際の勘所
　（ア）と（イ）については第2節，（ウ）については第3節，（エ）については第5節で述べる。

2　プラトン，そして哲学の厳しさ

　（ア）と（イ）については，先ず『初期プラトン哲学』「序章　プラトン解釈の問題点」から，異様なほど長々と引用することを許されたい。言われている内容だけでなく，文章に漲る精神の緊張と脈動をも示したいのだ。

　　こうして，プラトンの対話篇は，これに触れる読者を読者自身に投げ返さずにはいない。そうして，読者自身が，そこで問題になっている事柄自体へと，みずからこれを問うことによって関わることを要求してくる。こうして，プラトン対話篇の読書は読者を事柄そのものとの関わりのうちに絶えず引き入れることになる。問題になっている事柄そのものが何であるか，その事柄自体の中に入ってゆくためにわれわれ人間に与えられている可能な糸口はどこにあり，その糸はどのようにすれば断ち切られることなしに繰ってゆくことができるのか。おそらくは問答の当事者以上に，読者の全神経は問答の進展のあらゆる箇所において終始研ぎ澄まされていなければならない。アリアドネの糸を繰るテセウス以上に哲学者の心は事

柄そのものへの細心の注意を要求されるであろう。「プラトン対話篇を読む」とはそういうことである。それがプラトンそのものを読むことである。その時，われわれは作品を通じて作者に達する。そして，この作品が哲学の作品であるので，作者に達するとは作者の関わっている事柄そのものに達することなのである。これが，プラトンが残してくれた哲学（philosophia）という道である。

このような手続きにしたがって対話篇を読む時，読者のうちには作者プラトンのうちにあったと同型の思考の運動が起っている。この作者プラトンと同型の思考の運動が欠落しているかぎり，読者は問答が何にかかわっているかを読み取りえず，問答の経過についてゆけず，問答から脱落する。問答から置き去りにされる時，ひとは事柄自体からも置き去りにされる。その時，ひとは対話篇の不足を嗤ち，作者プラトンの幼稚と蒙昧をあげつらうことになる。読者の目には対話篇の上面しか映らず，作者と読者を隔てる距離は無限である。要するに，この読者はプラトンを読めなかったのである。プラトンへの道はどこにあるのか，それは問答がそれについてなされている事柄自体の中にみずからも分け入りその真相を見究めようとする処にある。それは読者が問題となっている事柄自体とみずから格闘することであるが，同時にそれは，自己自身，すなわち，読者の自己自身を一面に蔽っている臆断の草叢と格闘することでもある。茨に蔽われ尽したこの草叢から傷つきながらも事柄そのものへと必死になって身を寄せてゆく時，ひとは事柄そのもののもつ構えの中に導き入れられる。その時，問答が持っていた構造が見透かされ，問答をこのようなものとして書いた作者プラトン自身の関わっていた事柄自体のうちへとわれわれ自身もまた引き入れられる。問答→自己（ドクサ）→事柄自体というこの運動は個々の問答を通じて一つの対話篇が全体として関わっている一つの問題へと螺旋状の軌跡を描きながら深化，ないし高揚してゆく。この時，われわれは作者プラトンが辿ったと同型の探究の歩みを辿っているのである。『パイドロス』篇のあの箇所〔276d1-4〕で「同じ足跡をたどっているひとのために……」と言われているのはこのことだと思う。対話篇を読むとはそういうことであり，それは哲学そのものの運動に他

ならない。[1]

　ここで，(ア) プラトン対話篇を読み，作者が関わっている「事柄」[2]に自ら関わりゆくことが，そのまま哲学になると言われている。そして (イ) 哲学の，したがってプラトン解釈の厳しさについては，そのように事柄に関わりゆくのが実に困難であること，そして特に，読者が対話篇を読めずにいるとき，その責めを自分自身にではなく作者に帰してしまう危険のあることが言われている。

　最後の点について，引用文中の該当箇所に拠りつつ述べれば，プラトンを一読して，「面白い」とか「すごいことを言っていそうだ」という感想が持たれることはよくある。だが，個々の作品に正面から取り組もうとするとき，変てこな議論運びにだんだん馬鹿らしくなってくる，という苦い経験もやはり，誰にでもあろう。しかし，そのように馬鹿らしく思ってしまうのは，対話篇を読．め．て．い．な．い．からではないか。テクストで問題になっている事柄が十分わかっていないからではないか。そう受けとめる姿勢を加藤はここで説いており，かつ，論文や演習などの場で実地に示してきた[3]。筆者はこれに学んだ。プラトンのテクストの質に対する，信仰にも似たこの信頼を，解釈上の「作業仮説」とか哲学上の「発見的原理」と呼びたければ呼んでもよかろう。だが，廣松渉とともに「鰯の頭も信心から」と言う気はしない。これまで生み出されてきたプラトン解釈の成果は，加藤のそれも含め，哲学的にあまりに豊かであり，それは少なくとも一つにはテクスト「自体」の質によると言わざるを得ないからだ。

　余談だが，上の引用の英訳は筆者には難しい。筆者が不完全ながら学

---

1) 加藤 (1988), 20-21。
2) 「事柄」のようなごく普通の語が，(書く場合だけでなく話す場合にも) 加藤のこのような使用において凄味をおびる。「問題」もそう。筆者がそうした語法の猿真似から入ったことは言うまでもない。
3) バーバラ・ハーマンがカントのテクストについて学生に言ったことと比較せよ。カントの言うすべてが真だと思う必要はまったくない。だがカントは愚か者ではない。だから，"こう読むとカントは本当にどうしようもないことを言っていることになる" と思ったら，より好意的な読み方を探しなさい，とハーマンは言ったそうだ。カントについての彼女の観方の方がプラトンについての加藤の観方より穏健ではある。だが，大事なのは穏健さなのか，わからない。

んだ英語はいわゆる分析哲学の流儀のそれだが，そこでの基準と筆者が解するものからするとその文章は「簡潔さ」に欠けることになり，対処に困るからだ。しかしこの日本語に無駄はない。むしろ，困難との対峙が要求する気迫と洞見に満ちた名文である。そして，ここに含まれるある言い回しについては，ようやく意味合いがわかるようになってきたと，いま，感じられる。

　話を戻そう。「この読者はプラトンを読めなかったのである」という加藤の厳しい評言が向けられるのは，初学者に対してだけではない。学界で主流の若干の解釈こそが標的である。具体例は次節と第5節で挙げる。

3　『弁明』篇

　筆者は加藤からまた，(ウ)『ソクラテスの弁明』にプラトン哲学の出発点があることを学んだ。『初期プラトン哲学』「第一章　端初——真相の究明／『ソクラテスの弁明』篇」の冒頭で加藤は次のように言い切る。

> プラトンは『ソクラテスの弁明』篇……において，ソクラテスの裁判事件の真相が何であったかを説き明かし，それによって，ソクラテスの存在の真実を辨証した。それは同時に，人間において生きることの真実と虚偽がどこにあるかを示すものでもあった。初期プラトン哲学，ひいては，全生涯にわたるプラトン哲学の基底はそこに置き据えられた。[4]

　本当にその通りだと思う[5]。

　(しかしこの見解はいまだ学界で異端的である。『弁明』は，歴史的ソクラテスが実際の裁判で行った演説の可能な限り忠実な記録であり，『弁明』執

---

[4] 加藤 (1988), 55.
[5] ただし筆者は，凛としたこの表現をすべて自分の言葉として発し得るわけではない。これについては次節末の，表現の烈しさへの言及も参照。

筆時にプラトンはまだ自らの哲学を形成していなかった，という解釈はいまなお根強い。「端初」および 'The Apology: The Beginning of Plato's Own Philosophy'[6]で加藤はこうした主流の解釈に，筆者の見るところ実に有効に挑んだ。）

　そして『弁明』篇についての，上の引用にあるような認識を持つことは，プラトン哲学の根本的関心が何であったか，また，プラトンにとってソクラテスとは何であったか[7]を摑んでいることを意味する。それはまた同時に，「人間において生きることの真実と虚偽がどこにあるか」についてのある明確な把握を持つことをも意味する。ウを学んだことがいかに大きなことかがこれで判るだろう。

　「端初」で加藤が，『弁明』で置き据えられた「プラトン哲学の基底」として述べており，かつ筆者がそれとして受け入れていることを要約するのは難しいが，あえて摘記する。

　1.『弁明』において，そしてプラトン哲学において，知と不知が問題である。加藤は言う，「しかし，この場合，知は単に「或る何ごとかを知っている」という意味だけでの「知」ではなく，その知をもつことにおいて，無条件な意味で「知あること」が成立するような知である。また，その知をもつことにおいて，その知をもつひとが無条件な意味で「・知・あ・る・も・の」となる知のことなのである」[8]。

　2.「ソクラテスより知慧ある者はいない」という神託の確かさをソクラテスの敬神が支え，「知慧ある者だなぞとはほんの僅かなりと身に覚えがない」という自証がこれと相克し，「神は，いったい，何を言おうとしているのだろうか」との自問の場が拓かれるが，これはある意味で能動的に，自己が何であるかを自己に問いかけるものでもあり，「こうして，謎かけられたものは……謎解きに立ち向かうものと成」り，「アポリアのうちにあるものは謎解きに専心するものへと変成される」。謎の解は，ソクラテスの内における非智慧者としての自証を追認すること

---

6) Kato (1991/1996).

7) 1994年冬，フィラデルフィア近郊のチャールズ・カーン邸で加藤と主人は，プラトンにとってソクラテスが何であったかを論じ合った。議論に加わりながら両者のやり取りを聴いていたマイルズ・バーニェトは機知ある簡潔さで，カーンによればソクラテスはプラトンにとっての起動因だが，加藤によれば起動因かつ目的因なのだな，と要約した。

8) 加藤 (1988), 89.

によって，ソクラテスを知慧ある者であるとする神の証言の真実を確認することだ。ここで「人間において可能なただひとつの「知」の場の存在」が明るみにもたらされた。神託の比較級形容詞は「その語自体の働きによって，ソクラテスをソクラテス以外のあらゆる不定なひとびととの不断の関係に引き込む。」「それが，神託がソクラテスを配置した，ソクラテスの「部処(taxis)」」であった，という一連の事情[9]」。

3.「次のただ一つのことを真なることとして思考し抜くべきである」(強調原文)とされる，「善いひとにとっては，生きている間も，死んでからも，何ひとつ悪いことは起らない」ということは，「哲学者の死，したがってまた生のあり方を律する黄金律である」ということ[10]。

4 加藤・プラトンからの，筆者の離反

このように筆者は，哲学の根本に関し，プラトンそして加藤に圧倒的な信頼を寄せてきた。だがある時（30台半ば以降か），それまで曖昧にしていた2点について，筆者はプラトン・加藤からの離反を決意した。第一に，両者は神への信を持つ（プラトンの神と加藤の神との異同はこの際どうでもよい）。だが筆者は，神は存在しないと信じることにした。第二に，プラトンと加藤は，（特に哲学してきた）人の死に際して，あるいはその後に，その人に善きことが起こるという希望を持っているようだ（『パイドン』でソクラテスに語らせているその思いをプラトンも共有していると思う）[11]。だが筆者は，死ぬとその人のすべてが消失するのだろうと思うことにした。

それまで筆者は，自分が神を信じるかいなかを曖昧にしてきたが，そこを曖昧にし続けるのは，少なくとも自分の場合には怠慢であるように

---

9) 加藤 (1988), 87-92。
10) 加藤 (1988), 97。「端初」の『弁明』解釈については以上の点以外に，実際の告訴状を『弁明』のソクラテスがどう改変したかを手掛かりにして弁明の「形相的構成」に留目する見事な手法もさることながら，ソクラテスによるメレトスの論駁を真面目な営為として，かつ有効な論駁として解することを教わったのは，筆者がプラトンの読み方を模索する中で重要な道標となった旨，述べておきたい（「端初」第一節）。
11) 後の第5節の，「白鳥の歌序説」からの引用参照。

思われ出し，耐え難くなった（むろん，何でもかでも立場をはっきりさせればよいというものではないが）。ここには自らの「日本人性」に対する鬱屈した憎悪も関わっており，概して苛立つ心は碌な結果を生まないものだから注意しなければならないが，筆者なりに「すっきり」したかった（そしてある意味すっきりした）。

　総じて，神を信じるかいなかで，人に開ける生の光芒は，そして哲学的思索の内実も，根底から変わると思う。とりわけ，信じる人にとって神は，そして神への自分の信は，根本的に重要であろうと推測する。また，信じつつ哲学する人の哲学において，神が，そして神への自分の信が，きわめて重要になる場合が少なくなく，プラトンの哲学，加藤の哲学はそのようなものだと思う[12]。じっさい加藤のプラトン解釈において，敬神や神学は重要な契機を成す。だから，信に関して筆者がプラトン，加藤からの離反を決めたことは，筆者による哲学の試みにとって小さからぬ意味を持つ[13]。

　次に，死に際して魂は消滅すると思うようになったことについて。『パイドン』で，魂不滅の問題は，死への恐れとの関連で提起されている。死者の魂が滅びるのなら，人は死を恐れて当然ではないか，と言われる。では，筆者は死を恐れるか。正直に言って，恐れてしまっているようだ。死が近づいたとき自分は，恐怖をいささかでも和らげようと，慌てて魂の不滅と死後の救済の教えを信じようとし出すかもしれない（認めるのも情けない）。だが筆者がいま心を差し向けているのは，"死に際して魂が消失するからこそ，死は恐ろしくない"とするエピクロスの教えである[14]。この教えをどこまで我が物にできるか。いずれにせよ，真に哲学してきた者は死を恐れないという考え（『パイドン』64a, 66b-68c）は今なお正しいと思われる。

---

　12) 「プラトンの神学」（加藤（1956/1997a））冒頭で加藤は，「「神への奉仕」(theou latreia)がソクラテスの生涯を一言でつづめているなら，プラトンについてもこれは同じように言える」とし，ここに「対話篇，とりわけ『ノモイ』を読むなら，これは明らかと思う」と注する。賛成である。

　13) 前節で見た「端初」で加藤は『弁明』のソクラテスの敬神に注目する。テクストに基づく適切な解釈である。だが筆者が『弁明』を読むとき，焦点をそこから外し，知と不知の問題周辺に集中することになる。

　14) 『メノイケウス宛の手紙』124-5，『主要教説』2 など。

さて，プラトンが語るすべてを受け入れるわけではないことをはっきりさせたいま，第一に筆者は，「プラトンそのもの」，「プラトンそのひと」を，それ自身が哲学となる対話篇読解の，究極的な志向対象とはみなさなくなった。第二に，プラトンの主張と思われるもののうち，筆者が受け入れるものと受け入れないものを弁別する必要が生じた。政治哲学上のいわゆる全体主義的志向は，筆者が受け入れないことにした点の一つだ。

それでもなお残る，哲学に関わるプラトン，そして加藤への信頼をいくらかでも輪郭づけるために，先ず，『初期プラトン哲学』に収録（再録）された短文「プラトンの本」の一節を引こう。

> このような意味での「作品」である対話篇に接する時，われわれは問答からはね返される自分自身を見出し，どうしようもない絶望に曝される。われわれは自分自身がどこに居るかを知らず，暗がりのうちに置かれる。しかし，そこに，同時に，現前し，「愛知せよ」と命じているものがある。それは作者プラトンそのひとである。プラトンの作品はどれを取ってみてもこういう意味での一つの全体である。一つ一つの作品にプラトンの全体が現前している。年を経るにつれ，作品の完璧な構成がひとを捕えて離さない。[15]

先ほど述べた理由で筆者は，「プラトンそのひと」，「プラトンの全体」という語り方を引き受けられない。「どうしようもない絶望」という烈しい表現も自分でするのはためらわれる。だが，自分が問答からはね返されたとき，プラトンの作品が「愛知せよ」と命じてくること，作品の見事な構成が心を捕えて離さないことについて，筆者は加藤に賛同する。

---

[15] 加藤（1988），213-14。

5 読みの勘所

　(エ)については以下で,筆者が特に感銘を受けた加藤の読みの例を挙げる。だがその前に言っておきたいのは,加藤の読みが「哲学的本能の,いまここでの発動」と呼ぶべきものを顕わしているということだ[16]。

　先ず,「普通の」,あるいは学界で主流の解釈と違う読みを二つ。しかし加藤のように読むことで,プラトン哲学がそこに立ち上がる[17]。

　『カルミデス』篇で,クリティアスによる思慮の最終定義である,自己の知,また,ソクラテスによる吟味におけるその展開である,知の知,善悪の知はいずれも,本篇におけるプラトンの思索の到達点ではなく,むしろソクラテスは徹底してクリティアスの理解の空虚さを暴き出しており,一つにはその寡頭派的イデオロギーを俎上に載せている,と加藤は解する[18]。

　『パイドン』篇の主題が魂の不死(不滅)の論証であることは明白だと思われよう。だが加藤は,死そして魂の不滅について考えるとき,事態はそれほど単純ではないことを指摘する。論文「白鳥の歌序説」[19]のある注で加藤は言う。

　　だが,『パイドン』篇は,はたして,このこと〔魂の不滅〕の論証のために作られているのだろうか。そうだとすれば,それはすでに……〔64cの,「魂と肉体の分離」という〕死の定義によって,論

---

16) 加藤が都立大学を定年退職後,その自宅で開かれた『ティマイオス』演習の初回,筆者が冒頭箇所の訳読と問題提起を担当したが,テクストの表面をいじるだけの問題提起に加藤は不満だった。やがて加藤は,僕は直観を大事にしている(変な思い込みは勉強していくうちに消えていく)と言い,参加者一人ひとりに,これから一緒に『ティマイオス』を読んでいくにあたって抱いているこだわり所をざっくばらんに話すよう促した。このように加藤は教育の場でも〈切り込んでいく姿勢〉を推奨してきた。

17) 第3節で述べたように,『弁明』のうちにプラトン哲学の出発点があるとするのも異端的である。

18) 加藤 (1988),第二章。

19) 加藤 (1974a/1997a)。

証が始められる前にすでに前提されていたということになるのではないか。『パイドン』篇後半の論証（95e の「生成と消滅の原因を徹底的に調べあげねばならない」に始まる論証）は肉体から離れてそのもの自体となった魂が壊滅しはしないかというケベスの疑問（91d）によって惹き起されるものであった。それゆえ、この後半の論証は、魂と肉体の秩序を分別することだけでは片付かない存在と非存在の問題にかかわっていると私には考えられた。同じように「魂の不滅」を語るにしても、この問題にかかわることなしには語りえないような「魂の不滅」が語られていると私には思われた。[20]

最後に、問題提起が冴えるもう一つの例を挙げる。「プラトンの本」で、加藤は『パイドン』篇について言う。

> しかし、「美そのもの以外に何かが美しいとするなら、それはそれが美そのものを分有するということによる以外のいかなる理由によるのでもない（100c4-6）」として典型的ないわゆる「イデア論」が提示されるクライマクスで、普通、「美しい」と訳される「カロン（kalon）」という語が実際何を意味しているのか、また、どうして、ここでカロンが語られるのか、また、それは少し前の「アガトン（agathon――普通、「善」と訳される）」の話（99c5）とどのように関わるのかがいま、わたしのいちばん知りたい謎の一つである。謎が解けるのは、「魂のあること」がわたしにとっていまよりも、いくらか、明るくなる時ではなかろうかと、いま、わたしは思ってい

---

20) 加藤（[1974a]/1997a），428，注 19。「白鳥の歌序説」の本文中、この注が付されている辺りで加藤は、ある意味で不思議な論じ方をする。

死とはこの意味において「われわれ自身のなくなること（自己の非存在化）」に他ならない。ここで、なくなるのは自己の身体（この身）であり、本当の自己そのもの（魂）は残ると考えるのは不毛である……。なぜなら、このように考える時、この身は朽ちても、自己自身は朽ちず、死はおよそ自己自身にはかかわらぬものになるからである。もし、そうだとすれば、この本当の私自身については、生れたということも言えないことになろう。自己は無始無終、永恒存在しつづけるものとなろう。（強調引用者、加藤（[1974a]/1997a），424）

「なぜなら……からである」という繋がりゆえ、次のことが前提されていることになる。すなわち、死は、何らかの意味で、自己自身にかかわるものでなければならない。誕生も同様である、と。これは不思議な、そしておそらく確かな認識である。節を改め、論文の結びに加藤が記すのが、筆者が後の第7節で引用する結びである。

る[21]。

　そこに目を留めるのは恣意的とも映り得る，テクストのある事情に，作者の思索のまさに突端を成すものを嗅ぎ出す能動性がここにある。プラトンを学ぶ（とくに若い）人にこれを読んでもらい，どう思うか訊いてみたい。何のことかわからず，ぽかんとしたとしても，筆者はけっして蔑まないだろう。だが，目を輝かせ，何かを言おうとしてもがく人と出会ったなら，そう簡単には放さないだろう。

6　哲学史的洞察

　以上，筆者が加藤から主に学んだ四点を見た。
　以下では，学び得たとは言い難いが，加藤の哲学について筆者が素晴らしいと思う，あるいは惹かれる点を，無理矢理に絞って記す。
　素晴らしいと思うことの一つは，加藤が示す哲学史的洞察である。これは哲学史的知識と事柄の思索との結合なしにはあり得ない。その洞察は有効であると同時に，加藤の眼の刻印を確かに帯びている。
　一例を『初期プラトン哲学』「第二章　知」の結びから引く。

　　　知は，そこにおいて知る者が知られるものによって形作られる，知る者の知られるものへの関わりであるということはプラトン以後，古代哲学が保った知見であった。……しかし，この関わりが「知られるものは知る者の内に，知る者のあり方にしたがって在る」と或る巨匠〔トマス〕によって定式化された時，関わりそのものは保たれているものの，関わりの把握のうちに或る種の変容のきざしの生じているのを認めないわけにはゆくまい。それは知られるものに対する知る者の存在の自立性を許す言辞として受取られえ，そこから知の人間主義化を生む素地となりえたからである。……
　　　しかし，このような近代認識論における知の自律化，および，知

---

[21]　加藤（1988），214-15。

の自律化を支えうるものとしての確実性の探究への方向は実はすでにアリストテレスのうちにその素地を準備されていたと言うこともできる。……

さて，プラトンにおける知への問はそのような一般的な知識論および認識論の枠内での問をいっさい拒否している。[22]

ここで加藤は，「あなたが読むのはなぜプラトンなのか」という問いに一つの答えを与えてもいる。

7 神　　秘

加藤が理性的思考の強者であることは，アリストテレス『分析論後書』の研究からもわかる。また，われわれが日々関わっていたり，行っていたりする物事に対する地道で鋭い観察を加藤が積み上げていることは，「何がよいか」，「形の現象」の最初の二節，などから見て取れる[23]。これらの事実と不調和はきたさないが，趣の違う事柄として特記されてよいのは，加藤が神秘家であるということだ。ただしその Mystik は，哲学と対比されるものではなく，むしろ哲学の只中におけるそれである。それが加藤の，少なくとも筆者にとっての魅力の一つであることは否定できない。無神論や魂滅亡説で腹を括ったくらいでこの魅惑は消えないのだ。

加藤のその面を示す言葉として，「白鳥の歌序説」の結びを掲げる。

> 自己はなくなることにおいて非存在者となるのではなく，非存在を受け入れる。これによって，存在者としてもっていた外形は毀たれ，自己を生かしていた形象そのものとなる。そこに，自己の根源における変貌（transfiguratio）が起る。そこで，自己自身は自己を根拠づけていたものにわたされるのである。自己は存在者と非存在者の隔てを越え，存在そのものにわたされる。これはわれわれが

---

[22] 加藤 (1988), 134-35。
[23] 加藤 (1973c/1997a)；(1973b/1997a)。

肉体から離れて魂そのものになることではない。われわれの肉体は一つの存在者（見えるもの）にどちらかと言えば類似しているもの（homoioteron ホモイオテロン）であっても，単に一つの存在者（見えるもの）ではない。肉体を見えるものとしてその外縁において捉える存在把握が毀たれる時，われわれ自身の存在そのものが輝き出る。詩はこの変貌を予感するものであろうか。それとも，かの予見者の見る存在の開示は変貌した自己の姿であろうか。われわれはいまこの変貌の何であるかを知らない。しかし，分け与えられる「分け前モイラ」がつまらないものではないと期待しうる（elpis einai）理由を哲学者はもっている。自己がそこで会うものは自己より善いものだからである。

　白鳥の歌を真に歌いうるものは誰か。

　　　死せよ　成れよ。これを悟らざるかぎり
　　　汝は暗き地上をさまよう
　　　精神の溷濁せる客人こころに他ならじ。
　　　　　　　——（ゲーテ『西東詩集』，歌びとの書）[24]

　もちろん筆者は，死に際して「われわれ自身の存在そのものが輝き出る」ことは　な　い　だろうと思っている。だが，自分が何に背を向けているかを確かめるために，背を向けた先の光芒とその魅力にも身を捩ってさらす。吟味に耐え得た想念こそ抱き続けるに値すると見てのことだ。また，自分は取らない考えを取る人を理解したいということもある。

　しかし，自らは取らないことにしている立場をつかのま，想像の中で取るとき，もし強いよろこびを味わっているとすれば，それを繰り返しているうちに自らの「公式見解」が揺らいでくるかもしれない[25]。自分が取ってきた見解だからというだけの理由でこれを真とみなすのは不合理だが，ある見解を取ってきたという事実は自分にとってそれなりの重みをもとう。いずれにせよ誤魔化してはならないのだから，筆者は次のように自問し続ける必要があろう。自分が取らないその立場を想像の上で取るときに得られるそれなりに強いよろこびを，これから想像の上でさえ一切断念する覚悟があるか。筆者（のような者）はある種の「神秘」

---

24) 加藤（[1974a]/1997a），425-26。
25) 『国家』第10巻606a-d 参照。

なしに残りの人生を生き得るか[26]。

　生き得るのでなければならないと思う。そして，神秘抜きで生きようとするさいの貴重な示唆が，奇妙なことに，プラトンの書物のうちに豊富に含まれていると思うのだ。『弁明』，『パイドン』，『国家』には，筆者にとって圧倒的に根本的なものがある。また『テアイテトス』，『ピレボス』，『法律』における，後期プラトンに特有のこころ（魂）論は，生を考える興味深い場所を拓いている。

結　語

　加藤の哲学はその人に担い抜かれたものなるがゆえに普遍性を持つ。
　哲学に関わる加藤への筆者の尽きせぬ感謝は哲学そのものへの憧憬と合する。
　加藤の探究は続く。われわれもめいめいの道を行く[27]。

　26）"全生涯をある仕方で生き続けることを受け入れ得るか，それとも，それでは不十分であり，さらに何かを必要とするか"という問いに答えることを通じて，"自ら（ひいては人間）はいかなる生を，善きものとして，生きようと意志しているのか"を明らかにする議論が『ピレボス』21a-22bにある。
　27）本研究はJSPS科研費00344630の助成を受けたものです。

II

プラトン解釈

4

決定的な時(カイロス)
―― 『ソクラテスの弁明』論をめぐって ――

田 中 伸 司

　初期プラトン哲学とは何であるのか。
　『初期プラトン哲学』序章において次のように説明される。「ソクラテスの不知が何に関わり，それがソクラテスの存在において知とどのように絡み合っているのかを見究めてゆく」(48頁[1])ことであると。そして，加藤信朗がプラトン哲学の端緒に置き，ソクラテスの時間とプラトンの時間が交叉したと指摘したのが，『ソクラテスの弁明』(以下『弁明』)であった。諸対話篇のうちで二度にわたりプラトンの存在を告げる唯一の作品である。加藤がソクラテスという存在を何であると見定めたのか，『弁明』をめぐる論考をもとに考えてゆきたい。それは「相異なる三つの相貌を通じて一なるプラトン哲学の真相」(49頁)を摑む第一歩となる[2]。

1　ソクラテス弁明の基本軸 ―― 神々の存在の承認と否認

　『弁明』は言うまでもなく，ソクラテス裁判を描いた作品である。加藤はこの作品がプラトンの「信ずるソクラテスの存在の真実を証しする仕事」(58頁)であり，そしてソクラテス裁判を画き切ったとき「プラ

---

[1]　本文での加藤（1988）からの引用については，頁数のみを記す。
[2]　加藤哲学の三一構造については納富論文（総論）を，またプラトン哲学全体における初期の位置づけについては田坂論文（第6章）を参照。

トンのうちにプラトン自身の哲学の基底が置き据えられた」(59頁) と告げている。そして，『初期プラトン哲学』は私たちに向かって，『弁明』という対話篇が「ソクラテスこそが本当の意味で敬神の人であったこと」(94頁) を証明する作品であることを論証してゆくのである。

その論証はまず公式記録等の告訴状と『弁明』で示されるそれとの比較を行い，そこに認められる僅かな異同が対話篇の構造上重大な意義を有していることを突きとめる。若者たちを堕落させたこととポリスの認める神を認めないという，「"原告訴状"が二つの罪状でソクラテスを告発しているのに対して，『弁明』のソクラテスは訴えられている二つの告発を一つの点に帰し，教育問題は宗教問題に帰するものとして弁明している」(72頁) ことを指摘するのである[3]。すなわち，告訴状の「神々を認めない (θεοὺς μὴ νομίζειν)」という句に関しての論争，それが「ソクラテスにおける神存在の否認という冒瀆の言行だったのか，……それとも宗教行事に関するソクラテスの冒瀆の言行だったのか」(76頁) という対立をめぐり，文献学的な証拠と歴史学上の事実とを比較考量し，「「神々の存在否認」をそれとして明確に取り出し，「神々を認めない」という句を一方の意味でだけ限定して用い，「神々を認めない」と「神々の存在を認めない」を同義のものとしたのは実は『弁明』のソクラテスだったと理解する」(76-77頁，強調は原著者) という独自の解釈を打ち立てるのである[4]。確かに，告訴状の句 (θεοὺς……νομίζειν) に

---

[3] T. C. ブリックハウス & N. D. スミスは告発が三つである (「ポリスが認めている神を認めない」「新しい神格を導入している」「若者たちを堕落させている」) と主張するが，それは告発についての哲学的理解というよりも，彼らの法制史的関心の強さを反映している。Brickhouse & Smith (1989), 30 (米澤・三嶋訳 (1994), 37)。

[4] Slings (1994), 87-88 は「ポリスの認める神々を認めない (τοὺς θεοὺς οὓς ἡ πόλις νομίζει οὐ νομίζειν)」という句について，意味が故意に曖昧にされてはいるが，「犯罪を規定する法において，νομίζειν〔認める〕という動詞が指示しえたのは外的な行為のみであった。もちろん対応する内的な態度は，その逆の証拠がない限りは，容易に推定されえた」(87，以下引用文中の〔 〕は引用者による注記) と主張し，脚注において Kato (1991/1996) に言及している。「メレトスとアニュトスにとって νομίζειν は宗教行事に関しての遵守の問題であったが，プラトンがそれを信仰に関係させるときに彼らの告発を改変していると主張するのは極端である」(87, n.22) と。なお，スリングスは 18c3 への本文注釈において，Burnet (1924) が主張した νομίζειν θεούς (神々を認める，神々を崇拝する) と νομίζειν εἶναι θεούς (神々の存在を認める) の区別を一応認めたうえで，両者は入れ替え可能であるが，(それらの意味の違いを利用する)「26c2 でバーネットが示唆するような罠ではない」(254) と述べている。スリングスによる加藤説批判はそれがバーネットの示唆する解釈と軌を一に

「存在する（εἶναι）」という語を付加したのは，メレトスを論駁するソクラテスである。

> 「私がなにかの神々が存在すると信じるように教えている（διδάσκειν με νομίζειν εἶναί τινας θεούς）と君が言っているのかどうか，私には分からないからだ。そうだったら，私自身は神々が存在することを信じており（νομίζω εἶναι θεούς），無神論者などではまったくなくて，その点で不正を為してはいないことになる[5]。」（26c1-4）

明らかに「メレトス論駁におけるソクラテスの論は，この告訴事件を「神々の存在の承認と否認」にかかわることとして受け取っていた」（77頁）ことを示している[6]。それゆえ，ソクラテスは「告発の原因」（24a8）として真実を語り憎まれているということを指摘するが，その真実とはまず以ってソクラテスの敬神を軸に読み解かれるべきなのである。すなわち，「このメレトス論駁は，けっして，あるひとびとの考えるように，ソクラテスの弁明における付録，または脇道ではな」（68頁）く，敬神を弁明の正面に打ち出したという点で「むしろ，それはプラトンの画いた『弁明』のソクラテスの弁明の基礎をきめているものであり，この論のもつ基本論型によって弁明の全体が構築されている」（68頁）のである。

するものと見えたことにあるのかもしれない。しかし，後述のように，加藤が開示するソクラテス・プラトンによる改変は，もちろん，弁論のための罠などではない。

[5] 『ソクラテスの弁明』からの引用に関しては，Nicoll（1995）を用い，作品名を記すことなくステファヌス版プラトン全集の頁番号・段落記号・行数を付した。翻訳は納富（2012）を使用した。但し論述の都合上，一部改変した箇所がある。

[6] ブリックハウス＆スミスは 26c1-4 について，ソクラテスの見解を述べたものではなく，「メレトスのとるすべての選択肢を提出」（Brickhouse & Smith（1989），120，米澤・三嶋訳（1994），194）したものと解する。というのも，彼らはこれに先立って「メレトスは 26c7 で，「あなた（ソクラテス）は神々をまったく認めていない」と語っている。この言葉は，彼らの申し立てによると必要なはずの，「存在する（εἶναι）」という言葉を伴っていないが，それでも意味ははっきりしている。メレトスの告発は……ソクラテスがまったくの無神論者であるというものである」（31，邦訳 38，強調は引用者）と解釈しているからである。しかし，彼ら自身が認めているように，「存在する（εἶναι）」が解釈の鍵であり，それを最初に使用したのはソクラテスである。

2 自証知と吟味 ―― デルフォイにおわす神を証人として

『初期プラトン哲学』が弁明の焦点を敬神に合わせ，そこに最初に提示する難問は，ソクラテスが真実を語る者であると登場しつつ，自らに知のあることを否認するという事態である。

> 「知の所有者であることを否認することと，真実を語る者であると断言することとが互いにどのように関わり合っているのか……『弁明』では，この二つの事柄が同じ一つのことの二つの面として提示されていることに注目すべきである。」(81-82頁)

ソクラテスにとって知を否認することと真実を語ることとは同じ一つのことであると指摘される。というのも「「身に覚えがない」という"ソクラテス"におけるこの自証知は"ソクラテス"における不知と知への関わりを結ぶ要(かなめ)」(111頁) だからである。

このソクラテスの「自証知」はもちろん端的な意味での知ではない。ソクラテスは次のように語っている。

> 「神は，一体なにをおっしゃっているのだろう。何の謎かけをしておられるのだろう。私は知恵ある者であるとは，自分ですこしも意識していない（οὔτε μέγα οὔτε σμικρὸν σύνοιδα ἐμαυτῷ σοφὸς ὤν）のだから。」(21b3-5)

このソクラテスの言葉に関して，『初期プラトン哲学』第二章は「「自分の身に覚えがない」を意味する σύνοιδα + ἐμαυτῷ + 否定詞 + 分詞という語法は自分について自分がいわば証人になって確信しうることを述べる語法であ」(110頁) り，「それは一つの自証知をあらわす語である」(110頁) と解説している。事実，この箇所は「私は，すこしも知

恵あるものではないと，自覚している／自らに証す[7]」と訳されもする。このソクラテスの自覚は「人間的な知恵」(20d8) と呼ばれているが，その内実は「私のほうは，知らないので，ちょうどそのとおり，知らないと思っている（ὥσπερ οὖν οὐκ οἶδα, οὐδὲ οἴομαι）」(21d6)，「ハデスのことはよく知らないので，そのとおりに知らないと思っている（οἴομαι οὐκ εἰδέναι）」(29b6) という，不知についての思いなしと表裏一体なのである。

　確かに，ソクラテスの自証知は知ではない。それは少なくとも，ソクラテスが知者であることを証しする知ではない。とはいえ，実際またソクラテスの不知は，対話の傍らにいる人びと（そして私たち読者）によって，容易に（例えば，無知の）知へと変換されてしまいかねない，真実の響きを有している。「知らないと思っている」というソクラテスの思いなしには，己の魂の状態についての証言であるという直接性に由来する明証性あるいは確実性があるからである。しかし，そのソクラテスの不知の語りが「真実（ἀλήθειαν）を語る」(17b8, 20d5-6, 22a2, 24a4-8) ことであるのは，そのような明証性のゆえではない。どのような直接性も，またそれに由来する明証性も，思いなしという枠を越えさせはしない。『初期プラトン哲学』が正しく指摘するように，ソクラテスの自証知が「真実を語る」ことであるのは，ソクラテスが自分の不知をそのとおりに受け取るということに存しており，それは「本当は神こそが知恵ある者」(23a5-6) という敬神によって成立しているのである。そうであるがゆえに，「「ソクラテスよりも知慧のある者はいない」(21a6-7) とする神の証言と「自分が知慧ある者だなぞとはほんの僅かなりと身に覚えがない」(21b4-5) というソクラテスの自証との間には逃げ路のない相克があり，その相克が事件の核心を形作」(87頁) るのである。

　この「〔知者という〕名と中傷を」(20d3-4) もたらした「ある知恵」(20d7) に関して，ソクラテスはそれが「ほとんどなににも値しない」(23a7) ことを「言論で示すように試み」る (20d3)。ソクラテスは知恵ある者であると（多くの人びとによってそして彼ら自身によっても）思いなされている人びとを吟味する。彼らはみな無知をさらけ出し，自分自

---

[7]　光文社古典新訳文庫の「訳者解説」において納富信留が提示した「積極的な主張として訳すこともできる」もう一つの訳である（納富 (2012), 123-24 参照）。

身をすなわち魂を配慮していないということが暴露される。ソクラテスの吟味において「ひとは自己の存在において審かれているのである[8]」（190頁）。ソクラテスは「神に従って探求」（22a4-5）し，自身の不知を「このままの状態でいるほうがよいのだ」（22e5-6）と，「自分自身と神託に対して」（22e5，強調は引用者による）受け入れたのである。ソクラテスは神託を試したのではない[9]。「デルフォイにおわす神を証人として」（20e7-8），ソクラテスはその吟味が「神への奉仕」（23c1）であることを証しだてたのである。

3　本当に正義のために戦うとは ——ソクラテスの持ち場

　ソクラテスの無知の自覚は敬神によって成立している。決して単に，知らないという意識の有する明証性や確実性に支えられているのではない。すなわち「神に対する人間の正しいあり方は，人間における「知」のあり方が何であるかを辨え，そこに留まることにあり，そこに留まることをえさせる賢慮と勇気こそが人間において，あるべき敬神のあり方」（94頁）とされるのである。では，敬神のあり方としての勇気とは何か。加藤はかの三十人政権によってソクラテスがサラミスの人レオンの拘引を命じられた事件を，アルギヌサイの海戦にかかわる将軍十人の断罪事件とともに，ソクラテスの勇気の事例として正当にも指摘している（172頁）。とはいえこれまで，このレオン拘引事件はソクラテスの正義をあらわす事例として受け取られてきた。そして，『弁明』で言及されるレオン拘引事件が「深刻な実相」を有し，それを美談化することが「ソクラテスの姿を隠蔽する」とは納富信留の指摘するところである[10]。

---

[8]　この句はソクラテスの吟味として『ラケス』を取り上げた加藤（1988）「第三章 徳」の「むすび」の一節である。この句に続けて，加藤は「あるいは，むしろ，許されるべきものであるのかも知れない。」（190頁）と記している。確かに，ソクラテスの対話以前に人は自らの不知の無自覚によって己の魂を深く損なっているのだから，むしろ傷ついた魂への癒しとしてソクラテスの対話を読むべきなのかもしれない。なお，『ラケス』に関しては，野村論文（第5章）を参照。

[9]　A. ネハマスはソクラテスの探求を神託の真偽を決定するためのテストであると解釈しているが，ソクラテスによる神託への信頼を見損なっている。Nehamas (1986), 305-306.

[10]　納富（2005），192以下。

4 決定的な時

実際，多くの研究者たちがレオン拘引事件をソクラテスの正義を示す例証と受け取り[11]，その扱いに苦慮している[12]。それは古代からの一つの見方に連なるものである。クセノフォンの『ソクラテス言行録』はレオン拘引事件をソクラテスの正義を示すものとして提示している。

> 「正しさについても，彼は持てる見解を隠すことなく，実際の場でそれを示した。……三十人独裁政権が彼に法に反したことを命じたときにも，それに従おうとしなかった。すなわち，若者たちと対話を交わすなと彼らが布令を出したときもそうだったし，また彼と他にも何人かに市民のうちのある者を処刑するために連行してくるように彼らが命じたときにも，彼に対する命令が法に反しているという理由で（διὰ τὸ παρὰ τοὺς νόμους），彼だけがそれに従わなかったのである[13]。」(4.4.1-3)

このクセノフォンのようにレオン拘引事件を正義の事例あるいは適法性の問題として理解するとき，人はなにほどかソクラテスの行為に後ろ

---

11) 例えば，ブリックハウス & スミスは将軍断罪事件もレオン拘引事件も，法的権威への服従と適法性の問題として捉えている（Brickhouse & Smith (1989), 142f., 173ff.）。彼らによれば，これらの事件はソクラテスがクリティアスをはじめとする「三十人僭主の友人では全くなかった」(Brickhouse & Smith (1989), 182, 邦訳 293) ことの証拠である。他方，R. クラウトはソクラテスが将軍断罪事件については二度違法性に言及している（32b4: παρανόμως, 32b6-7: παρὰ τοὺς νόμους）のに対してレオン拘引事件に関しては不正とのみ語っている（32d5: ἀδικόν τι）ことに注目し，適法性の問題は前者にのみ関わり，後者は政体の正統性の問題であると結論している（Kraut (1983), 17-24）。確かにソクラテスは，将軍断罪事件を例示した後，さらにレオン拘引事件を説明するなかで「死など——もしこういう言い方が乱暴でなかったら——気にもとめていませんでしたが，不正や不敬虔なことを為さないよう（μηδὲν ἄδικον μηδ' ἀνόσιον ἐργάζεσθαι），それを大いに顧慮しているのだと，言葉ではなく再び行為で示したのです」(32c8-d3) と述べている。クラウトは不正にのみ焦点を当てているが，不正と不敬虔が並べて語られていることに注意されるべきである。

12) 例えば，三嶋輝夫（「『ソクラテスの弁明』解題」三嶋 (1998)）は G. ヴラストスの論文 "Socrates and Vietnam" (Vlastos (1994), 127-33) に言及したうえで，「ソクラテスを弁護するのは容易ではない」(116) と述べ，ソクラテスは完全な理想の人ではなく，『パイドン』末尾の言葉も「われわれがその人となりを識ることを得た当時の人々の中で」(Phd. 118a16-17) という「限定の中での最上級」(118) と結論している。他方，『弁明』のうちに「愚直なまでの神に対する端的な信頼」(32) を見る荻野 (2003) は当然のごとく戦場での持ち場に言及し「神によって生かされている場所」(55) を語るが，将軍断罪事件とレオン拘引事件については触れていない。

13) テクストは Marchant (1921), を，翻訳は内山 (2011) を用いた。

めたさを感じるかもしれない。そして,『弁明』の次のソクラテスの発言に困惑してしまうことになる[14]。

　「真実を語っても,どうか私に怒りを向けないでください。皆さんや民衆に対して正当に異議を唱え,ポリスの多くの不正や違法行為が生じるのを阻止して生き残ることができるような人間は,だれもいないのです。いやむしろ,本当に正義のために戦う人は,もし短時間でも生き残りたければ,公人としてではなく私人として活動する必要があるのです。」(31e1-32a3)

ソクラテスは続けて述べる。

　「私からは,皆さんに,こういったことの大きな証拠を提出しましょう。言葉ではなく,あなた方が尊重しているもの,つまり行為という事実で。では,私に起こったことをお聞きください。私が死を恐れて,だれにであれ正義に反して譲歩することがない（οὐδ᾽ ἂν ἑνὶ ὑπεικάθοιμι παρὰ τὸ δίκαιον δείσας θάνατον）こと,そして譲歩しなければすぐに滅びてしまうだろう,ということを知っていただくために。」(32a4-8)

そしてここでソクラテスによって挙げられる証拠が,アルギヌサイ海戦にかかわる将軍断罪事件とレオン拘引事件である。しかし,これら二つの事件は法と正義の問題として[15]ではなく,加藤が指摘したように,

---

　14) このソクラテスの言葉に困惑する人たちはそしておそらく,29d2以下のソクラテスの誓いのことを思い浮かべるであろう。
　15) これら二つの事件は法と正義の問題として捉えられ,近年は特に『クリトン』でのソクラテスの言論との異同が論じられている。例えば,ブリックハウス＆スミスは"from *Plato's Socrates*"(Brickhouse & Smith (2001), 190-223) において,『クリトン』での「法」は（理想化されているとしても）アテナイの現実の法であり,「アテナイの法を破ったアテナイ市民は誰であれ,不敬虔と不正を犯したことになる」(197) が,この点で『弁明』でのソクラテスとの差はないと見なしている (197-98)。スリングスもまた『クリトン』と『弁明』との間には基本姿勢の変化はなく,違いは『弁明』には「不完全な法の妥当性についての議論を行う余地がない」(Slings (1994), 158-59, cf. 163 n.36) ことによると主張する。両者とも,ポリスの正義のために戦うことと「本当に正義のために戦う」こととの違いを見落とし,法的正義の問題としてのみ捉えている。

4　決定的な時

ソクラテスの敬神に関わる事例として受け取られなければならない。このように読み解くことができ，そしてそこに一応の妥当性が認められるなら，私たちは『弁明』に関する加藤の読み筋の確かさを傍証したことになるであろう。では，ソクラテスの弁明の言を改めて見てみよう。

　確かに，それら二つの事件は「ポリスの多くの不正や違法行為」である。しかし，引用の前半部（31e1-32a3）が主張しているのは，そのような「ポリスの多くの不正や違法行為が生じるのを阻止」することを「本当に正義のために戦う」ことだと認めないということである。アテナイという現実のポリスにおける正義は，『ポリテイア（国家）』において洞窟の比喩に即してプラトンが指摘するように「正義の影あるいはその影の元にある像」であって「正義そのもの」ではない（『ポリテイア』517d）。少なくとも，サラミスの人レオン拘引事件等を阻止することを，ソクラテスは「本当に正義のために戦うこと」ではないと見なしている。

　では，引用の後半部（32a4-8）はどうであろうか。そこでは「正義に反して譲歩しない」と言っており，挙げられる事例はそのようなソクラテスの正義を示す事例である。上述のように，将軍断罪事件やレオン拘引事件はアテナイというポリスにおける正義に反する事件であり，ソクラテスはそれらに加担せず，それゆえそれらの事件は確かにソクラテスが「だれにであれ正義に反して譲歩」（34a6-7）しなかったことの証拠である。しかし，事柄はそこでは尽きてはいない。ソクラテスは「死を恐れて」そうした事件に加担してしまうことこそが問題であると指摘しているのだが，なぜソクラテスが正義に反して譲歩しないのかということがさらに押さえられなければならない。上記の引用に先立って，ソクラテスは自身が死を恐れず戦っていた場所とは「神託がソクラテスを配置した，ソクラテスの「部処（τάξις）」(28e4-29a1)」（92頁）であると告げ[16]，次のように語っていた。

---

16) ブリックハウス & スミスは「「人は自分の指揮官によって配置された所定の持ち場を決して放棄してはならない」と述べていること（28d6-10），また「神であれ人であれ自分よりも優れた者に従わないことは間違っていると知っている」とも述べている（29b6-7）事実を認識することは重要である」(Brickhouse & Smith (1989), 139, 邦訳 222, 強調は原著者）と指摘する。そのうえでブリックハウス & スミスが（上述の「優れた者」を徳のある者と解釈しようとする）クラウトとウッズレーを批判しつつ（cf. Kraut (1983), 23 n.38；

「指揮官が戦場で私を配置した時には，……私は，彼らが配置した場所に他の人と同じく留まって，たしかに死の危険を冒しました。それなのに，かの神が命じられているというのに——そう私は考え，受けとっているのですが——つまり，知を愛し求め，私自身と他の人々とを吟味して生きねばならぬと命じられているのに，もしもここで死や他の困難を恐れて戦列（τὴν τάξιν）を離脱するとしたら，それこそひどいことであり，その時こそ私を法廷に引き出すことが，真実に正しいことになるのです。死を恐れることで，実際には知者でもないのに自ら知者だと思い，神託に従わず（ἀπειθῶν τῇ μαντείᾳ καὶ δεδιὼς θάνατον καὶ οἰόμενος σοφὸς εἶναι οὐκ ὤν），そうして神々を信じない（οὐ νομίζω θεοὺς εἶναι）という理由で。」（28e1-29a5）

引用文末尾の「死を恐れ（δεδιὼς θάνατον）」，「実際には知者でもないのに自ら知者だと思い（οἰόμενος σοφὸς εἶναι οὐκ ὤν）」，「神託に従わず（ἀπειθῶν τῇ μαντείᾳ）」という三つの分詞が「神々を信じない」という罪を構成している[17]。この文脈に照らすならば，前述の引用の後半部の「私が死を恐れて，だれにであれ正義に反して譲歩することがない」という句は正義の問題ではなく，むしろ敬神の問題として解されるべきであろう。少なくともこの弁明の場においてはそう解されるべきである。そうであるとすれば，レオン拘引事件とは，神託を前にして，死を「真に恐れるか否かの判断を誤らない」（172頁）という意味

Woozley（1979），49），「部処」や「持ち場」を放棄すべきではない理由として主張するのは「法律に対する服従は道徳的責務であるというソクラテスの信念」（139，邦訳221）である。すなわち，ポテイダイアやアンフィポリスやデーリオンでのソクラテスの指揮官たちが「ソクラテスに比べ徳にかけていると，彼〔ソクラテス〕が見ていたと想定すべき，あらゆる理由がある」（140，邦訳223）からには，「ソクラテスが言おうとしていることは，ただ，「人は法的権威に従わなければならない」と語られているに過ぎない」（141，邦訳223）と解している。しかし，引用文の末尾に明らかなように，ここでソクラテスが問題としているのは単に法に従うことや道徳的に優れた者に従うことの可否ではなく，死を恐れて自らの知を恃み神託に従わぬことによって生じる「神々を信じない」という罪である。

17）「神々を信じない」という罪の構成の観点からは興味深いことであるが，引用文に示されるように，納富信留はこれらの三つの分詞をギリシア語テクストとは異なった語順で訳出している。テクストでは「戦列を離脱する」ことが「死を恐れる」ことと結びつき，戦場との対照を可能としていることを考慮すれば，納富訳は達意の文であると言える。

4 決定的な時

で「ソクラテスがそのような勇気あるひとであった」（172頁）と示す事例なのである[18]。つまりソクラテスの勇気は、『弁明』においては、その敬神の証しとなっているのである。実際、『第七書簡』においてレオン拘引事件が言及される際にも、「神をないがしろにした彼らの所業に加担するくらいなら、むしろあらゆる危険に身をさらすことにしたのです[19]」（325a2-3）と記されている。さらには、しばしば不遜と見なされてきた次のソクラテスの誓いもまた、死などの困難を恐れず神に従うことを宣言したものである。

　「さて、もし仮に、今言ったような条件であなた方が私を釈放するとしても、私は皆さんにこう語ることでしょう。
　「アテナイの皆さん、私はあなた方をこよなく愛し親しみを感じています。ですが、私はあなた方よりもむしろ神に従います。息のつづく限り、可能な限り、私は知を愛し求めることをやめませんし、あなた方のだれかに出会うたびに、勧告し指摘することをけっしてやめはしないでしょう。……」」（29d1-6）

プラトンはこのように「ソクラテス自身の存在（＝「何であるか」）を定めている場」（90頁）を受け取ったのである。『初期プラトン哲学』の続く諸章が示すように、それは知への問いにおいて存在の根拠としての徳が語られてゆく場なのである[20]。そして死刑判決を受けて、対話篇は次のソクラテスの言葉で締めくくられる[21]。

　「私たちのどちらがより善き運命(さだめ)に赴くのかは、だれにも明らかではありません。神は別にして。」（42a3-5）

---

18) もちろん「提督の断罪事件についても」（加藤（1988），172）である。
19) テクストはBurnet（1907）を用い、翻訳は内山（1992）を使用した。
20) 「端的な意味での存在の生成として、知の生成ということが語られる場所」（加藤（[1987a]/1988），189）であり、「存在は持続する。そして、徳はこの持続の根拠である」（（[1987a]/1988），190）と語られる。
21) 納富信留はこの「ソクラテスの最期の言葉は、この裁判が問題としたソクラテスの「敬神」、すなわち「哲学者の生」を一言で言い表している」（納富（2012），169）と解説している。

『弁明』という対話篇はその構造において，ソクラテスの敬神を証明している。自らの無知を自覚し，そこに留まるという「敬神のあり方」において「ひとびとははじめて，「神々があること」を認めるものであり，存在するところの神々に対する尊敬を保つものとなる」(94-95頁)，加藤は『弁明』という対話篇をそう理解したのである。

4　むすび

『弁明』が特異点であることを，『初期プラトン哲学』は序章においてすでに告げていた。

> 「プラトンの全対話篇が関わっているただ一つの時があったといえるのかも知れない。それはソクラテスの生と死の時，とりわけ，ソクラテスの裁判事件と処刑を頂点として，ソクラテスの時間とプラトンの時間が交叉した「決定的な時(カイロス)」のことである。」(25頁)

このソクラテスの時間とプラトンの時間が交叉する「決定的な時」に，加藤信朗は読者たる私たちを引き連れて，その時間を交叉させようとしている。あるいは，こう言おう。『弁明』において辨証されたソクラテスの敬神すなわち「ソクラテスの存在の真実」(55頁)は，それに関わる人に「人間において生きることの真実と虚偽がどこにあるかを示」(55頁)すことを求める。したがってそれは，いかに生きるべきか，いかに生きているのかが問われる時機であり，つまり私たちが真っ先に配慮すべき，私たちの魂のありようが問われる決定的な時に関わることである。『初期プラトン哲学』とはこの決定的な時(カイロス)であり，それに関わることにおいて私たちはソクラテス・プラトンの存在の真実と出会い，私たちの魂のありようが審かれ，そして許されるのである[22]。

---

[22] 科研シンポジウム「加藤信朗哲学の再検討」（科学研究費補助金基盤研究（B）・代表者：納富信留，2014年7月12日・慶應義塾大学三田キャンパス）での本章の原型となる発表に関して，神託を受けていない私たちにソクラテスの哲学は拓かれているのかという問いがあった。確かに私たちはソクラテスのように神託を受けることはない。とはいえ，いか

5

初期プラトンにおける「善悪の知」
——『カルミデス』・『ラケス』論をめぐって——

野 村 光 義

　加藤信朗『初期プラトン哲学』における特筆すべきプラトン解釈のひとつに「善悪の知」をめぐるものがある。すなわち，それまで初期プラトン対話篇の最終場面に登場する「善悪の知」は諸徳の「何であるか」に対する最終的・積極的な答えであると解釈されてきたのに対して，『初期プラトン哲学』は，そうでなく善悪の知はいわば「死に体」[1]であると解釈した。具体的には，同書第二章「知」，第三章「徳」において，『カルミデス』，『ラケス』をそれぞれ読み解くことを通して，プラトンはふたつの初期対話篇の結論を善悪の知とはしていないと論じた。本章では，この「善悪の知は死に体である」という主張をテクスト分析によりあらためて補強しつつ，「善悪の知」を適切な場所に位置づける作業をしたい。わたくしが本章で使用する道具立ては「何であるかを答える文脈（ディアレクティケーの文脈）」というものである。

に生きるべきかが問われ，魂のありようが問われる時に，私たち自身の「部処（τάξις）」を辛うじて見出すことができるならば，私たちもまたソクラテスを通じて神託を受けることができると言えるかもしない。ソクラテスにおいて，神託を受けることは本当に正義のために戦う場に置かれて在るという自己についての意識と一つになっており，それは不知の自覚という自証知をもたらすものだからである。ソクラテスは私たちにとっても「神の贈り物」（30d8）の筈である。

1) 加藤（[1983]/1988), 254, 註（29）。

1 『カルミデス』の分析

諸徳のうち「思慮（σωφροσύνη）」[2]を主題とする『カルミデス』は対話相手をカルミデスからクリティアスに交代させつつ，第1定義「一種のもの静かさ」，第2定義「羞恥心」，第3定義「自分自身のことをすること」，第4定義「自分自身を知ること（自己知）」[3]，第5定義「知の知」というように，思慮の「何であるか」に対して5つの答えが提示される。最後の「知の知（知と不知の知）」についてソクラテスは，それがそもそも可能か，とまず吟味し，さらにそれが有益か，という吟味を加える：

---

2) 加藤（[1983]/1988），111，および，245-49，註（10）。岩波全集版『カルミデス』では，ソープロシュネー（σωφροσύνη）は「克己節制（思慮の健全さ）」と訳されている（山野（1975））。また，「健全なる知」（斎藤（1963）），「思慮」（松永（1963））。

3) 第4定義から第5定義にかけてのテクスト解釈についてひとこと述べておきたい。ソクラテスは，ある知（ある技術）を規定するのに「何の知であるか（何についての知であるか）」と知の対象を問う。クリティアスは「汝自身を知れ（Γνῶθι σαυτόν）」を念頭におきつつ第3定義を改変して，「思慮とは自分自身を知ること（τὸ γιγνώσκειν αὐτὸν ἑαυτόν）である」すなわち「思慮とは自分自身の（ἑαυτοῦ）知である」と定義する。すると，ソクラテスは「知は通常その知とは異なるものを知の対象とする（知の対象は「知」ではない）」ゆえ，知の対象は何かと問う。すなわち，「思慮もその思慮自体とは（αὐτῆς τῆς σωφροσύνης）まさしく異なるところの何についての知であるか」と。それに対してクリティアスは「思慮だけは，他のいろいろな知の知（τῶν τε ἄλλων ἐπιστημῶν ἐπιστήμη）であるばかりか，それ自体の（αὐτὴ ἑαυτῆς）知でもある」と答える（岩波訳では「それみずからについての知〔知の知〕でもある」（山野（1975），74）というように，〔知の知〕を補ってしまっており，75，注1では「「知の知」（ἐπιστήμη ἑαυτῆς）」と訳してしまっている）。わたくしが注意を喚起したいのは，ここで「それ自体の知でもある」というときの「それ自体の（ἑαυτῆς）」という再帰代名詞，女性・単数・属格は「思慮」を指している，「思慮」に再帰しているということである。それに対して，第5定義「知の知」における「知の（ἐπιστήμης）」は，「思慮という知」と「他のいろいろな知」をあわせた「すべての知」を総称的に単数・属格で述べたものである。つまり，「不知の（ἀνεπιστημοσύνης）」をいったん除いて考えると，τῶν ἄλλων ἐπιστημῶν + ἑαυτῆς = ἐπιστήμης である。たしかに「それ自体の知」とは「思慮という知自体の知」であるが，それと「知の知」は同じではない。今井（1988），108における思慮の規定II「思慮は思慮自体を知る知，それ自体の知，つまり「自体知」（ἐπιστήμη ἑαυτῆς）である」，および，121，註（51）参照。

T1 ソクラテス しかし，知にしたがって行為すれば，それで，われわれはいいようにやった（うまくいった，εὖ πράττειν）ことになり，いいダイモーンがついていること（幸福）になる（εὐδαιμονεῖν）はずだというあたりまでくると，われわれはまだ理解できないでいるのだ[4]。(173d3-5)

ここでソクラテスは，うまくいく・幸福になるのは「何の知にしたがってか」[5]，もしくは，幸福に一番貢献するのは「何の知であるという点でか」という問いを立てて，「靴作りの知」「金物細工の知」「羊毛，木材加工の知」や，はたまた「占い師のもつ知（未来に関する知）」や「将棋の知」「計算の知」「健康の知」をみずから挙げ，最終的に対話相手クリティアスに以下のように答えさせる：

T2 クリティアス 善悪の知であるという点で です。(174b10)

この善悪の知が思慮の「何であるか」に対する第6定義ではないことに注意すべきである。知の知（知と不知の知）が存在するとして，その「知の（諸知の）」うちどの知が有益さや幸福に貢献するか，という問いに対する答えなのである。

さらに，以下のような対話問答が繰り広げられる：

T3 ソクラテス きみがその知〔＝善悪の知〕をほかのいろいろな知から除外する気になれば，それでいくらかでも，医術はひとを健

---

4) 『カルミデス』はいわゆる戯曲的対話篇ではないが，誰が発言しているかを簡潔に明示するために以下，戯曲的対話篇のように発言者名を付して訳した。ちなみに『ラケス』は戯曲的対話篇である。また紙幅の節約のため，どちらも対話者の交代で改行はせず，「ダッシュ──」をはさんだ。

5) ここでは「なんという知か，どのような知か (what knowledge?, τίς ἐπιστήμη;)」という意味ではなく，「なにについての知か (knowledge of what?, ἐπιστήμη περὶ τίνος;)」という問いである。
また，『カルミデス』，『ラケス』を通して，「知」を修飾する「属格」と「περί プラス 属格」，およびごくまれに見られる「περί プラス 対格」の3表現を同一視する。これらはごく常識的に，「知」を動詞形「知る」に変換したときの目的語と解釈する。

康にしないし[6]，……船を操縦する技術は海上で，軍隊を指揮する技術は戦場で，ひとが死ぬのを防止してくれないことになるのだろうか。──クリティアス いいえ，ちっともかわりはありません。──ソクラテス しかしながら，それらの専門的な知がそれぞれ，いいように，利益になるように行なわれるという可能性のほうは，われわれを見捨ててしまうことだろうね，その知が欠けていれば。──クリティアス ほんとうに，おっしゃるとおりです。(174c3-d2)

ここは，「ἄν プラス 未完了過去」の反実仮想ではないが，帰結をあらわす未来形（「……ことになる」）で書かれている。「クリティアスよ，きみの言うように善悪の知をひとつの知としてたてるとすると，このような帰結がでてくることになる」ということである。もちろん「医術は健康にはするが，それが決して有益なことにはならない」という，健康と有益を完全分離する事態は奇妙な帰結である。

T4 ソクラテス うん，ところが，どうやら，その知は思慮ではないようだね。むしろ，その知はわれわれを益することを仕事（ἔργον）とするものらしい。というのは，その知は，知と不知の知ではなく，善悪の知なのだからね。したがって，その知がわれわれを益してくれるものであれば，思慮は，われわれの利益になる知とはちがった別のものだということになるはずだ。──クリティアス しかし，どうして，思慮が有益ではないことになるのですか。だって，思慮は，とにかく絶対にいろいろな知の知であり，また，ほかのさまざまな知を管理するものだとすると，むろん，その善の知も配下におさめて，われわれを益することになるはずでしょう。──ソクラテス どうだね，ひとを健康にすることもやって

---

[6] このようなパウロ的述定（Pauline predication,「愛はねたまない」）はいわゆる自己述定以外でもイデア論以前から存在する。『カルミデス』では自己述定を含むパウロ的述定が散見される。もちろん，これを「医術をもつ医者がひとを健康にする」と読み替えることは可能である。しかし，ここで知・技術が主語になっているのは，まさにそれが問題となっており，知・技術をもつひとは問題となっていないからである。

くれるのだろうか，医術ならぬその思慮が？…… いや，さっきからわれわれは，思慮とは，たんに知と不知の知にすぎず，ほかのことはなにも知らない知（ἄλλου δὲ οὐδενός）なのだと言明してきたのではなかったのかね？── クリティアス どうも，そういうことだったようです。(174d3-e8)

「思慮とは知の知である」という第 5 定義の等式は撤回されないまま，有益さというものをクリティアスの挙げた「善悪の知」にすべて押し付けてしまっており，他の知は有益になれない！ また，前に検討されたように，知の知（知と不知の知）とは，すべての対象の知ではなく，「知の」知というメタ・レヴェルにあるものなので，善悪を知の対象（属格）としてはいない。したがって，「知の知としての思慮」と「善悪の知」は同一でもなければ包含関係[7]にもない。

このように『カルミデス』において，その主題であるところの思慮は「善悪の知」だとされてはいないのであるが，それには前提があった：

T5 ソクラテス それにしても，われわれの言論（論理）の中でならどうしても帰結してこないようなたくさんのことを，われわれは譲歩して認めたものだね。というのも，知の知が存在するということを認めたからね。われわれの言論（論理）はその存在を許さず，肯定もしていなかったのに。(175b4-7)

そもそも，「知の知」の存在が疑問視されていた。これが認められないならば，議論は根元から瓦解する。そもそも第 5 定義が認められないのである。ここで「まるっきり知らないことがらについて，そのひとが知らないと知っているなどと，われわれが主張することになってしまう」と，俗流「無知の知」や「メノンのパラドクス」を思い起こさせる話が

---

7) 微妙な点を少し丁寧に説明すると以下のようになる。知の知とは全知（「すべてのことがら」の知）ではなく，「すべての知」の知である。「善悪の知」も知のひとつだと一応されているのだからクリティアスのいうように，「知の知」は「善悪の知の知」でもある。しかし，知の知が「医術の知」であってもひとを健康にしないように，「善悪の知」は有益さにかかわらないのである。この意味で包含関係にもない。ちなみに『カルミデス』の厳密な規定にしたがえば，医術は「医術の知」ではなく，「健康（と病気）の知」である。

でた後[8]，思慮の「何であるか」の探究として以下のことが宣言される。

　T6　ソクラテス　ところが，この探究は，そんなにお人好しで妥協的なわれわれごとき人物にめぐりあっていながら，しかもなお，真実を発見できないでいる。それどころか，この探究は真実をひどくあざ笑い，その結果，われわれがさっきから，たがいにさんざん譲歩や妥協をかさね，やっと思慮だと定めたもの〔知の知〕が，じつはわれわれにとって無益なものだと，この探究はあつかましくも宣言したのだ。（175c8-d5）

　知の知が存在すると譲歩したあげく，それでも探究は「知の知が無益である」という結論となった。しかし，それでは「思慮」，「知の知」，「善悪の知」がどうなったのかを分析してみよう。
　まず，第5定義「思慮とは知の知である」は以下のように論駁される。すなわち，善悪の知との対比で知の知は有益でない（無益である）ものであるとなった。しかるに，思慮は有益なもの，大いなる善いもの（175e7），幸福につながるもの（176a5）のはずである。すると，定義の被定義項「思慮」と定義項「知の知」が異なる規定を受けることになる。これは矛盾である。したがって帰謬法により，「思慮＝知の知」ではないということになり，第5定義は論駁される。
　それでは，クリティアスによって導入された「善悪の知」はどうなるのであろうか。善悪の知を最終的な結論，もしくは，かくれた結論だと考えるひと（「善悪の知」論者と呼ぶことにする）[9]は，「なぜ，思慮とは善

---

　8)　この意味でも，「知の知」の存在そのものが問題を抱えているともいえる。
　9)　例えば，「善悪の知」論者の代表格，Irwin は『カルミデス』の最終部分を以下のように再構成をしている（Irwin (1977), 88 (III, 14.2)）：
　　1.　善悪の知のみがわれわれを益する（174b11-c3）。
　　2.　ゆえに，もし思慮（temperance）が善悪の知とはまったく異なるとするならば，われわれをつねに益するということはない（174d4-7）。
　　3.　しかるに，思慮はわれわれをつねに益する（175e2-176a5）。
　　4.　したがって，思慮は善悪の知である。
ステップ 2-4 は，modus tollens という論理的にはごもっともな議論だが，当人も認めているように，最後のステップ 4 はテクストで明示的に語られていない。なぜ「したがって，思慮とは善悪の知だね，めでたしめでたし」とならないのかは，本論において論じるとして，この箇所に内在的な批判として Irwin にひとこと言うならば，以下のようになる。すなわち，

悪の知であるとプラトンは書かなかったのだろうか」と言うかもしれない。テクストにそう書かれていないのは，以下の理由によると思われる。ここでの議論はおそらく第5定義を帰謬法によって論駁するために，第5定義「思慮＝知の知」をいわば帰謬法の仮定として措定し，矛盾を導くものになっているが，しかるに当然，知の知は善悪の知とは異なるので，「思慮＝知の知」という等式のもと，思慮は善悪の知とは異なることになるのである[10]。

　しかし，それなら次の第6定義として「思慮とは善悪の知である」という命題を立て，もしくはクリティアスに立てさせ，ソクラテスがそれを吟味することはできなかったのか，と「善悪の知」論者はさらに問うかもしれない。プラトンはそのように書いていないとしか答えられない問いに対して，ことがらとして，哲学として答えるために，先にわれわれは『ラケス』における「善悪の知」を見ておくことにしよう。

2　『ラケス』の分析

　「善悪の知」が隠された結論だと解釈されることの多い対話篇として，『ラケス』の最終部分を考察することにする。「勇気（ἀνδρεία）」を主題とする本対話篇は，ラケスの提出した「勇気とは隊列に踏みとどまって逃げないことである」，「勇気とは思慮ある忍耐強さである」という命

ここは「思慮とは知の知である」という第5定義を論駁する文脈にあることを考慮しなければならないであろう。しかも，その論駁のために「有益」ということを善悪の知にいわばすべて背負わせ，知の知たる思慮は善悪の知と異なるがゆえに，思慮は有益でない，しかるに，思慮はなにか有益なものに思われる，と書かれている。これは，第5定義を含めて思慮の「何であるか」の言いがたさを表わしていると思われる。このいわく言いがたさを無視して，「思慮は有益であるはずだ」というわれわれの予感を認めるならば思慮は善悪の知にほかならない，という結論に『カルミデス』はなるのだと解釈することは非常に安易であり，楽観的すぎるといわねばならない。ここでの善悪の知は有益さに関するいわば万能の調味料のようなものであり，Irwin の議論はいわば「思慮はつねにおいしい，したがって，思慮は味の素（MSG）そのものである」と主張しているようなものである。味の素を舐めておいしいかはおいておいて，この議論は乱暴であるばかりでなく，そもそもわれわれは「うま味」と異なり，「善の素」や善のメカニズムをとらえることができないでいるのである。

10)　もしくは，もっと簡単に，「思慮＝知の知」と仮定されているので，善悪の知の入り込む余地はない，すなわち，「思慮＝善悪の知」とはならないのである，といってもよい。

題を吟味したあと，ニキアスの提出した「勇気とは〈恐ろしいこと〉と〈平気なこと〉についての知[11]である」という命題を最終的にはソクラテスが吟味する。

講談社学術文庫『ラケス』の解題[12]にしたがって，ニキアスによる定義をソクラテスが論駁する議論の骨組みを掲げておこう：

P1　勇気は徳の一部分である

P2　勇気とは〈恐ろしいことと平気なことについての知〉である

P3　〈恐ろしいこと〉とは，〈恐れを与えるもの〉であり，〈平気なこと〉とは〈恐れを与えないもの〉である

P4　〈恐れ〉とは〈これから生じる悪についての予期〉であり，〈恐ろしいこと〉とは〈これから生じる悪〉，〈平気なこと〉とは〈これから生じる悪くないこと，もしくは善いこと〉である

P5　(P2, P3, P4から) 勇気は，〈これから生じる悪〉と〈これから生じる善いこと〉についての知である

P6　ある対象領域における過去・現在・未来の出来事のそれぞれの時間的次元について，別個の知が担当するのではなく，同一の知が全次元にわたる出来事を担当する。例えば，農作に関する知は農作物に関して，また統帥術は戦争に関して，過去・現在・未来の一切をあつかう

P7　同一の事柄については，その未来ならびにあらゆるあり方 ($\pi\acute{\alpha}\nu\tau\omega\varsigma\ \dot{\epsilon}\chi\acute{o}\nu\tau\omega\nu$) に関して，同一の知があつかう

P8　勇気は〈恐ろしいことと平気なことについての知〉であるだけではない。というのも，それ以外の知同様，現在，過去及びあらゆるあり方における善と悪についても精通しているはずだからである

P9　ニキアスの定義 (P2, P5) は勇気の三分の一を答えたに過ぎな

---

11) ἡ τῶν δεινῶν καὶ θαρραλέων ἐπιστήμη, 194e11-195a1.

12) 三嶋 (1997), 131-32。「知識」を本章の表記にあわせて「知」に改変した。また，第1刷において命題はP1からP12までだったのに対して，後に，中間的結論となる上記P5を追加し，P1からP13までと改訂されている。それにしたがって，以前のP5からP12まではそれぞれ番号が1つずつ増えている。

また同様の議論構成表が，Santas ([1969]/[1971]/1980), 197-98, 朴 (2010), 56-57 にある。

い。なんとなれば，勇気は〈あらゆるあり方の，あらゆる善いことと悪いことについての知〉であることになるからである

P10　このような知を有する者は，勇気のみならず，同時に節度〔思慮〕，正義，敬虔の徳も併せもつ
P11　ニキアスによって勇気とされたものは，徳の一部分ではなく，徳の全体である
P12　P1 と P11 は矛盾する
P13　我々は勇気が何であるかを発見しなかった

単なる論理としては，前提のひとつを撤回すれば，矛盾（P12）は回避できる。例えば，岩波全集版『ラケス』解説では以下のように言われている：

　このような結末をつけていることを，どう解すべきであろうか。勇気を善悪の知とすることの矛盾，徳を知とすることの矛盾を指摘することによって，プラトンないしソクラテスが，自分の知徳合一説を批判しているのであるとか，さらには，プラトンがソクラテスの説を批判しようとしているのであると，この作品の意図を解釈することも可能ではあろう。しかしやはりむしろ，勇気を単なる徳の一部分と解した前提の誤りが示されて，勇気も善悪の知に帰着するものであり，他の諸徳と結局一つのものであることが，示されていると解すべきであろう[13]。

おそらく，われわれはソクラテスと違って，アポリアのうちにとどまっていることが耐えられないのである。われわれはプラトン同様，アポリアのうちにとどまっていることが耐えられない。よって，対話篇から隠れた積極的結論，真意を見出そうとする。しかし，論駁の第一歩，すなわち，帰謬法による論駁においてはじめに認めさせる命題 P1「勇気は徳の一部分である」が偽なる命題であるというのはいかがなものであろうか。たしかに，徳とその諸部分である勇気などの諸徳の関係やそこ

---

[13]　生島 (1975), 258。

にあらわれる「部分」の意味は『プロタゴラス』において議論されており、いわゆる「徳の一性（諸徳の一性）」の問題は『法律』においてまでプラトンを悩ませた問題であるかもしれない。しかしそれでも，対話の構造と議論の構造を台無しにすることはできない。われわれはテクストに目を向けるべきである。

ソクラテスは，医術や農学（農作に関する知），統帥術の例を用いて「同一のことがらについては，過去・現在・未来すべてについて，別の知ではなくひとつの知があつかう」（P6）[14]ということをニキアスに認めさせた上で，次のように言う：

> T7 ソクラテス　そうすると，勇気は，単に恐ろしいことと平気なことだけについての知ではないということになります。というのも，それは将来の善いことと悪いことについてだけ知っている（ἐπαΐει）のではなく，現に生じつつあるもの，またすでに生じたものについても，すなわち，〔過去・現在・未来という〕あらゆるあり方における善いことと悪いことについて，それ以外の知同様，知っているはずだからです。── ニキアス　そうらしいね。── ソクラテス　そうすると，ニキアスさん，あなたは我々に勇気の一部分だけを，つまり，ほぼその三分の一だけを答えたことになります。しかしながら，私たちがお尋ねしていたのは，勇気全体が何であるのかということだったのです。ところが今や，あなたのお話によれば，どうやら勇気は恐ろしいことと平気なことだけについての知ではなく，〔過去・現在・未来という〕あらゆるあり方の，あらゆる善いことと悪いことについての知だということになるようです。（199b9-d1）

「恐ろしいこと」とは「将来の悪いこと」であることから，勇気という知にも P6 が適用され，その対象が「〔過去・現在・未来という〕あら

14）ここには「知（ἐπιστήμη）が知る（εἰδέναι, ἐπαΐειν）」という表現が登場する。これも『カルミデス』同様，パウロ的述定であり，「医者が健康を知る」のような「知をもつひとがその対象を知る」ということを，ひとではなく知を主語にして述べているものである。当該箇所に対する注 6 参照。

ゆるあり方の，あらゆる善いことと悪いこと」であるという帰結，すなわち，「勇気とは善いことと悪いことの知である」という帰結をニキアスは認めざるを得なくなる。しかるに，直後でいわゆる「徳の一性」を彷彿とさせる議論から「善悪の知」は，徳の部分であるところの勇気ではなく，全体としての徳となることが示される。

> T8 ソクラテス　それではあなたには，そのような人物が徳の何かに欠ける点があると思われるでしょうか。その人は，あらゆる善いことについてあらゆる面〔時制〕で，すなわち，それらがどのようにして生じつつあり〔現在〕，どのようにこれから生じるか〔未来〕，またどのように生じたか〔過去〕という一切合切を知っており，また悪いことについても同様だとすればですね。またその人物が節度〔思慮〕とか正義とか敬虔さに欠けるとあなたはお考えでしょうか。……そうだとすると，ニキアスさん，今あなたによって語られたもの[15]は，徳の一部分ではなく，徳全体ということになるでしょう。(199d4-e4)

ここで言われていることはすべて「勇気が恐ろしいことと平気なことの知だとすると」という仮定，ひいては「勇気が善悪の知だとすると」という仮定のもとでのはなしである。目標は帰謬法によって，その仮定の否定を導くこと，ニキアスによる勇気の定義を論駁することである。すなわち，「勇気は恐ろしいことと平気なことの知ではない」，ひいては「勇気は善悪の知ではない」ということを示すことである（「勇気が何であるかを我々は発見しなかった」(P6)）[16]。すると，「今あなたによって語

---

15)　「今あなたによって語られたもの」とは，直接的には「恐ろしいことと平気なことの知」を，結局は「善悪の知」を指す。

16)　わたくしは，ソクラテスの「我々は勇気が何であるかを発見しなかった」(P13)というセリフが当然「勇気とは恐ろしいことと平気なことについての知ではない」(not-P2)を意味・含意すると解している。アポリアとは，「P1とP11は矛盾する」(P12)という矛盾のことではなく，その矛盾を回避すべくおこなわれる仮定の撤回・否定（not-P2）である（cf. 朴 (2010), 57）。帰謬法の結論とは矛盾ではなく，その先にある「仮定の否定」である。それによって，真のアポリア「今までの勇気の定義はすべて論駁され，我々は勇気が何であるかを発見しなかった」が残るのである。（論理的には，否定命題の連言「勇気とは逃げないことでもなく，思慮ある忍耐強さでもなく，恐ろしいことと平気なことについての知でもない」

られたものは，徳全体ということになる」(P11) という命題は撤回されていない。帰謬法を成立させるためには，こちらの命題は撤回されてはならないのである。ここで，「今あなたによって語られたもの（ニキアスによって勇気とされたもの）」が指すものを明示し，同一性命題ゆえに主語と述語を入れ替えてこの命題 (P11) を記せば，以下のようになる。

P11′　徳は善悪の知である

この命題は「善悪の知」をもつ「ひと」の考察から導出された命題であり，帰謬法内においては撤回されない前提のひとつとなっている。この命題が維持されないと，帰謬法は機能せず，矛盾も，ひいては仮定の否定も導かれない。すると，『ラケス』において勇気の「何であるか」がアポリアに終わったか否かに関係なく，徳の「何であるか」が得られたというべきだろうか。また，勇気の「何であるか」がアポリアに終わったか否かに関係なく，「善悪の知」は死に体ではないというべきだろうか。この問いに答えるために次に，『ラケス』，『カルミデス』に登場する「善悪の知」の適切な位置づけを試みてみたい。

3　「善悪の知」の位置づけ

前節において，ある意味明示的に「徳は善悪の知である」(P11′) と『ラケス』で語られていると述べた。しかし，ソクラテスは，「勇気が何であるかを我々は発見しなかった」と言ってはいるが，「その代わりに，徳が何であるかを我々は発見した」と言ってはいない。この命題をすばらしい発見であるとは言っていない。探究開始の箇所によれば，徳の部分である勇気よりも，全体である徳のほうがその「何であるか」の考察は「大きな仕事」であり，より困難な考察であるにもかかわらずである。これは，「徳は善悪の知である」のだが，しかしそれでもなお，この命題が最終的結論ではない，ということを意味していると思われる。

という発見が得られたのだ，と言うのは野暮であろう。$A = B$ と $A \neq B$ とでは情報量が違いすぎる。）

5　初期プラトンにおける「善悪の知」

　たとえば，徳を主題とする『メノン』は「探究のパラドクス」以前の箇所（「第1部」）で徳の「何であるか」を考察しているが，「徳は善悪の知である」という定義をメノンは提出してさえいない。よってもちろん，そのような結論とはなっておらず，第1部は周知のごとくアポリアに終わる。これは第1部においてのみならず，『メノン』全篇をとおしてそうである。「仮説（仮設）の方法」の箇所において，「徳は知である」という命題を証明しようとしたり，その際の仮説・根本前提として「徳は善い」という命題は登場したりするが，「徳は善悪の知だ。めでたしめでたし」となってはおらず，「（どのようなものであるかの考察よりも先に）徳とは何であるかを考察しなければならない」と『メノン』は締めくくられる。

　わたくしは，「善悪の知」が徳の「何であるか」に対する答えとしては不適切なものであると考える[17]。対話篇のディアレクティケーにおいて，ソクラテスは対話相手に「Xとは何であるか」を問い，対話相手は「Xとは〜である」と答える。その際，ソクラテスは「私は，Xとは何であるかを知らないので，それを答えて私に教えてくれ」というスタンスであり，対話相手は「私は，Xとは何であるかを知っている。それを言うのはお易いご用さ，答えて教えてあげよう」というスタンスである[18]。そこで，徳の「何であるか」が問われて，「ソクラテスよ，徳とは善悪の知である」と答えても，それを聞いたソクラテスは説明された気にならない。なぜなら，「徳（ἀρετή）」（や「幸福（εὐδαιμονία）」）が「善（ἀγαθόν）」と同族語であるからである。定義がある意味「循環」しているといえる。もしくは，両者の同族関係を認めないひとに対しては，「徳は善悪の知である」という命題は「（ソクラテスにとって）知ら

　17）　もちろん，思慮や勇気の「何であるか」に対する答えとしても不適切である。次の記述参照。

　18）　「Xを知っている」，「Xとは何であるかを知っている」ことを示す方法は，当のXによってさまざまであろう。「これがX」と実物を持ってきたり指さしたりできるものもあれば，それができずに「何であるか」を言うこと（ロゴス化）によって示すようなものもあるだろう。もちろん，個体（「メノンが誰か知っている」）でないならば，持ってきたりしても「それは一例にすぎない」とソクラテスに却下されるときもあるかもしれない。徳や正義，思慮，勇気の場合，「何であるか」を言うという途しかないにもかかわらず，これら根本語をより根本的なロゴスで説明しなくてはならない，という根本的な問題がある。まことに，困難な途，もしくは，不可能な途であるといわねばならない。

ないもので知らないものを説明する」[19]という誤謬を犯している，といえばよいであろうか。「知」を重視するゆえ「徳は知である」と考えていたであろうプラトン，ソクラテスにとってさえも，それでは「徳は何の知か」という知の対象を問う問いに対して「徳は善悪の知である」と答えることは不適切なのである。「善悪の知」における「善（善悪）」がわかっていない，「善（善悪）」を知らないからである。

このことは，徳の部分であるところの「思慮」，「勇気」に関しても同様である。すなわち，「思慮とは善悪の知である」，「勇気とは善悪の知である」という命題はある意味循環しているのであり，もしくは，何であるか知らない思慮を，何であるか知らない善悪によって説明することは不適切なのである。百歩譲って「思慮とは善悪の知である」[20]，「勇気とは善悪の知である」ということが成り立っているとしても，ディアレクティケーにおいてそれらの「何であるか」を答えたことにはならない，とわたくしは考える。このような意味で善悪の知は「死に体」なのである。使い道がないのである。

すると，『カルミデス』において，

T9 ソクラテス　善悪の知にしたがって生きるということが，いいようにやること（εὖ πράττειν）やいいダイモーンがついていること（幸福であること，εὐδαιμονεῖν）だった（174b12-c3）

というように描かれている状態[21]や，『ラケス』において，

T10 ソクラテス　あらゆる善悪を知っている人は，節度〔思慮〕とか正義とか敬虔さとか，徳に欠ける点がない（= P10, 199d7-8）

---

19) もちろん，ソクラテスが知らないもの（＝善悪）でソクラテスが知らないもの（＝徳）を説明するということである。
20) もしくは「思慮とは善悪の知の部分である」，「勇気とは善悪の知の部分である」。また，部分のかわりに「一局面」や「アスペクト」を付加するかもしれない。
21) 厳密に言えば，『カルミデス』は「善悪の知にしたがって生きること（ζῆν）」という「生」もしくは「生きかた」に焦点を絞っており，『ラケス』は善悪の知をもつ「ひと（ὁ τοιοῦτος, τοῦτον）」に焦点を絞っている。

というように描かれている状態は，たしかにそれが実現したらすばらしい状態かもしれないが，それをどう実現するかは「善悪の知」という規定からはまったく得られないようなものなのである。そのような文脈にあるということを無視して，「善悪の知」をソクラテス，プラトンの積極的な教説とし，T9 や T10 のように「善悪の知」が活躍していると解釈するひとの目は「見るべきものを何一つ見ない空ろな目ということになろう」[22]。

　わたくしは，『初期プラトン哲学』同様，『カルミデス』と『ラケス』において「善悪の知」が「死に体」であることをテクストを分析することによって示してきた。すなわち，「思慮とは善悪の知である」，「勇気とは善悪の知である」がそれぞれ両対話篇の結論ではなく，それらの「何であるか」はアポリアのままなのであるということを示してきた。これに対して，「徳は善悪の知である」という命題が偽であると解釈しないことをつかまえて，『初期プラトン哲学』の解釈よりも後退した，もしくは，折衷案だと批判するひともいるかもしれない。しかし，「何であるか」を答える文脈においては善悪の知が不適切であるという位置づけはことがらとしてそうなのであり，誤解を恐れず言えば，「たとえプラトンが「思慮，勇気とは善悪の知である」を隠れた結論だとみなして対話篇を書いた[23]のだとしても，ことがらとしてその結論を受け容れるわけにはいかない」とわたくしは主張しているのである。

---

22) 加藤（[1983] ／ 1988），132。これは『カルミデス』の最終的結論についての記述である。

23) プラトン自身が「善悪の知」を隠れた結論だとはみなしていないということの傍証として，『ポリテイア（国家）』第 6 巻 505b5-c5 がある。野村（2002），26-27 においてわたくしが論じたところでは，

　善（τὸ ἀγαθόν）を知恵（φρόνησις）のことだと考えるひとは，「いかなる知恵か（ἥτις φρόνησις）」を示すことができず，しまいには「〔善がそれであるところのその知恵は〕善の知恵のことである」と言わざるを得なくなる。それは，こちらが善を知らないから問うているのに知っていることが要請されるがゆえにまったくおかしなことである

とまとめられるソクラテスの揶揄を引用して，「善（悪）の知」のプラトンによる位置づけを確かめた。問われているものが徳や思慮，勇気でなく善であるとか，答えに登場するのが「知（ἐπιστήμη）」ではなく「知恵（φρόνησις）」であるとか，『ポリテイア（国家）』は初期対話篇ではなく中期対話篇であるとか，問題がないわけではないが，それでも「善悪の知」に関するある種の示唆をここに読み取ることができる。

テクストをそのまま読めば，われわれのような解釈になるのであり，隠された結論があるという側に論証の義務があると思われるのであるが，ひとつ告白すると，初めて受けた「哲学概説」の講義で『カルミデス』に関してこの解釈を，この解釈のみをわたくしは教わり，しかも，『カルミデス』に対する参考文献には加藤信朗『初期プラトン哲学』が，それのみが挙げられていた。「善悪の知」に対するこの解釈はわたくしにとっていわば「刷り込み」なのである。われわれと異なる解釈をする論者が本章によって説得されることが難しいことは，ちょうど逆の立場だがこちらが「刷り込み」だけに痛いほどわかる。たとえば，以下の記述もそのことを語っていながら，しかし，謙遜の中に自身の解釈への自信を窺わせるものである気がしてならない：

> この点について，筆者の参照した限りの文献はひとしなみにこの方向，つまり，「善と悪の知」が求められていた「思慮」であることをこの箇所〔174b12-c3, T9〕は示唆するという方向の解釈を示していた。そして，それは，通常，本章註 (11) で触れた「諸徳の一性」という初期プラトン，ないし「ソクラテス」哲学の教説と結び合う方向でなされている。累積されてきた解釈の重みは大きい。東洋の一浅学にこの重みを撥ねのけるだけの力があるとはとても信じられない。ただ，ソクラテスの顰みに倣って，σμικρόν τι（ほんの僅か）の疑念を表示するだけである。そして，この σμικρόν τι のうちに，初期プラトン哲学の生き死にはかかっていると―プラトン読みには見えるのである[24]。

わたくしは，『カルミデス』における第 1 の対話相手カルミデスが語る対話篇末尾のセリフを引用することにしたい：

> T11 カルミデス　ところが，ゼウスに誓って，ソクラテス，わたしは自分がそれ〔＝思慮〕をもっているのかいないのか，さっぱりわかりません（οὐκ οἶδα）。だって，あなたがお認めになっているよ

---

24) 加藤（[1983] /1988），253，註 (28)，傍点，原著者。

うに，あなたがたお二人〔＝ソクラテスとクリティアス〕にさえ，それが何であるかは見つけ出せないのでしょう。それがどうしてわたしに知ることができるのでしょうか。（176a6-b1）

このように，対話篇は真のアポリア，不知の自覚で終わるのである。

6

ダイモニオン的な仕事
―― 「三一的解釈」とプラトン中期から後期[1]――

田坂　さつき

　加藤信朗は独自の「三一的（trinitarian）解釈」を説く。「プラトン哲学には初期・中期・後期に応じて，三つの顔がある，それぞれは固有性を持つ，しかしこれら相異なる三つの相貌のもとに同じ一つのプラトン哲学がある」[2]，そして，イデア論問題に関する英米を中心とした論争は，初期プラトン哲学が何であるかという問題を主題化しない，という点で不十分であるという[3]。
　イデア論批判を『パルメニデス』の第一部にのみ焦点化して論じてきたこの論争に対して，プラトンの思想全体という鳥瞰的な視点を回復することは重要である。その意味では，加藤の批判はおそらく正しい。プラトン中期・後期において，「三一的解釈」がイデア論をめぐるこの論争にどのような態度を取るのかは，これまで必ずしも明らかではなかったが，加藤は近年，『テアイテトス』『パルメニデス』研究を精力的に行っている。
　本章は，加藤の28歳から88歳に至るプラトン研究の道筋をたどり，プラトン中期・後期に関する加藤哲学の内実を探る一つの試みである。

---

[1] 本論文は，科研シンポジウム「加藤信朗哲学の再検討」（科学研究費補助金基盤研究(B)・代表者：納富信留，2014年7月12日・慶應義塾大学三田キャンパス）における報告「加藤哲学の再検討――プラトン中期・後期」に修正を加えて論者の見解を加筆したものである。
[2] 加藤（1996），84。
[3] 加藤（1996），83。

1 「三一的解釈」と分割法

　加藤の「三一的解釈」の内実は,『ギリシア哲学史』全体に散りばめられているが，その主要な論点は以下のとおりである。
　プラトン初期においては，アポリアの内にあることを通して「不知の承認のうちに，自己存在の真実への正しい関わり，すなわち，人間の本性的な『正しさ』が保たれているというソクラテス的モメントがより強く働いていた。」[4]とし，中期では，「魂のミュトス（物語）を構想し，イデアの存立を措定する。……魂のミュトスは，人間の本性が誕生と死の間に限局されたこの生の限界を超えることを構想力の力によって示し，われわれの個的魂がこの世に生を享ける前にどこかに存立していたこと，また死後もどこかにそれ自体として存することを思い描かせる。」[5]とする。そして後期は「個的魂の生前の存立にかかわる輪廻転生のミュトスによらず，永遠不変のイデア的存在の秩序を理性の対象として自体化し構造化するとともに，このイデア的存在にかかわるものとして，生成と行為の秩序の領域を確保する方向に展開し」[6],「分割法」によるディアレクティケーが成立する，という。
　このようなプラトン哲学全体の構造の中で，プラトンの中期から後期への展開はどのような意味を持つのか。加藤は次のようにいう。

　　『パルメニデス』篇第一部は，イデアとイデアを分有するものそれぞれを別々のものとして立てて併置するときに生ずる論理的困難を，パルメニデスの口により語らせている。……そして，この困難は中期哲学が構想力によってこの世とあの世の別を立て,「ここ」と「あそこ」を併置するところから生ずるのである。これに対して，後期哲学はこの併置を措定せず，事柄そのものを言葉によって限定することによって，事柄そのものの真実相に迫ろうとする。そ

---
4) 加藤（1996), 112。
5) 加藤（1996), 110。
6) 加藤（1996), 112。

れはこのわれわれが生きている現実そのものをそのまま言葉を通じて限定しようとする大胆な試みである。これが後期哲学で展開される「対話法 (dialektike)」の手続きである[7]。

　加藤がここで「事柄そのものを言葉によって限定すること」をもう少しみていく。加藤は『ソフィステス』219a4-7 について, 魚釣術は術をもつものであるか, 術をもたぬものであるかという問いを通して「術」という形相の存立を問い, 分割の端初を定め, 分割が行われる場の設定をする, という。そして「それは (端初の形相の措定は), 無限定な存在者全体の範域から, 一つの明確に思考されうる存在者の視界を切り出すことであり, 探求されるべき主題をその上に置き据えること」[8]だという。
　以下, 引用する。

　「形相」とは理性によって「一つのもの」として把捉されるものである。しかし, それは形相によって総括されるかぎりのもの, 形相をもつもののすべてを総観することでもあり, これらを総合することである[9]。

次に加藤は「魚釣師」の事例を挙げて「魚釣師において術の存立が確認される。」[10]という。

　われわれが熟知している魚釣師 A さん・B さん……のほかに, 「魚釣師そのもの」の存在を措定する必要がない。なぜなら魚釣師が雛型であり, われわれに熟知されたものであるということは, われわれが「魚釣師」という名称によって間違いなく魚釣師 A さん・B さん……を指示しうるということであり, <u>「魚釣師」という名称がわれわれの習熟によって間違いなく機能している</u>ということだからである。

---

7) 加藤 (1996), 161-62。
8) 加藤 (1996), 164。括弧は論者による。
9) 加藤 (1996), 164。
10) 加藤 (1996), 164-65。下線は論者による。

そして加藤は次のように言う。

> こうして，<u>雛型における形相把握は，形相をいまここにおける日常の言語使用の場に引き込み</u>，これを統括し支配するものとする。……われわれはいまや，形相と形相を分有するもの，範型と似像，永遠と生成という，<u>中期イデア論の形相思考を特徴づけている二極構造が形相思考を支配しない存在把握の場に立ちいたっている</u>[11]。

論者にはいくつかの疑問が残る。分割によって「雛型における形相把握が形相をいまここにおける日常の言語使用の場に引き込む」（上記引用下線部）ことがどうしてできるのか。さらに「中期イデア論の形相思考を特徴づけている二極構造が形相思考を支配しない存在把握の場に立ちいたっている」（上記引用下線部）とどうしていえるのか。そして，魚釣術同様に，正義や美や善についても，「習熟によって間違いなく機能している」（上記引用下線部）と日常言語使用の場でいえるのだろうか。これらについて，加藤20代から30代の論文を手がかりに考えてみたい。

2 二世界の架橋

加藤は20代に「メテクシスの問題」（1953年）と「分割の問題（一と多）——プラトン研究」（1954年）とを書いている[12]。『パルメニデス』の第三人間論型イデア論批判を分析したヴラストスの論文は1954年[13]，『ティマイオス』の位置を問題にしたオーウェン論文は1953年に出版された。加藤は，この世界的な論争が日本に波及する以前から，『パルメニデス』以降のプラトン哲学と格闘していたことになる。

加藤は「『パルメニデス』のした如く先づ一と多とを別々に両極に離

---

11) 加藤 (1996), 165。下線は論者による。
12) 加藤 (1953)：加藤 (1954)。
13) Cf. Vlastos (1954), 319-49.

し，而る後，この兩者の關係を問うという問題の取り上げ方はそれ自身既に不當」[14]だとする。そして「プラトン辯證學の根幹をなす分割の手續きを可能ならしめる存在論的基礎としての一と多の關係を追求して來た我々は，元子論的，數學的多と區別されるイデア的多としての多の存在，及びこれに伴う一多の内的關係を見出す」[15]という。

加藤は，D.ロスのイデア数に関する研究を踏まえつつ，イデア的多という解釈を立てる。これがおそらく，加藤が『ギリシア哲学史』でいう「二極構造が形相思考を支配しない存在把握」[16]の基盤にあるが，「元子論的，數學的多と區別されるイデア的多としての多の存在，及びこれに伴う一多の内的關係」（上記引用下線部）とわれわれの日常的な対象指示との関係は明らかでない。つまり，われわれが「魚釣師」という名称によって異なった魚釣師それぞれを指示できるのは，たしかに「魚釣師」という名称がわれわれの習熟によって機能しているということを示す。しかし『テアイテトス』第二部で示されたように，われわれは指示を間違うことがある。「魚釣師が雛型であり，われわれに熟知されたものである」（前章引用下線部）ことや「魚釣師において術の存立が確認される」（前章引用下線部）とまではいえない[17]。それにもかかわらず，「雛型における形相把握は，形相をいまここにおける日常の言語使用の場に引き込み，これを統括し支配するものとする」ということが，どうしていえるのか。中期イデア論との関係で「美」や「善」などの雛型を想定するとさらに難しくなるだろう。換言すれば，われわれの日常的な言語使用の場面とイデア的多との繋がりが未だ不明確である。

これについて論者は次のように考える。同一性と類似性に関するプラトン中期から後期の思索が一つの手がかりになる。すなわち，『パイドン』で提示されるイデアの中で中核的な役割を果たす「等しさ」のイデアは，「美」や「善」などの価値的なイデアとも，人工物のイデアとも異なった位置づけにあり，それについての考察が，後期『ソフィステス』の分割法へと理論化される過程が『パルメニデス』『テアイテト

---

14) 加藤（1954），44。
15) 加藤（1954），44，下線は論者による。
16) 第1節105頁，および注8を参照されたい。
17) 第1節105頁，および注10を参照されたい。

ス』にみられる。『パルメニデス』のいわゆるイデア論批判では，イデアと個物への述定をめぐる無限背進問題の提起のみがヴラストスにより先鋭化されてしまったが，プラトンの中期から後期の思想展開で重要なのは，無限背進という論理形式的な欠陥の背後にある，類似性と同一性に関する問題である。つまり，多くの対象が一つの名で呼ばれる，というわれわれの日常的な対象指示の背後には，同じ名で名指される対象は「似ている」と捉え，異なった名で名指される対象は互いに「異なっている」と捉えるという判断がある。この種の同一性と差異性の判断（対象把握）が，指示述定の前提として成立している[18]。この事態を説明するために，個物がイデアを分有するという中期イデア論の説明図式をプラトンが構築した。しかし，この理論は，加藤が指摘するように，形相構造が二世界論という二極化を招き，無限背進という論理形式的な欠陥を招いた。そこで，『パルメニデス』の第二部では，一旦，イデアと可感的感覚対象という対比から離れて，数や幾何学における一と多の把握，および「同一である」「似ている」「異なっている」という対象把握の前提となる判断について徹底的な精査がなされるのである。そしてその成果は，『テアイテトス』において，数学者との対話の中で，日常的な対象把握の場面へと展開する。『テアイテトス』冒頭で，無理数の共約可能性に言及した後に，第一部末尾では，言葉で正確に捉えられない感覚性質について相対性や流動性を免れた「共通のもの」を立てて，その同一性・差異性の判断による「ある」使用を析出している。その上で，第二部では，まさに日常的な場面で，人物の同定問題が検討され，さらに第三部では，文字の認知を基礎づける全体と部分の理解に関する議論が展開されている。

　加藤が指摘する通り，後期『ソフィステス』で分割法が成立するまでに，数に関する思索は重要な役割を果たしている。それは，われわれの日常的な対象把握への展開を経て分割法に至る。しかし加藤は，一と多に関わる「ことば」と「対象」をそれ自体として論究する方向は採らず，独自の方向へと進むのである。

---

18)　「対象把握」については，田坂（2007），5-49 を参照されたい。

6 ダイモニオン的な仕事

プラトンの辨證學(ヂアレクチケー)は，パルメニデスが正當にも提出した存在の問題にあく迄も喰い下ることにより，知性の力を盡して可能なる限り，この困難な問題に迫るものであった。もとよりこれは知性の力で盡し得る如き問題ではないであろう。然し，人間的知性の力の盡きる所に神的叡智の光明の輝き出るのを見るものにこそ，眞の愛知者の面目はあると言うべきである[19]。

加藤は，20代の2つの論文で同じ「ダイモニオン的な仕事」という表現を使っている。

メテクシスの理論を優れて理論的なものとして理解することにより，プラトンの哲学(ピロソピア)の主要な努力は本来この二世界（永遠的世界と時間的世界，恒常なる世界と可滅なる世界）の橋かけというダイモニオン的な仕事の内にのみ存することを示さんとする[20]。

さらに加藤30代の論文「プラトンの神学」には，以下の論述がある。

われわれは天界を支配し，これによって，その内に含まれるすべてのものをも何等か支配している最善なる魂どもの存在を認める時，同時に，これらに越えて，これらを支配し，一切を善に保っている一つの力の存在を設定せざるを得ないのではなかろうか。われわれはこれを理性（ヌース）と言うべきか，理性を与えうるものと言うべきか知らない。だが，以下の考察はわれわれがこれを神と呼ぶべきを，しかもプラトン自身がとりわけ畏敬をこめてこれを神と呼んでいたことを教える[21]。

プラトンが神として呼んだものの内，オリュムポスの神にあてることも出来ず，又他の知られた多くの神にあてることも出来ず，明か

---

19) 加藤（1954），46，n.12。
20) 加藤（1953），105。下線および括弧は論者による。尚，加藤（1954），32-33も参照されたい。
21) 加藤（[1956]/1997a），235。

らさまに名をあげるのをことさら避けた<u>一つの同じ神があるのではないか</u>[22]。

加藤は，『ティマイオス』『ノモイ』だけではなく，『パイドン』や『ポリテイア』『書簡』などにも一つの同じ神を見出そうとする。

> 『パイドン』99（一切のものを結びつけそうあらしめている善としての或る神的な力），『ポリテイア』506d（善そのもの，善のイデア），『ソフィステス』254a（存在そのもののイデア）『ティマイオス』28c（この世界の作者なる父），『ノモイ』897d（理性そのもの——魂がこれをもてばすべてが善くなるもの）。これらはすべて存在と理性と善の源に関係する。これは書簡で「第一のもの」については公けに文字にして著わすことが出来ず，又したことがないとプラトンが言った事柄と符合する（*Epist.* II 312de, 314c, VII 341b-e）。……『ティマイオス』のデーミウールゴス，『ポリティコス』の神（269c sqq.），『ノモイ』の王（904a）。これらはすべて世界における理性的秩序と善の附与者である。……それは，「すべてのものの王」（*Epist.* II 312e）「存在するもの，又存在するであろうものすべての指導者なる神，指導者にして原因なるものの父なる神」（*Epist.* VI 323 d），「この世界の作者なる父」（*Tim.* 28c），「すべて存在するものの初めと中間と終りを保つ神」（*Legg.* 715e）「万物の尺度なる神」（ibid. 716e），そして最後にその名が何であるかあげることを遂に拒んだ，「<u>理性をもてるすべてのものの神</u>」（ibid.713a）である。そしてこれこそ，プラトンがその晩年において深い畏敬の内にその名を呼んだ神ではないだろうか[23]。

このように加藤は，メテクシス，分割をイデア数という極めて理論的な観点から論じる一方で，英米の分析哲学では全く問題にしない，神へと向かう。加藤は「プラトンの神学」の後，60代で初期プラトン哲学の研究に精力的に取り組むが，ソクラテスの敬神はその研究における重

---

22) 加藤（[1956]/1997a），236。下線は論者による。
23) 加藤（[1956]/1997a），235-36。

要な論点の一つである。しかし二世界を架橋する「ダイモニオン的な仕事」というは何か。ダイモニオンとは人間に働きかける神的な存在である。二世界論的な構図にダイモニオンを導入すると，死すべきわれわれを超越的な存在と繋ぐことができるのだろうか。この謎を解くために，われわれは加藤40代から70代の著作に向かおう。

3　ダイモニオン的な仕事

「三一的解釈」は，加藤49歳の論文「ホドスとメトドス」ですでに準備されている。加藤は次のようにいう。

> 三者（アポリアー，ミュートス，ディアレクティケー）がプラトン著作成立史の三期にそれぞれ照応し，各時期が三つのモメントのいずれか一つを極立たせているのは一見して明らかである。しかし，各時期は一つのモメントを極立たせながらも，同時に，他の二つのモメントを伏在させている[24]。

同論文の中に，二世界を語る「彼処」と「此処」を架橋する手がかりがある。以下引用する。

> 「彼処」は，「此処」がこのように限界づけられ，そのもの自体として定立されることによって，「生誕」および「死」の向こう側として，「此処」に対してそのもの自体として定立される。しかし，己の生誕と死をみずから経験したひとはいない。それは己れの過去と未来に想像力（imagination, Einbildungskraft・構想力）の働きによって，措定されるものである。それゆえ，「此処」と「彼処」の差は，生成し，消滅する多様なもの（τὰ πολλά）のうちに棲むわれわれの想像力（構想力）の働きによってわれわれ自身をも外界と同じように生成し，消滅するものとして把握し，これを過去と未来の一時

---

24)　加藤（[1975a]/1997a），26。括弧は論者による。

点に想定される生誕と死によって生誕前および死後から分別し，一つのそのもの自体として措定することによって作られるものである。「彼処」は「此処」の否定によって成立するが，否定が前提する肯定として働くものはこの生の経験現実を「一つのもの」として把握する想像力である。プラトンはこの想像力の働きをドクサ（δόξα・臆断）と呼んだ[25]。

「構想力（想像力）」という表現は加藤70代の『ギリシア哲学史』ではたびたび登場する。「魂のミュトス（物語）を構想し，イデアの存立を措定する……。魂のミュトスは，人間の本性が誕生と死の間に限局されたこの生の限界を超えることを構想力の力によって示し，われわれの個的魂がこの世に生を享ける前にどこかに存立していたこと，また死後もどこかにそれ自体として存することを思い描かせる」[26]，「（『パイドン』について）「ここ」と「あそこ」を分別する」[27]構想力など。この「構想力」が，加藤哲学を読み解く鍵だと私には思われる。つまり，プラトンの二世界論は死すべきわれわれのあり方への洞察と表裏一体であり，われわれと永遠不変との関係において，加藤が「神」への言及をせざるを得なかったのだろう。

しかし，上記引用の最後で，加藤が「構想力」という言葉を「ドクサ」と言い換えたことには問題がある。なぜなら，ドクサは真実を射当てたものではなく，単なる独断的な思い込みに過ぎないと反論された場合，「彼処」は，「此処」との架橋は幻想にすぎないということを認めざるをえないからである。プラトンは『テアイテトス』でまさに，「これ」を「あれ」と思うことの判断の誤りからわれわれが脱することができない，という深刻な問題を提起しており，セクストス・エンペイリコスらは，そこから懐疑論へ展開する可能性を示唆している。これは『テアイテトス』の問題である。

この問題に答えるために加藤が「ダイモニオン」を持ち出すならば，人間が到達することが不可能とされる「彼処」ではなく，われわれが近

---

25) 加藤（[1975a] /1997a），22-23。
26) 加藤（1996），110。
27) 加藤（1996），114。括弧は論者による。

づき求めようとする「彼処」との架橋でなければならない。中期『饗宴』では，エロス（愛の神，愛）は神でも人間でもないダイモーン，ダイモニオンと言われている[28]。したがって，『饗宴』の以下の箇所が加藤の主張の傍証になると論者は考える。

　エロスをダイモニオンとするディオティマの発言の後で，『テアイテトス』の運動生成説を思わせる箇所がある。まず，個体の身体状態に関する同一性を否定する（207d6-e1）。人間は子どもから老人になるまでの間，同一人物であると語られる。たとえ一時のあいだですら，その身に同一のものを保っているわけではないのに，同一人物と呼ばれる。実情は，反対に，その毛，肉，骨，血など身体のいたるところで，さまざまな消滅を受けながら，不断に新しくなる。

　これに引き続き，ディオティマは魂の状態についても同一性を否定する（207e1-208a4）。それぞれの人の習性，性格，意見，快楽，恐怖などは，一つとして，一度たりとも同じ状態にあったためしはなく，その一つが生まれれば，他は滅びるというありさまである。これは知識の場合も同じで，わたしたちの持つさまざまな知識は，その一方が生まれれば，他方は滅びるというありさまである。これに対してディオティマは，人間は，知識の忘却を避けるために習熟暗記に努めるという。そのような永遠にあり続けるものを希求する人間の営みが，われわれの知識を支えている，という。そしてこのような人間の営みの究極には，常に同一でありつづける美のイデアを観ることが置かれているが，そこに到達し真なる徳を生み育んだ人は，神に愛されるもの，不死なる存在にすらなりうると言われる（212a5-7）。

　つまり，われわれのことばが多様に現れる多くのものを，同じ一つのものとして捉えているのは，実際に同一の状態にある，という対象側のありかたを根拠にしているわけではなく，同じ人としてみなしているわれわれのドクサが基盤になっている。そしてディオティマによれば，そのようなドクサは，われわれが永遠にあるものを憧れ，それを希求していることに基づくという。R.E. アレンは，この箇所に生殖活動が種の保持のためになされる，というアリストテレスの目的論を読み込

---

28) プラトン『饗宴』202 d 13-14。（以下行数は，Burnet (1901/1910) による）。

むが[29]，『饗宴』では種の保持という生物の営みよりは，個々の人が「永遠にあること」を希求する愛の営みととるべきであろう。いずれにしても，同一性の根拠は物質的な側面にあるのではなく，われわれのドクサにおいてある。これは『テアイテトス』第一部末尾で，「共通のもの」はわれわれが思いなすことのうちにある，とされたことに符合する (184b7-187a8)。しかしこれが各人のドクサの内側の出来事，つまり独断的な思い込みであれば，懐疑論への道を封じることはできない。これに対しては二つの回答が可能だと論者は思う。

　第一に，プラトンは『ソフィステス』で，同じ人，同一の知識，共通のもの，と捉える対象把握の公共性を「ことば」より確保しようとした。それが分割法による定義にあたる。加藤が「分割の方法」で論じた数に関する考察は，先に述べた『パルメニデス』『テアイテトス』における，同一性・差異性への考察を経て，『ソフィステス』へと至る。これはいわば，ことばによる探求という道筋である。

　第二に，ものの側の同一性の根拠を人間が持っていなくても，あるいは同一性の判断を誤ったとしても，たとえそれがドクサのレベルであっても，人間が「永遠に一なるもの」を希求し続けている営みは現にある。それは永遠に近づこうとする，一に近づこうとする，神に近づこうとする営みである。われわれの生活はこのような営みを基盤に織りなされている。これは事実である。生殖も学習も探求もそうである。そしてわれわれの「ことば」もそれを前提にしている。つまり，人を同一人物とみなすことや，知識が変わらないであるとすることが崩れると，われわれの「ことば」も崩れるのである。

　したがって，「彼処」と「此処」とを架橋する「ダイモニオン的な仕事」は，上記2点をその論拠とすべきだと論者は考える。第一の点はわれわれの「ことば」の深層構造を問題にし，第二の点はわれわれのドクサそのものを支える超越論的な視点に言及している。そしてこの二点は知恵へ向かう営み，つまり哲学の両側面だと論者は考えている。

---

29) Cf. Allen (1991), 73-76.

4　人間とは何であるのか

　最後に，米寿を迎える加藤最新の『テアイテトス』研究をみておこう。加藤は『ポリテイア』の「洞窟の比喩」を念頭に置き，次のようにいう。

　　洞窟の外の世界である不変な存在対象に関わっている専門家である幾何学者テアイテトスを洞窟の内に引き戻し，生成消滅する日常世界における「靴つくりの知識（＝術）」とか，「木工細工の知識（＝術）」と並べ，それら「不変の世界」に関わる知識と「生成消滅する世界」に関わる知識を併記して，これら両者に共通する「知識の何であるか」を問う[30]

　これは，特定領域の知識の集積を学習と理解しているテアイテトスが，知恵と同義の知識を定義することへと誘われる場面である。専門領域で閉じた知識注入型の学習への批判を論者はここにみるが，加藤は，専門家自身が，実際の社会との関わりを厭い，洞窟の外で学問探求に勤しむ姿をみている。そこから加藤は，『テアイテトス』は単なる「知識論」ではなく「政治哲学」の書物であると解する。加藤が「政治哲学」に言及することにより，彼はまさに今生きているそのことへと向かう。

　　プラトンが幼少年時代から経てきた苦しい戦争の体験，そして，なおも続いている紛争のなかで「哲学者」に課せられていることは何かをあらためて問いなおす[31]。

　プラトンの戦争体験と加藤自身の経験した戦争とが重なる。プラトンが生きていた時代には，ソクラテス裁判は多分に政治的な意味を持っていた。まさに洞窟の中である。ソクラテスの産婆術は神から与えられた

---
30)　加藤（2014b），33。
31)　加藤（2014b），69。

使命であり，それはソクラテス裁判での主張と軌を一にする。洞窟の外から中に戻るように駆り立てるのは，産婆術であるが，加藤は産婆術についても，神アルテミスとの関わりを重視する[32]。産婆術の導入箇所には，ソクラテス裁判を思わせる表現がいくつか見られる。近年『テアイテトス』は第二の『ソクラテスの弁明』とみる研究もある[33]。加藤は次のようにいう。

> 『テアイテトス』では，ソクラテスはテアイテトスの「陣痛」に付き添っている。しかし，ここで「陣痛」の内に置かれ「ソクラテス」を産婆としているものは，劇中の人物テアイテトスそのひとだけではなく，同時にこの『テアイテトス』篇を孕み，これを産み出した人，作者プラトンその人でもないかという思いが，いま，わたしの内に「陣痛」として宿されている。問われている青年テアイテトスに，作者プラトンはみずからを重ねているのではないだろうか。そこに「後期ソクラテス・プラトン哲学」の「成立」の場がある。それはクリトンの勧めに従わず牢獄で死んでいったソクラテスの姿が哲学者プラトンに投げかけ続けた問題であり，「死すべき人間」がどのようにして「不死なる神」の姿にできる限り近づけるか[34]。

プラトン自身の出産という解釈は，M・バーニエット[35]，D・セドレー[36]らケンブリッジ学派も提唱している。加藤はそこにソクラテスの姿をも重ね，おそらく「神に似る」（176b1）というプラトンの言葉をも重ねるのだ。それだけではない。加藤は自分の陣痛として，この問題に今ここで関わっていると言明し，さらにソクラテスの後姿を今見ているのである。加藤の『テアイテトス』講義は次の言葉で終わる。

---

32) 加藤 (2014b), 12。
33) Cf. Giannopoulou (2013).
34) 加藤 (2014b), 33。下線は論者による。
35) Cf. Burnyeat (1990), 6-7.
36) Cf. Sedley (2004), esp. 8-13.

この論議は結局アポリアになってソクラテスは論を閉じる。「メレトスに訴えられているのでアルコン・バシレウスの館にこれから出かけなければならない」という言葉を残してソクラテスは立ち去ってゆく。わたしにはこのソクラテスの後姿が目に焼き付いて離れなかった。作者プラトンにとっても同じではなかったのだろうか。「人間とは何であるか」という問い（174b3-6）は『テアイテトス』篇を書いている作者プラトンにとって，このソクラテスの「後姿」に示されるソクラテスの「生と死」の全体が問いかけている問いだった[37]。

　ソクラテス，プラトン，そして加藤の哲学的な体験がここに交錯する。加藤は最後に「人間とは何であるか」という問いを立てる。これは『テアイテトス』の脱線箇所で立てられる問いだが，この問いと知識の定義探求破綻とを関係づける解釈は，論者が知るかぎりない。しかし知識の定義が破綻して，アポリアのうちにある読者は，自分が確実に持っていると思う知識の基盤を破壊されて，同時に現実社会でソクラテスが死に渡されるのを見送る時，自分自身にこう問うのかもしれない。
　しかし，加藤は「テアイテトスを洞窟の内に引き戻し」というが，テアイテトスは，はじめから洞窟の中にいるのではないか。洞窟の中にいながら，永遠不変の対象について考察しているような幻想を持っているだけではないか。われわれが触れられるのは，あくまでも洞窟の壁に映っている影のみである。哲学を研究していると思っているわれわれもおそらくそうである。これがまさに『テアイテトス』が提起した問題であり，自分自身が「人間とは何であるか」と問われる場所なのである。
　ソクラテスは，人間並みの知恵しか持たないことを自覚していたが，神からダイモニオン的な仕事を部処として与えられ，それを生きた人間である。敬神が彼の生を支えている。ソクラテスは不知の自覚を説く以上，洞窟の中にいる。しかし哲学者は洞窟の外に出てから，洞窟の中に戻って来るという。それはおそらく，ディオティマが示した「永遠に一であるもの」への強い憧憬をもち，それを強く希求する営みへと他者を

---

[37] 加藤（2014b），73。

導く仕事があるからだろう。つまり，哲学への導き手として洞窟に帰還してダイモニオン的な仕事をするのである。

　ソクラテスが導く哲学は，行く当てがわからないものを求めるのではなく，かつて観たものを求めるかのような衝動にかられて永遠不死の神的なものを求める。この点で，この営みに参与する人たちは軌を一にしている。それは，神が操るのではなく，人間のドクサが真理を求める主体的な営みを基盤にしている。プラトンそして加藤は，ソクラテスのダイモニオン的な仕事に自らを重ね，そして「人間とは何であるか」をことばで紡ぎ出しているのである。

7

後期プラトンにおける神，知性，魂
──加藤信朗「プラトンの神学」によせて──

高 橋 雅 人

　本章は，加藤の『哲学の道──初期哲学論集』に収録されている「プラトンの神学」によりつつ，プラトンの後期対話篇における神に関わる一つの問題を扱う。1節では加藤の「プラトンの神学」を取り上げるべき理由を，加藤にとって「哲学とは何であるか」という観点から，加藤その人の個人的述懐を交えつつ，述べる。2節では「プラトンの神学」を概観した上で，近年，関心が集まっている神としての知性と魂との関係について簡単な考察を試みる。

1　加藤信朗の哲学観と神

　六十年にわたる加藤信朗の哲学的営為において一貫して変わらぬものがある。「哲学とは何か」に対する加藤の理解がそれである。まずは「初期哲学論集」の副題を持つ『哲学の道』に収録されている「ホドスとメトドス」から引用してみよう。

　　哲学の歩みが始まる問はわれわれの存在が全体としてそこで問われるような種類の問である。どのような答を与えても，それに答え切ることはできず，答はいつも新たな問を生む。それゆえ，それは答えることのできない問，本来の意味での問，アポリアーである。……プラトンがエロースと呼んだのはまさにこのような問のうちに

置かれているものの状態だったのである。哲学の歩みはこの問の外
　　　に出ることではない。問の内に留まることである。しかし，問の内
　　　にあって無為であることは問に留まることではない。問の内にあっ
　　　てなす術をもたない時，ひとは問に倦み，問の外に放り出される。
　　　哲学とは，問の内にあって，問の内に留まる術を心得る道である。[1]

　加藤に独特の，うねりつつ進む思考の流れをそのまま映し出している
ような文体を通して，アポリアーの内に置かれていることの意義が語ら
れている。アポリアーの内に，あるいは問いの内に留まるとは，アポリ
アーを前にしてただたじろぎ，無為であることではない。問いの内で哲
学することこそが求められているのである。なぜなら「哲学とは，問の
内にあって，問の内に留まる術を心得る道」だからである。それゆえ，
哲学しない者はアポリアーの内に留まることができず，容易に「外に放
り出される」。「知らないのに知っていると思う，かの最大の無知」とし
てソクラテスが非難することは，まさにこれである。
　しかし問いのうちに留まる術とは，すなわち哲学する術とは，一体ど
うすることなのだろうか。これについて，加藤は次のように言う。

　　　問において問われていることに向かってゆき，これに答えることに
　　　よって，ひとは問のうちに留まり，問答は哲学の歩みとなる。[2]

「問において問われていることに向かってゆき，これに答えることに
よって」なぜ「ひとは問のうちに留ま」ることになるのか。加藤は何も
説明を与えない。実は加藤のうねりをもった文章を追っている時にしば
しば経験することとして，このような力強い断言に出くわすことがあ
る。この断言は雷のように輝き，響き，人を魅惑する。だが哲学の歩み
を歩もうとする者はその誘惑に屈するべきではない。そうではなくて，
なにゆえそうなのかを自ら問わねばならない。それゆえ，われわれもま
た問わねばならない。なぜ「問われていることに向かってゆき，これに
答えることによって，ひとは問のうちに留ま」ることになるのか。

---

1) 加藤（[1975a]/1997a), 19。
2) 加藤（[1975a]/1997a) 25。

今まで語られたことを考え合わせてみるならば、それこそが哲学の歩みだからということになろう。だが、これは答えとしては不十分である。なぜ「留まること」が「歩むこと」なのかが問われなければならないからである。

このことを考えようとする者は、加藤の次のような言葉に手がかりを見出すであろう。

> 哲学は自己を置いている根拠への還帰と考えられるが、この一なる根拠を直知しうるとする時（γνῶσις があるとする時）gnoticism が生じ、Schein-Sophia が生ずる。一なるものが知られていない限りにおいて、無知を知ることにおいてのみ愛知の道がある。哲学における ἀπορία は、この ἀπορία が解けて πορεία がまた開始される如き ἀπορία ではない。ἀπορία に出会って、ἀπορία の内に止まるという手立てこそが φιλοσοφεῖν（知慧を愛すること）の道に他ならない。ἀπορία の内にあるものが、ἀπορία の内に止まろうとしない時、止まるための手立てを講じない時、かれは ἀπορία の外に出る。ἀπορία に捨てられる。[3]

「還帰」や「道」といった語は運動を示唆する。この運動は「愛知」であり、無知を知ることだと言われる。しかもこれは同時に ἀπορία の内に止まることである。以上のようなことは、すでに語られたことの言い換え、ないし繰り返しである。しかしここには新たなこととして、「自己」への言及がある。無知を知るとは、もちろんこの私がそうすべきことである。つまり、己の無知を自覚することが、いや自覚し続けることが、哲学なのである。これはソクラテスの哲学、あるいはソクラテスの姿をそのようなものとしてわれわれに伝えるプラトンの哲学そのものである。

このような哲学観が最近の加藤の言葉にも表れていることを人は容易に指摘できる。すなわち、「哲学とは何か」という問いに答えて、加藤はこう答える。

---

[3] 加藤（[1975a]/1997a）43。

哲学とは「わたし」（＝自己）と「世界」のはじまり（ἀρχή, principium 原点）を探ねることである。わたしにとって，「哲学」の「はじまり」はミレトスの人タレスにではなく，ソクラテスの「生と死」に「人間としての生の真実のあるがまま」を生涯問い求め続けたアテネの人プラトンの内にある。このことが上のことに含まれることとしてある。[4]

　哲学のはじまりがタレスにあるというアリストテレスに由来する見解を退け，それをソクラテスとプラトンの内におくということ，このことが「「わたし」（＝自己）と「世界」のはじまりを探ねること」としての哲学の内に含まれていると加藤は言う。すでにわれわれが指摘したことだが，ここには加藤の哲学のソクラテス・プラトンと共にあることが本人の筆によって綴られている。そしてまた，加藤は次のようにも言う。

　「哲学（φιλοσοφία）」とは，わたしたちが「人間として」置かれていることの「何であるか」をいくらなりと「語り明かし（λέγειν）」，「明らかにする」「ことば（λόγος）」を求める「いとなみ」である。[5]

　最近に至るまで哲学に対する加藤の眼差しに変化がないことは明らかであろう。「アポリアー」という語こそ用いられていないが，世界と自己の始まりを問い，探ね，求める「いとなみ」に終わりがあろうはずがない。哲学とは何かという問いに対する加藤の答えは一貫しているのである。
　このようなものとしての哲学を可能にすることとして，つまりは「アポリアーの内にとどまる」ことを人が為すのを可能にすることとして加藤が要請するのが「真があるという信」である。加藤は言う。

　真が問われている限りにおいては，真は顕われているとは言えない。だが問うことは，問うことによって真が現れてくるという信

4）　加藤（2013），165。
5）　加藤（2013），171。

（πίστις fides）がなければ有り得ない。真が信ぜられる限り，問はある。それゆえ，自己は，問に渡されているものとして，この根源の信 fides に初めから渡されているのである。この信に基づき，聞かれる声において真を尋ねてゆくことが愛知である。[6]

　「ホドスとメトドス」と同じく『哲学の道』に収録されている「肉体」からの引用である。「真が問われている限りにおいては，真は顕われているとは言えない」とは，アポリアーの内に留まる術としての哲学を人が遂行していることを指す。その「いとなみ」を支えるものとして，「問うことによって真が現れてくるという信」を加藤は要請するのである。もちろんこの信は，盲目的なそれを意味しはしない。なぜなら，この信に基づいて問い尋ねることがなされるからであり，かつまた，この探究はロゴスによって，すなわち，言葉によって理性的になされるからである。しかもこれは認識論的な地平に止まらない。「自己は，問に渡されているものとして，この根源の信 fides に初めから渡されている」と述べることによって，加藤はこの「信」を，人が自覚すべき自らのあり方の次元，実存的な次元へと昇華している。人が自覚すべき自らのあり方とは，「渡されている」や「聞かれる声」という語句が示すように，自己を超えた超越的なものと対峙しつつ，かつ離れていないというあり方のことである。

　かくして加藤によれば，問いやアポリアーの内にとどまり，真のあることを信じて真を問うこと，これが哲学である。そしてこの哲学という「いとなみ」は，自己を離れてはありえないし，また超越的なものを離れてもありえない。

　このようなものとして哲学を考え，みずからその「いとなみ」を遂行する加藤にとって，重要な問いの一つが「神」である。なぜなら神とは，人間にとって問わずにはいられないアポリアーの一つだからである。神とはいったいどのような存在なのか，いや，そもそも存在するのか，しないのか。神をめぐる問題を人は問い続けてきた。だがこれらの問題は完全に解かれることはないだろう。「答はいつも新たな問を生む」

---

[6] 加藤（[1968]/1997a），120。

からである。それゆえ神とはまさにアポリアーの一つであり、これを問うことは哲学者にふさわしい。加藤の言葉を用いて言えば、神について問い探ねることはアポリアーの内に留まることなのである。

　以上が、この論文では加藤の『哲学の道――初期哲学論集』に収録されている「プラトンの神学」によりつつ、プラトンの後期対話篇における神の問題を扱う理由である。

　だがその問題に入っていく前に、「プラトンの神学」という論文の背景について述べることは意味のないことではないだろう。このことを見るためには、加藤の次のような述懐を引くのが良い。すなわち『哲学の道』の補注で加藤は述べる。

> 第八章の論文「プラトンの神学」を発表した後、語ること、書くことがそのまま自分自身を見つめること、自分自身を刻むことにはならない哲学研究がもはやできなくなって、最初に書いたものが本論文だった。[7]

　ここで「本論文」とは、『哲学の道』所収の「書かれた言葉と書かれぬ言葉――プラトン『パイドロス』274c-278b の解釈」を指す[8]。したがって、この述懐からだけでは「プラトンの神学」が「自分自身を見つめること、自分自身を刻」んだ「哲学研究」の成果だったかどうかは決まらない。しかし「書かれた言葉と書かれぬ言葉」より前の論文として唯一「プラトンの神学」が収録されていることは、この「プラトンの神学」にも加藤の自己が刻まれていることを強く示唆していると言うべきではないだろうか。ちなみに、同書「初出一覧」[9]によると、「プラトンの神学」は1956年、「書かれた言葉と書かれぬ言葉」は1959年に発表されている。この三年の間に加藤に何があったのかは分からない。(1)「プラトンの神学」が全く自己から離れて書かれたものであったので、それに対する嫌な思いが、それ以降の加藤に自己と哲学の関係を重視させたということもありえないことではない。あるいは (2)「プラトンの

---

7) 加藤 (1997a), 468。
8) 加藤 (1959/1997a)。
9) 加藤 (1997a), 473。

神学」が自己を底から語るものだったので，それに対する好い思いが，自己と哲学の関係を重視させたのかもしれない。あるいは（3）その三年は，アポリアーの内に止まる術としての哲学と自己との関係が結晶化され，自覚にもたらされた期間だったのかもしれない。私には（2）ないし（3）ではないかと思われるのだが，たとえ（1）であったとしても，その場合には「プラトンの神学」を「初期哲学論集」に収録したことによって，加藤は言わば自己の不在を刻んだとも言えるのではないだろうか。

　しかしこれ以上の詮索はやめるべきであろう。これらのいずれにせよ，あるいはこれ以外の可能性があるにせよ，プラトンの後期対話篇における神の問題を扱うのに，加藤の「プラトンの神学」はいまだに価値を減じていないからである。そしてこれが，以下，論考を進めるのにこの論文を参照する，言わずもがなの理由である。

2　後期プラトンの神，知性[10]，魂

　後期プラトンにおける神と一口に言っても，『ポリティコス（政治家）』における宇宙の操舵者としての神，『ティマイオス』におけるデーミウールゴス，そして『法律』におけるその存在を論証される神，のそれぞれが同一なのか異なるのか，異なるとしたらどのような点でどの程度異なるのかを正確に語ることは，困難な仕事である。加藤信朗の「プラトンの神学」は，主に『法律（ノモイ）』第十巻の解釈を通して，プラトン最晩年の到達した神観を析出しようとした論文である。

　加藤の論文の内容を簡単に紹介しておこう。「Ⅰ　神学の問題」では，プラトンの対話篇のうちに哲学があるように，「アリストテレスが自らの第一哲学を神学（θεολογική）と呼ぶのと同じ意味で哲学としての神学」[11]を求めることができると主張し，その神学の背後に「神を冠と

---

10)　"νοῦς" のことである。加藤は「プラトンの神学」では「理性」と訳している。
11)　加藤（[1956]/1997a), 221.

する宏大な実在形而上学の体系」[12]が秘められてあることを予想する[13]。「Ⅱ 『ノモイ』の神学」では，この『ノモイ』の神学が（1）物質に対する魂の優位，（2）魂に対する理性の優位，の二つの契機によって成立すると主張される。（1）に関しては，まず物質について，「われわれが普通物体と見，物体的と言っているもの（物質）をプラトンは動きである，動きとしてのみあると考えたこと，しかもそこに一定不変の基体は何も考えられない動きであると考えた」[14]と結論づけた後に，自己運動に他ならない魂の運動の例として，「魂の三部分説で言えば，中間的部分の働き」[15]だけが取り出されたと分析している。そして析出された魂の動きが「それ自身ではまだ確実な方向をもたぬ跳躍」[16]と性格づけられ，これの動きを「秩序づける基準としての理性の魂への支配」[17]が（2）として主張されることになる。このような理性こそ，プラトンの神に他ならない。「Ⅲ 『ノモイ』の神学の成立」では，プラトンの体系において神学が形成されてくるその過程と意義が検討される。プラトン対話篇の中期から後期までを視野に収め，（1）中期ではロゴスとミュートスが截然とは区別されていないのに対して，後期でははっきりと区別されること，また（2）中期で区別，場合によっては対立さえさせられていた「存在」と「生成」が，後期においては「存在は生成に臨んで生成の多様をうけ入れられるまでに」なり，「こうして逆に生成を支配する力をもつに至った」こと，そして（3）魂の能力が反省され，中期では否定的に扱われていた「ドクサ」とそもそも扱われることのなかった「ブーレーシス（意欲）」が後期で注目されるようになったこと，の三点が語られる。以上を踏まえて加藤は，魂が

> 物質的被動を越えてゆく能動（Spontaneität）として，他方に上からの理性的秩序の規制をうくべきものとして立てられる時，ここに

---

12) 加藤（[1956]/1997a), 221。
13) この点は，Mayhew とは異なる。彼は極めて慎重なもの言いながら，プラトンに神学があるという主張に対して懐疑的である。Mayhew (2010), 216.
14) 加藤（[1956]/1997a), 227。強調は加藤本人による。
15) 加藤（[1956]/1997a), 230。
16) 加藤（[1956]/1997a), 232。
17) 加藤（[1956]/1997a), 232。

神を冠として全実在界を構成的に綜合する実在形而上学のあの壮大な体系が立てられたのである。そこに又，魂を通じて理性的秩序として全実在界を支配する一なる神も顕わされた。[18]

と述べ，プラトンを「聖なる伝統の始祖」と称えて，論を閉じる。

　以上，「プラトンの神学」の内容を簡単に紹介したが，この論文がおよそ半世紀前に書かれたとは思えない。というのも，プラトンの神について近年，幾つかの研究が欧米において発表されているのだが，加藤の「魂を通じて全世界を支配する神としての理性」という解釈は，1995年に上梓された Menn の *Plato on God as Nous* という著作によって主張されているからである[19]。また Menn はこの解釈を打ち出す過程で，魂なしに知性は存在しうるのであり，それこそ晩年のプラトンの神に他ならないと説く。加藤もまたこの立場であることは，先に述べた通りである。ただし，加藤が問題にしているのは『法律』であるのに対して，Menn が扱うのは主に『ティマイオス』であり，知性と魂との関係を問題にするときには，『ピレボス』や『ソフィスト』の一節を取りあげているという違いがある。これらの対話篇は『法律』に比べて，知性と魂との関係をより直接的に述べているからである。

　その関係をめぐる問題とはすなわち，魂なしに知性はあり得るのかというものである。上に述べたように，魂なしに知性は存在しうるというのが Menn の主張だが，Menn の論に一定の説得力を認めつつも，完全には同意していない研究者もまた他方でいる。例えば，Mayhew は「知性が魂から離れて存在しうるかどうかははっきりしない」という Bobonich の言葉を引用し，Bobonich に同意している[20]。そもそも古くは Morrow が慎重な立場をとり，プラトンは態度決定をしていない，あるいは明確に述べていないと主張していた[21]。

　このような慎重な態度をとる解釈者たちと慎重さは共有しつつ，Menn の解釈に懐疑的な姿勢を見せるのが van Riel である。van Riel は，

---

18) 加藤 ([1956]/1997a), 248。強調は加藤本人による。
19) Menn (1995).
20) Mayhew (2010), 213, n. 29; cf. Bobonich (2002), 505, n. 6.
21) Morrow (1993), 484.

魂なしに知性は存在しうるという主張の一つの根拠として Menn が解釈する，「知性は魂を離れては何ものにも生じえない」(30b3) という『ティマイオス』の言葉に対して，

> この箇所は，可感的世界の外に，魂なしに，知性が存在することを保証しているのかもしれない。その場合には，魂なしに知性が存在できないと決定するのが神（デーミウールゴス）であることになるのかもしれない。しかしこのことは私たちに再び，デーミウールゴスとは誰なのか，また彼は魂を超えた（形而上学的な）実在と理解されるべきなのかどうかを決定するという問題へと導く。我々はこのことがさらに数多くの問題と例外とを含意することを見た。したがって，結論に飛びつくのを控え，むしろ魂を超えた知性が本当に必要かどうかを他のテキストを根拠にして見るほうがより安全であろう。[22]

と述べ，ここでは結論を先送りする。続けて，Menn の別の根拠であり，ほぼ同じことを述べる『ピレボス』の「知恵と知性が魂なしには生じえない」(30c9-10) については，以下のようにコメントする。

> 魂と知性の関連に関しては，プラトンは文字通りには知恵と知性が魂なしには生じえない[23]と言っている。このことは，明らかにかつ端的に真である。しかしこのことが魂を超えた制作的知性が存在することをなぜ意味しなければならないのか，私はその理由を理解できない。……プラトンはそれ自体だけで存在するこれら（知恵と知性）に言及しているのではない。そうではなくて，彼は意図的に，この言明のうちに魂に縛りつけられている知性を引き入れているのである。[24]

ここに見られるように，van Riel は「知性が魂なしには生じえない」

---

[22] van Riel (2013), 90.
[23] 「生じえない」の原文はイタリックになっている。
[24] van Riel (2013), 91.

ことを——「知性が魂なしには存在しない」とプラトンが述べているのではないことを——認める。しかし，彼はこのことからは「魂なしに知性が存在する」ことを導き出せないと主張し，むしろ知性を「魂に縛りつけられている」ものとして理解しようとするのである。しかし，少なくとも後半は強引な解釈であり，説得力を持たないだろう。またたとえ van Riel の言うように，「知性が魂なしには生じえない」からといって知性が魂を離れて存在しうるかどうかが明らかではないにしても，それではなぜプラトンが「生じる」という語を用いたかが説明されてしかるべきであろう。「A が B に生じる」のであれば A と B とはそれぞれ独立してあることが前提されていると解するのが自然だからである[25]。

また，知性と魂の関係は『ソフィスト』249a においても言及されている。そこでは全き意味での実在について，それが知性を持っているなら生命を持っているし，これら両者があるのであれば，これらを魂のうちに持っているに違いないと言われる。しかしこの箇所も，魂が知性を持つと言われているのであり，「持つ」という語も持つものと持たれるものとの独立を示すだろう。

このように，知性と魂との関係についてのプラトンの見解は，それぞれが独立して存在しているというものだと思われ，その意味で加藤や Menn の解釈に同意するべきであろうと考えられる。もちろん，この問題が最終的に解決したと言えるのは，『ソフィスト』から『法律』に至るまでの[26] 後期対話篇の各々を分析し，各対話篇におけるプラトンによる神の位置づけがどのように関連するのかを明らかにしたその時であろう。上で述べたように，加藤の眼差しが『法律』に向けられていたのに対し，Menn の分析の対象は主に『ティマイオス』であったし，どちらも『ポリティコス（政治家）』には触れていないということを考慮すれば，彼らの解釈もまた決定的なものだとは言えない。しかしながら，問題の重大さに鑑みて慎重な解釈が要求されるのは当然としても，プラトンが明示的に述べていないからといって判断を保留して事足れりとする

---

25) ただし，van Riel はプラトンにおける神々の問題を扱うのにプラトン対話篇の全体に目を向けており，そこは評価されるべきであろう。

26) あるいは加藤の言うように，『パルメニデス』と『テアイテトス』をも含めるべきかもしれない。加藤 [1956]/1997a), 221.

のは，解釈としては不十分と言わざるを得ないだろう。

そこで以下に二つのことを書き記しておきたい。

一つは『法律』の 897b1-2 にある語句 νοῦν μὲν προσλαβοῦσα ἀεὶ θεὸν ὀρθῶς θεοῖς についてである。このきわめて印象深い一節は，残念ながらテキストの破損が疑われており，明瞭な意味を定め難い。しかしこのまま読むならば[27]，「神々にとっては正しく神である知性を常に取得し」ということになるだろう。その場合，この一節は天体としての神々がその魂のうちに常に知性を宿していると解釈できないだろうか。というのも加藤が的確に分析したように，魂は相反する運動を起こすことができ，それゆえ善にも悪にも傾きうるのにもかかわらず，神々には悪がありえないとするならば，これら神々は常に知性を有していなければならないはずだからである[28]。

ではこれに対して，人間にとっては「知性は正しく神ではない」ということになるのだろうか。いや，もちろん人間にとっても知性は神であろう。しかし，人間の魂の知性に対する関係は神々の魂のそれとは違って，人間の魂のうちに常に知性が存在しているとは言えず，まさに「生じる」ことがあるというものなのではないだろうか。つまり，知性は人間の魂の持つ能力なのではなくて，魂が哲学する事によってようやく到達することのできる，ある種の状態とも言うべきものなのではないだろうか。これが記しておきたい二つ目の点である。

このことを強く示す文言は『国家』の中心巻において見られる。すなわち，学ぶことを好む者は，まさにあるものに触れて「知性と真理を産む」(VI, 490b5)。「太陽」の比喩では，魂が真と有とが照らしているものへと向けられる時，「知性を持っているとみられる」(VI, 508d5)。数学的対象を考察している時の人間の魂のあり方については，「線分」の比喩で「仮設から考察しているゆえに，知性を持っていない」(VI, 511d1) のであり，魂はその時，ドクサと知識の中間の「ディアノイア」(VII, 533d6) を持つに過ぎない。そもそも問答法を修得していない人は，ロゴスを持つことも他の人に与えることもできない限り，そのものにつ

---

27) テキストは Burnet (1907) による。

28) なお，この箇所の註で Schöpsdau は Bordt を引いて，知性の魂からの独立を認めている。Schöpsdau (2011), 419. cf. Bordt (2006).

いては「知性を有しているとは言わない」（VII, 534b5-6）のである。

　もとより『国家』の用例をいくら重ねてみても，『法律』における知性と魂との関係について考察するのに，それほど役に立たないと思われるかもしれない。確かに，以上のことは『法律』をはじめとする後期対話篇において確証されねばならないだろう。また，今まで述べてきたことの反証となるような箇所として，『法律』第十巻 898e2-3 の「太陽について次のようなことを，われわれは知性と思考によってのみ，把握しよう」というアテナイからの客人の言葉が指摘されるかもしれない。このことばの「知性」は，対話篇登場人物の持つ能力としての知性と一見，思われるからである。とすると，知性には三つの意味があるということになるだろうか。（1）神としての知性，（2）人間の魂のうちにある一つの能力としての知性，そして（3）人間が真理に触れた時の魂の状態を指して知性を持っていると言われる場合における知性，の三つである。しかしながら，（2）と（3）は，実は同じことを指すことになるかもしれない。なぜなら，知性という能力を十全に発揮している時こそ，（3）の状態だからである。

　とすると，万物を統御する知性と人間の魂が真理に触れた時に持っているとみられる知性との関係が次に問われるべきであろう。果たして神としての知性を人間は「分有する」と言うことが許されるのかどうか，私には分からない。だがいずれにしろ，常に知性を宿している魂としての神々，そしてそれらの神々をも含めて万物を統御する知性としての神との関係によってのみ真理や善が語られるとするならば，アテナイからの客人が言うように万物は神々に満ちているといえるのかもしれない。いやしくも，真理や善を目指す探求としての哲学が営まれている限りにおいて。

　加藤もまた言う。

>「神秘」を「隠れてあるもの」だと思わない。それは，いま，ここに，現前するものである。わたしたちのそれぞれがまさに，いま，その内におかれてあるものである。[29]

---

29)　加藤（2013），184。

神秘は現前しており，私たちはその内にいるという「神秘」に加藤は常に驚いている。それは加藤が哲学の歩みを止めず，常にアポリアーの内に留まっているからこそではないだろうか。「このパトスこそまさに哲学者のもの，すなわち，驚くことこそ（『テアイテトス』155d2-3)」と語るプラトンとともに。

III
美と徳
<small>カロン　アレテー</small>

8
プラトン・イデア論のダイナミズム
――「かた・かたち・すがた」に学ぶ――

栗 原 裕 次

はじめに

「存在を人は言語において経験する」。(Sein erfährt man in der Sprache.)[1]
　この根源的(ラディカル)なテーゼからはじまる論文「かた・かたち・すがた」は，加藤信朗の言葉への哲学的こだわりと方法論を端的に示している。第一に，ときに加藤は自身がそれで育ち暮す母語としての日本語，とりわけ「やまとことば」を思索の素材とする[2]。この論文で彼は「同じ根をもつ三つの古語」をとり上げ，日本語独特の存在把握の基本構造を探り出す[3]。日常語の使用の現場に哲学的な反省を加えることで，使用者の存在理解を明るみに出すという方法が顕著である。第二に，加藤は西洋で日常的・哲学的に用いられる言葉を日本語と比較しながら検討する[4]。論文は εἶδος, παράδειγμα, forma, Gestalt, Modell, Stil などに光を当て，哲学の術語化の過程で蒙った理解変容の軌跡を示唆している[5]。第三に，

---
1) 加藤（1984），257; Kato (1979/[1996])，95. 本章で参照するのは基本的に翻訳版である。
2) 加藤（2013）。
3) 加藤（1984），257。
4) Kato (1981b/1996)．
5) 加藤（1984），263-65。

加藤は表現方式として外国語を採用することがある[6]。自国語の枠を超えて外国の研究者，生活形式を異にする人たちに，より直接的に自分の言葉で訴え，対話を挑む哲学的態度の発露であろう。この論稿もまずはドイツ語で発表され，のちに加藤と深いつながりにある今道友信によって日本語に翻訳されたという特異な履歴をもっている。

　言語一般が加藤哲学にとってもつ意味は限りなく大きいが，「かた」「かたち」「すがた」の場合，言語が照らす事柄が存在そのものに直結しているため，冒頭の言葉はとりわけ深い意味合いを響かせる。加藤が存在と言語をめぐって展開する日本語の概念分析は，読者を哲学の初源にあるプラトンのイデア論やアリストテレスのエネルゲイア論の本質理解へと誘うのであった。本章で私は加藤の導きに従いながら，内容的連関がより密接なプラトンのイデア論を考察し，その論のいのちである存在探究の動的性格(ダイナミズム)を探っていく。導きの糸は三本。一本目の糸は，加藤が析出する形と型の準・循環運動である[7]。

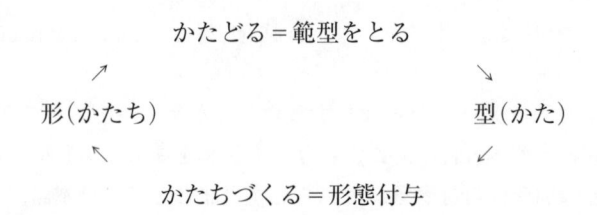

かたどる＝範型をとる

形（かたち）　　　　　　　型（かた）

かたちづくる＝形態付与

　加藤は，個的形態であると同時に普遍的である形（かたち）に対して，型（かた）は事物の分類原理としての普遍者であると描き分けたうえで，日本文化の芸道を例に用いて[8]，個々の形から型を取り出す人間精神の自由な運動としての「型取り」と，一旦できた型に応じて個別の形態を精神が付与する「形づくり」を探り出し，上図の如き循環を語る[9]。重要なのは，最初の形の方が第二の形よりも「より根源的」[10]だとする点

---

6) Kato (1996).
7) 加藤（1984），261。
8) 「型」を主題として世阿弥や剣法論など日本の芸道武道を学習論の文脈で考察し，身心問題に新しい視点を提供した尊敬すべき著作に，源（1989）がある。
9) 加藤（1984），257-61。
10) 加藤（1984），261。

で，私はここに加藤の思索とプラトンのイデア論との共振関係を認める（第1節）。

第二の糸は，加藤が〈美〉のイデアに与える特徴づけである。「註記」として加藤はプラトンの形相を「すぐれた意味で「ある」と言えるかぎりのことどもの，その「ある」を限定する，存在の根源の形」とし，特に「美（καλόν）」の形相を名指ししている[11]。私はこの美のイデアの根源性を「型取り」の根源性と同一視し，イデア論理解の基礎とする（第2節）。

最後の導きの糸は，姿（すがた）をめぐる加藤の簡潔ながらも鋭利な分析である[12]。姿は事物の本質構造（形）の現われであって，精神の目で受けとられ記憶される。また姿は事物の最も個別的なるものとしてその最も内的な本質を指示すると同時に人格性を帯びて，精神的純化まで高められて理想化されるものである。理念としての〈姿〉はそれを目にする者をして，その「精神を超越にまで高め，存在そのものに赴くようにと指示する力」[13]である。私はとりわけ，形が人格性を帯びた姿として現われるという洞察に注目する。プラトンのイデア論の〈姿〉的側面への着目はその魅力の謎に迫る手がかりを提供するだろう（第3節）[14]。

1 「かたち」と「かた」

まずイデア論が学習論と関係づけられるテキストを取り上げよう。『パイドン』篇においてプラトンは「学びは想起である」と論じた。ここで「学び＝想起」は次の三つの意味で用いられている。

(1) 感覚判断＝理解

---

11) 加藤（1984），264。美に関するこの記述は『講座・美学』への再録に際して新たに書き加えられたものである。なお，イデアへの言及はあくまで「註記」扱いであり，「日本語」を扱う加藤の論文が自らのイデア論理解を展開していないのは言うまでもない。

12) 加藤（1984），261-62。

13) 加藤（1984），262。

14) それゆえ，本章は加藤の「形」論一般を論じない。加藤の「形」論は加藤（1973b/1997a），加藤（1996），16-20で展開される。土橋論文（第11章），金澤論文（第2章）参照。

(2) イデアの認識＝知識の獲得
(3) イデアの探究
順に見ていこう[15]。

(1) 等しい事物の感覚判断
二本の木材（A, B）を見て，長さが「等しい」と判断するとしよう。他方で，横に置かれた，A，Bと長さが異なる別の二本の木材（C, D）について「等しい」と判断して，A，Bにおける「等しさ」とC，Dにおける「等しさ」は個的には異なっているが，種的には同じであると思考する。そのとき私たちはそれらに「等しさ」の普遍的な〈形〉を見て取っている。また，その隣にある等しい重さをした二個の石と較べてみても，やはり「等しさ」の〈形〉における同一性を認めることができる[16]。

プラトンによれば，眼前対象が何かを理解する（＝学ぶ）感覚判断は想起である。日常生活のなかでこうした判断を滞りなくできるのも，私たちが〈等〉のイデアについて知っているからだ（74b2-3）。私たちは個々の場面で〈等〉を想起し，その知識に依拠して感覚判断を行い，求められれば，ただしい説明（ロゴス）を与えることができる。プラトンは感覚判断の際に働く思考を一般的に次のような〈型〉として表現する。

> T1: 人は何か（X）を見て，「私が見ているそれ（X）は存在するものの内の何か別のもの（イデア）のようであることを望んでいるが，欠けていてかのもののようなそのようなものであることはできず，より劣っている」と思考する。（『パイドン』74d9-e2）

眼前対象のイデアへの指向性と欠如性を把握する思考が例えば「Xは等しい」と判断することを可能にする。〈等〉を想起し，その都度注意を向け，いまここにある感覚事物に〈等〉の現われを見出すことで，

---

15) 本節の想起説については，栗原（2013）第5章とその補論で詳細に考察した。
16) 加藤（1984），258:「形（かたち）は，それゆえ，あらゆる事物の存在原理であり，かつ，認識原理なのである」。

「等しい」と判断を下すということだ。〈等〉を知っているとは，単に〈等〉について定義が可能であるばかりでなく，T1 の思考を通じて，その定義を状況に応じて個々の場面でただしく適用できることを意味する。その意味で，知識に基づく思考は〈型〉として働き，その都度眼前にイデアの像を作り出す「形づくり」であって，感覚判断は個物における〈形〉の把握なのである。

(2) 〈等〉の知識の獲得

型は形から取り出されてくると加藤が述べる[17]ように，〈等〉をめぐる思考の型についても，型を生み出す形との原初的な出会いが私たちにあったはずである。〈等〉の本質的形態の把握を意味するこの経験は，それによって〈等〉の知識が獲得されるのだから，先の個物における形の把握――知識によって眼前のものが「どのようなものか（ποῖον）」を理解する感覚判断――とは異なる。「まさに等しくある，それ」を見出す経験は，確かに先の感覚判断と同様，個物における形の把握だが，この場合は〈等〉の現われを端的に経験するのである。それゆえ，「より根源的」であり，〈等〉の「何であるか（τί ἐστιν）＝本質」を学ぶ経験となろう。〈等〉は「αὐτὰ τὰ ἴσα として現われる（ἐφάνη）」(74c1) という単一であるべきイデアを指すには奇妙な表現（直訳「それ自体で等しいものども」）が使用される理由もそこにある。「等しさ」の場合，先の A, B（や C, D）のように，原則，複数の個物が関わるため，いまここでの〈等〉の現象を言語的に表現するのに複数形が要請されるが，本質の学びの場面では，個物が「どのようにあるか」に関心はなく，〈等〉がそれ自体で「何であるか」に注意が向けられるため強意代名詞が使用されるのである[18]。

私たちは子どもから大人になるときに，〈等〉〈大〉〈小〉については，こうした本質把握をすでに複数回経験済み――例えば「等しさ」が長さについてのみならず，重さについても言えるといった観点の広がりを観取する――であり，それらを通じて〈型〉の習得を果たしている。その意味で，イデアの端的な学びは形の把握を通じての「型取る」経験だと

---

17) 加藤（1984），260。
18) この文法事情については，栗原（2013），第 5 章補論で論じた。

言えよう。

(3) 探究としての想起

だが考察の重心が〈善〉〈美〉〈正義〉といった価値に関わるイデア[19]に移ると、ソクラテスの対話相手は〈等〉の場合と違って「確かに知っている」と断言できなくなる（75c-76c; cf.『エウテュフロン』7b-e）。それらのイデアは私たちにとっていまだ探究の対象であり、問と答のうちに「何であるか＝本質」の刻印を押そうとする途上にあるのだ。探究の手がかりになるのは、〈型〉の習得過程ですらごく稀に経験するイデアの現われである。いまここでの私に対する〈形〉の現象を内側から分析することを通じて、いつでもどこでも誰にでも通用する言葉（ロゴス）を紡ぎ出していく努力こそが哲学探究だろう。探究は根源的な〈形〉の経験をたえず想起しロゴス化することにある。

とは言え、社会への参入過程で習得を余儀なくされ、知識をもつことが大人であることの条件であるような〈大〉〈小〉〈等〉とは違い、〈善〉〈美〉〈正義〉の場合、私たちは型の習得以前でも、常識的見解（ドクサ）を鵜呑みにするか、あるいは、自身の「形」の経験を絶対視するかして、知らないのに知っていると思う無知の状態にありがちである。では、大切な事柄をめぐるイデアの学びはいかにあるのか。『パイドン』篇はこれ以上その中身を語らないが、〈正義〉と〈善〉については『ポリテイア』（国家）篇が、〈美〉については『饗宴』篇と『パイドロス』篇が問題にしている。次節では〈美〉の探究が『パイドロス』篇でどのように語られているかを確認しよう。

2 〈美〉の「かたち」の現象

プラトンにとって〈美〉のイデアのもつ意味は何か。加藤信朗は〈美〉をすぐれて「存在の根源の形」とする[20]。前節で見たように、形の学び

---

19) 善・美・正義のトリアーデの加藤とプラトンにとっての重要性については、神崎論文（第10章）第3節を参照。
20) 加藤（1984）, 264。

の経験それ自体が「型取り」として「形づくり」より根源的だった。であれば、〈美〉の学びはイデアの学び自体に構成的に関与していると言えまいか。この節では〈美〉の探究の実態に接近し、他のイデアの学びとの関係について考察しよう。

(1) 〈美〉のイデアの特異性
『パイドロス』篇のミュートスは〈美〉のイデアに特別の役割を与えている。私たち人間はこの肉体に魂が宿る以前に、魂それ自体で真実在を観ていた。真実在には〈正義〉や〈節制〉をはじめ、魂にとって貴重なものが含まれる（250b1-2）が、なかでも〈美〉が私たちの探究＝想起活動にとって特別の定め（μοῖρα d2）を与えられている。その定めとは、〈美〉のみが私たちに対して最も明らかに立ち現われ（ἐκφανέστατον）、最も強く恋心をひく（ἐρασμιώτατον）ということである（d7-8）。エロースを産みつけることで、私たちを探究へと否応なく駆り立てるのだ。それ以外の徳目はそうでない。それらのこの世での似像はまるで光彩がなく、似像認識すら多くの者には困難である。いわんや似せられている対象である真実在の観照は不可能に近い（b1-5）。ここに肉体をもつ人間の限界がある。〈正義〉等は非感覚的であるがゆえに肉体を介する感覚では捉えきれない。しかし〈美〉はこの世にあっても、最も鮮明な感覚である視覚によって最も輝いているままの姿で捉えられる（d1-4）、肉体をもつ者に直接把握が唯一可能な真実在なのである。

(2) 〈美〉の想起の欠如性
〈美〉の想起についてはまた、その欠如性に焦点が絞られる箇所もある。

> T2: 人がこの世界の美を見て、真実の〈美〉を想起しつつ、翼を生じ翔び上がろうと切望して（προθυμούμενος ἀναπτέσθαι）羽ばたくのだけれども、翔ぶことが出来ず、鳥のように上方を眺めやって下界のことを気遣わないとき、（エロースという）狂気に陥っているとの非難を受けるのだ。（『パイドロス』249d5-e1）

この記述は，〈美〉の想起が構成するこの世の美の認識を構造解析したものと考えられる。ここには，上方なる〈美〉への指向性とその到達不可能性というせめぎ合う二つの特徴が認められる。私たちは『パイドン』篇の〈等〉の想起に同じ特徴づけがなされていたことを思い起こすかもしれない。だが仔細に見比べてみると相違点も認められる。

　(i)〈等〉について私たちは知識を現に所有している（『パイドン』74b2-3）ため，その想起は型に基づいて眼前対象を理解する「感覚判断としての想起」（形づくり）だった。だが〈美〉については異なる。〈美〉を追い求めるとは，かつて天上で神々に従い観照していた〈美〉の知識を再獲得しようとする営みである。したがって，個的な美的経験は知識再獲得の企てたる探究に構成的に寄与する想起経験（型取り）であって，理解・感覚判断としての想起ではない。

　(ii) 知識をすでに獲得している人は，自らの関心・意図に応じて自由に眼前の対象に判断を下しうる。例えば，目の前の木材の「長さ」を知りたいと意図した場合には，〈等〉（〈大〉〈小〉）の知識を参照して測定することができる。それに対して，〈美〉は神から授けられたエロース（245b7-c1）によって「狂える者の如き」情態のうちで把握される。意図を越えて突如到来するエロースは脱自（cf. ἐξιστάμενος 249c8）を惹き起こす[21]。

　(iii)〈等〉の想起は，眼前の等しい事物の指向性と欠如性が思考されることにおいて働く。他方で，〈美〉の想起に関しては，眼前の美に指向性と欠如性が認められるのではない。先にみたように，この世の美ですら最も明らかにその姿を顕わし，それ自体充足しているのだから。実に指向性と欠如性は感覚と想起の主体の側に属する。人・魂こそが上空飛翔を願いながらも，そうすることができない挫折を経験するのである。しかもそれは単に人における〈美〉への指向とその知識の欠如に留まらない。〈美〉の想起には自己の本然のあり方を想起することが相伴うとされる。「〈美〉を観たあのとき，私たち自身，のちに待ち受ける諸々の悪徳を蒙ることなく完全なままに秘儀に参与していた」（cf.

---

21) 人は〈美〉によって限りなく惹きつけられるが，その根拠は常に隠されている。根拠たる〈善〉（『饗宴』206a-b）が語り得ないゆえんだが，加藤（1984）もその事情について触れない。

250b8-c1)との「記憶」（250c7）が蘇るのだ。〈美〉の想起は，自己の本来のあり方を想起させ希求させると同時に忘却と悪徳（λήθης τε καὶ κακίας 248c7）に満ちた現在の欠如的なあり方を自覚させるのである。

(3) 〈美〉と〈節制〉の学び

〈美〉の学び一般に備わるこれらの特徴は『パイドロス』篇の想起説が節制ある魂の生成を描写する中で具象化される。駅者に喩えられた知性（ヌース）は美しい人を目にしてエロースの訪れを突如として経験する。エロースが魂という馬車を引くよい馬（気概的部分）と悪い馬（欲望的部分）に広がると，魂内に美しい人をめぐって葛藤が生じる。恥のために美しい人に近づけない駅者とその命に従うよい馬に逆らって，放縦な馬は両者を無理やり引きずっていくのだった。だが，このとき奇妙な事態が生じる。美しい人を目の前にして「駅者の記憶は〈美〉の本性(ピュシス)へと遡行し，そして再び〈美〉が〈節制〉と共にきよらかな台座の上に立っているのを観るのだ」（254b5-7）。この〈美〉の想起は眼前対象における〈美〉の形の現象に他ならない。重要なのは，〈節制〉の想起を伴う〈美〉の想起は，それ自体で駅者が節制の学びを深める経験にもなっていることである。駅者は〈節制〉の記憶が鮮明なままにすぐさま二頭の馬を退かせる。魂全体がいまだ節制を確立していないことを自覚する契機に立ち会ったのだから。その後，悪い馬と口論しながらその矯正につとめているうちに，駅者は美しい人に出会ってまた同じ事態を経験する。そのようにして《エロースの訪れ→悪しき馬による強制→駅者の〈美〉と〈節制〉の想起→駅者による悪しき馬の矯正》というプロセスが何度も（πολλάκις 254e6）繰り返され，探究的想起の結果として，これまで対立していた駅者・よい馬と悪しき馬とが一つのエロースに統一されるのであった。そのときはじめて「恋する者の魂」（e8-9）というように一つの全体として語られる。しかもそれは肉体的美に対する節制を保っていることによる「恥」と「恐れ」に満たされて。この情態に達した魂は以後「思考に司られた精神（διάνοια）」（cf. 256a8, c6; 249c5）と呼ばれることになる。魂内部の肉体的欲望から自由になることによって，「馴化」と「同意」を通じて，駅者（＝ヌース）に支配された魂全体の内的秩序（＝節制のきまり・型）が確立したのである。

『パイドロス』篇のこの箇所は，肉体における〈美〉の形の現象を記述しているが，同時に肉体への欲望を制御する節制の徳を身につける過程をも明らかにしている。エロース（愛欲）と節制が対立するという常識(ドクサ)を批判する文脈ゆえに，美やエロースと節制の内的関係が強調されてはいるが，天上の光景と同様，例えば，戦場での行為の美については勇気の徳が，また精神の美については正義や思慮の徳が〈美〉の学びと内的に関係づけられる文脈も容易に想像できる。『饗宴』篇の「美の階梯」(209e-212a)[22]が表象するように，〈美〉の学びの深まりは学ばれる美的対象の価値的上昇と真の徳の出産の根拠となる。その意味で，〈美〉のイデアはそれに向き合う人の指向性と欠如性の自覚を惹き起こすことを通じて，徳の学びをその根底で支えていると言えよう。存在の根源の形である〈美〉はイデアの学びの根拠なのである。

3 〈ソクラテス＝哲学者〉の「すがた」

加藤信朗が姿（すがた）に加えた分析からプラトンの作品を眺めると，自然と立ち現われるのは彼の師ソクラテスの〈姿〉である。プラトンは自らの精神の目に映ったソクラテスの〈姿〉を記憶に留めつつ，その個別的な本質に普遍的な人格性を付与して作品化し，同時に作品の読者をしてその精神を高め存在そのものへと赴かせようとしているのだ。本節では，プラトンによるソクラテスの〈姿〉の描きを調査しながら，読者に発信されているメッセージを探っていこう。

（1）ソクラテスの同一性
プラトンが師の〈姿〉を描くとき，ソクラテスに自己自身の何たるかを語らせることがある。

T3: まさにちょうど（ὥσπερ）私であれば，〈小〉を受け入れて（δεξάμενος）持ちこたえ，かつ依然として，まさに私である私で

---

22) この箇所については，一色論文（第9章）参照。

ありながら（ὢν ὅσπερ εἰμί），この同じ私が小さくあるように。（『パイドン』102e3-5）

ソクラテスの「私はまさに私であるところの私である」という自己言及は，「AはまさにAであるところのAである」というイデアの同一性を示す語法によっている[23]。T3は魂の不滅を論証しようとする『パイドン』篇の要に位置する。イデアが常に同一性を保つのは無論のこと，個別具体的な状況のうちに存在する内在形相も自己同一性を保とうとして，状況が変化すると，その場を譲り渡して立ち去ってしまうか，そこで滅んでしまうかする。論証全体を通じて，こうした内在形相とほぼ同様に取り扱われる魂について，いかにその同一性を語りうるかが最大の問題なのだ。ところで，第１節で取り上げた〈大〉〈小〉〈等〉であれば，それを受け入れたり失ったりしても，「ソクラテスがソクラテスである（Σωκράτης ὁ Σωκράτης ἐστίν）」（102c3-4）ことに何ら影響しないし，「この同じ私」の同一性を揺るがさない。T3の「ちょうど……のように」という類比の手法が，聴き手と読者にソクラテスの〈姿〉が何よりも明証なることを前提とするように，死後の魂の同一性・存在への懐疑に抗する「魂不滅の論証」も，死にゆくソクラテスの魂の同一性と存在が最も身近な範例となるため，究極のところ，彼の〈姿〉の明証性に依存せざるをえない[24]。では，彼の本性（πεφυκέναι c1）との関係で受け入れたり失ったりすることが問題になる事態とは一体何なのか。

(2) 牢獄のソクラテス

いま読者が目にしているのは，不正な脱獄を断固として拒否し，死の直前まで牢獄に座って哲学の対話を続けるソクラテスの〈姿〉である。そのソクラテスが自然学者による原因の説明を批判する際に，最も明証なる例として言及するのも（ὥσπερ 98c3），自己自身のあり方であった。

---

23) Cf. 102e3, e8, 103d7. 人の同一性・存在を表す用法としては『テアイテトス』197a1；エウリピデス断片698参照。

24) 松永（1975），439：「この『パイドン』はもっとも深いところで，死にゆくソクラテスというそのひとに支えられているのである」。

T4: いまここに私が座っていること……，そして君たちと対話をしていること（διαλέγεσθαι）についても……，真の原因とは，アテナイ人たちが私に有罪判決を下す方がよいと決定したので，そのことゆえに私もまたここに座っている方がよいと判断し，そして留まって，彼らが命ずる刑罰が何であれ受けることがより正しいと判断したことなのだ。(『パイドン』98c6-e5)

T4にみられるソクラテスの〈姿〉は初期対話篇の読者にはおなじみである。不正を受け入れるソクラテスはソクラテスではない。状況がいかにあろうとも，不正行為はまさに彼の本性に反するのである。彼の行為の根底には「よい」との思い，「正しい」との思いがある。行為の真の原因は知性（ヌース）による最善の選択（νῷ ... τοῦ βελτίστου αἱρέσει 99a8-b1）であり，その判断・選択は彼の哲学に裏づけられている。

T5: 私は，よく考えて最善だと自分に現われたロゴス・説明（τῷ λόγῳ ὃς ἄν μοι λογιζομένῳ βέλτιστος φαίνηται）以外には，自分に属する他の何物にも従わないような人であるが，それはいま初めてそうなのではなくて，いつもそのようであったからだ。(『クリトン』46b4-6)

「私はいつも……のような，そのような者である（ἐγὼ ... ἀεὶ τοιοῦτος οἷος …）」というもう一つ別の同一性表現はソクラテスの生のあり方を照らし出す。他者とのロゴスのやり取りと自分自身との対話からなる哲学的生を常に生きるソクラテスの存在である。クリトンを相手にして「不正を加えられても不正をやり返すことは正しくない」(49a-e)と証明する彼の〈姿〉はその一つの現われにすぎない。彼のいまここでの言葉と行動は彼の哲学的生全体から発出してくるものであって，「ソクラテスがソクラテスである」同一性の実質を構成している。

(3) ソクラテスの生の選択

したがって，不正を受け入れない正義の人ソクラテスはまた，いついかなる状況でも哲学を止める選択肢を受け入れることもない。『ソク

ラテスの弁明』で，彼が哲学を止めるか，それとも死を択ぶかという選択を迫られても，哲学に殉ずると宣言する場面（28b-30c）は有名だが，彼の決断が自然なのも彼がそれに先んじてすでに哲学的生の選択を行っていたからである。自己の同一性を承認する形でのより根源的な選択は次のように語られていた。

> T6: そうして，私は神託になり代わって，こう自分に問いかけてみました。「私が今ある状態でいること（οὕτως ὥσπερ ἔχω ἔχειν）を，つまり，あの人たちのもつ知恵の点で知恵ある者ではないが，その無知の点で無知でもないことを受け入れる（δεξαίμην）のか。それとも，あの人たちがもつ知恵と無知の両方をもつのを受け入れるのか」と。そして，私は自分自身と神託に対して，こう答えたのでした。「私は，このままの状態でいる（ὥσπερ ἔχω ἔχειν）ほうがよいのだ」と[25]。（『ソクラテスの弁明』22e1-6）

T6 には再度「私が私であるようにそのように私はある」という同一性表現が自己言及的に用いられている。「つまり」と敷衍されているように，ソクラテスは善や美といった大切なことについて知らないのに知っていると思う無知（ἀμαθία）を覆い隠す専門家の「知恵」をもつことを拒絶し，無知から免れて，善美については知らないから知らないと自覚しつつ，その知を探究し続ける哲学者としての生き方を承認し（δέχεσθαι），自己の同一性を証しているのだ。

まさしくこの点で，前5世紀アテナイに生きたソクラテスの個別性が極まると言えよう。彼はデルポイの神（アポロン）から「ソクラテスより知恵のある者はいない」と個人的に呼びかけられた。彼は固有名つきの神託を自己の存在をめぐる謎として受けとめ，自己内対話を試みる。省察の結果として，自分よりも知恵ある者を探そうとして他者との絶えざる対話を創造する。かくして，自他の対話の形をとる哲学を通じて神への応答を試みるかのソクラテスの〈姿〉がありありと浮かび上がるだろう[26]。

---

25) T6 と T7 は共に納富（2012）訳（T6 は一部改変）。
26) ソクラテスの真実の〈姿〉については田中論文（第4章）が論じている。

(4) 〈ソクラテス＝哲学者〉の範型化

だが他方で，すぐさまソクラテスは自らの個別性を消去するような発言を続ける。

> T7: しかしおそらく，皆さん，本当は神こそが知恵ある者なのであり，この神託では，人間的な知恵などというものも，ほとんどなににも値しない，とおっしゃっているのでしょう。そして神託は，このソクラテスについて語っているように見えても，実は私を例（παράδειγμα）にして，私の名前をついでに使っているだけなのです。(『ソクラテスの弁明』23a5-b1，強調：納富)

神の知恵に比して何の価値もない人間的な知恵は，ソクラテスのみならず哲学者一般を定義づけるものだと言える。それは，善美について知らない者として自己をただしく認識している自己知，すなわち，「思慮深くあること（τὸ φρονίμως ἔχειν）」(22a6) と異ならない。この〈思慮〉(φρόνησις) に光が当てられるとき，ソクラテスの個別性・歴史性は背後に退き，彼は哲学者の〈姿〉をとって時空を超え，全人類に対する見本・模範像（παράδειγμα）となるのであった。

加藤信朗の解説に戻ると，〈姿〉は事物の「精神的純化にまで高められた形態」[27]であり，現実的事物にとらわれることなく，精神において理想化されるものだった。この洞察を借りれば，T7 の語りにおいてソクラテスは，精神の目によって捉えられる〈ソクラテス〉なるものへと純化し，〈哲学者〉の理想にまで高められたと言えるだろう。

(5) 感化と模倣による自己形成

プラトンの精神の目に現われたソクラテスは「最もすぐれた人（ἄριστος）」，とりわけ「最も思慮深く（φρονιμώτατος），最も正しい人（δικαιότατος）」だった（『パイドン』篇最後の言葉）。プラトンによって具体的かつ普遍的な〈姿〉をとるように人格化された〈正義〉と〈思慮〉は読者の「精神を超越にまで高め，存在そのものに赴くようにと指

---

27) 加藤 (1984), 262。

示する力」[28]を発揮する。第2節でみたように，人は〈美〉の絶えざる学びを通じて〈正義〉や〈思慮〉を身につけていく。プラトンは思慮と正義を内に宿したソクラテスをできる限り魂の点で美しく描き範型化することによって，読者に自己形成のための見本・模範像を提供したのである（cf. παράδειγμα ... ὁ κάλλιστος ἄνθρωπος『ポリテイア』472d5)。

T8: 見本（παραδείγματος）のために，正義そのものがどのようであるかを探究してきたのだ，そして完全に正しい人が——生じるとして——どのような人として生じるかを，そしてまた不正と最も不正な人を探究して来たのだ。その目的は，そうした人々（最も正しい人／不正な人）へと目を向けて，幸福とその反対に関する彼らの状態が私たちに顕わになるなら，私たち自身についても，かの人々にできる限り似た者となれば，かのもの（幸福／不幸）に最も近い定めをもつだろうと自ら同意をするよう強制するためだった。（『ポリテイア』472c4-d1）

人格化された美しい〈姿〉との出会いは一つの感化をもたらすが，その核には「その人のようでありたいが，そうでありえず，欠けている」という自己知がある。〈美〉がエロース（指向性）と自己の欠如性の自覚を惹起したのだ。ちょうど「等しさ」の場合に，眼前対象が「〈等〉のようでありたいが，それたりえず，欠けている」との思考により「等しい」と述定されたように，例えば，正義の場合も，〈ソクラテス〉のようでありたいが，そうでありえず，欠けていると自己についてただしく認めるとき，当人は正義の同一性を保持できなくとも，模倣を見事に継続する限りにおいて，魂に「正しさ」をその都度現実化することになる。〈形〉の現象がここにある。人生のあらゆる局面で自己を〈ソクラテス〉にできる限り似せようとする実践が，その人を〈正義〉に与らせ（μετέχειν）「正しい人」とするのである。眼前の〈姿〉から強烈な感化を受け，〈形〉の現われを通じて精神を徐々に超越の高みへ上昇させるといった仕方でのみ，存在の同一性を保つ正義の〈型〉が生成しう

---

28) 加藤（1984), 262。

るということ[29]——日本語の「かた」「かたち」「すがた」の三項関係に見られる「存在の開示に至るひとつの内的で力動的な力」[30]と重なり合うプラトンのイデア論のダイナミズムは——存在論と認識論が人間形成論と有機的に結合する——まさにこの点に認められるのではないだろうか。

むすび

　本章で私は，加藤信朗「かた・かたち・すがた」の洞察に導かれて，イデア論の三つの相貌を探ってきた。第一に，〈大〉〈小〉〈等〉のイデアについては，大人であれば，端的な学びであるより根源的な〈形〉の現象をすませており，すでに〈型〉となった知識を所有している。第二に，〈善〉〈美〉〈正義〉については，人はいまだ〈型〉の習得の途上にある。徳の学びの根拠となるのは，人の存在の指向性と欠如性の両方に関わる〈美〉のイデアであり，その意味で〈美〉は存在の根源の形である。第三に，〈正義〉と〈思慮〉は人に宿るイデアであって，対話篇中では肉体をもって生きたソクラテスの同一性を作り上げるものと語られている。プラトンはソクラテスの〈姿〉を作品化することで，彼の人格を普遍化・理想化し，美しい見本・模範像（パラデイグマ）として読者に差し出した。範型となって時空を超えた〈ソクラテス〉がいまここで〈形〉をとって再現されるのである。感化された読者はこうしたイデア論の動的性格を自らの人生に活かそうとする。生成する世界に同一なるもの（＝存在）を認めることによって，自己を存在（＝同一なるもの）へと生成させる実践のうちに哲学の道はある。

　——イデア論者・加藤信朗。

---

　29)　加藤（1984），261:「人はさまざまな事物の形（かたち）に出会い，自らがその固有の形（かたち）に向けて形成されるのである。〔形（かたち）は，この場合，人間の倫理的完成（ἀρετή），すなわち，forma iustitiae（正義の形相）を意味する〕」。
　30)　加藤（1984），263。

共に同時期に日本のギリシャ哲学研究をリードした人々[31]と違って，イデア論を主題的に論じていない[32]加藤をこう呼ぶことはいささか逆説的に響くかもしれない。しかしながら，日本語の「かた・かたち・すがた」という三語の力動的な絡み合いを見事に解きほぐす加藤の試みに，私がプラトンのイデアの語りとの共鳴現象を体感したのも事実だった。イデア論はいかなるときも〈ソクラテス＝哲学者〉からの感化と人格的応答の反復を通じて永遠のいのちに与ってきたのである。

---

31) 藤沢（1980），井上（1974a），松永（1993）。
32) 加藤の「中期イデア論」理解に含まれる問題点については，納富論文（総論）を参照。但し，加藤初期著作も含めた考察を展開する田坂論文（第6章）も参照。

9

美の発見と日常性の美学
―― 「道徳性」の形成における美の役割 ――

一 色 　 裕

0　現代美学の問題

　現在の哲学ないし美学の状況を単純化して示すために，シュスターマンの『プラグマティズムの美学』[1]に収められた「ポストモダンの倫理学と生の技法」に言及するのが好都合と思われる。シュスターマンは，バーナード・ウィリアムズやリチャード・ローティーのような，モダンおよびポストモダンの哲学者を批判することによって，自己形成の美的倫理に共感を表明している。ウィリアムズに近代的な客観主義の残滓を認め，ローティーの論ずる自己創造があまりに狭い芸術家的なスタイルを取っていることを指摘するシュスターマンは，つぎのように言う。「われわれにとっての善き生は，……発見されるべくそこにあるのではなく，その代わりに，美的に……作られ形成されるべく開かれている」[2]。かれが認めるように，自己形成の指標は美的価値によって与えられる。美は，生き方について若干の理想をもつふつうの人びとに開かれた倫理への接近を容易にする。それは，修辞学および詩学と結びついた倫理学である。プラトンの『饗宴』はもっともゆたかに美の発見について論じていると思われるので，美の具現について私見を素描するまえ

---

1) Shustermann ([1992]/2000), 236-61, 邦訳 223-67.
2) Shustermann ([1992]/2000), 242, 邦訳 233-34.

に，プラトンの議論について，ややくわしく述べたいと思う。

1　発見の対象としての美

『饗宴』について現在の研究文献の蓄積はかなりあついが，美の役割については，まだ充分な注意が向けられていない[3]。『饗宴』は通常，美の哲学ではなく愛の哲学の書として読まれている。この節では，「美の質的斉一性の量」の概念を使って，愛の階梯の本性を説明したいが，それに先だって，一般的な事柄から論をはじめたい。

美にたいする情緒的反応は，プラトンの場合，「エロース」とよばれる。この語の古代ギリシア語における日常的な意味は，（性的）欲望である。プラトンとアリストテレスにおいて，人間的善が問われる場合に重視される感情は，恐れとならんで欲望である[4]。人柄としての徳の実質は，勇気と思慮（節制）であった。したがって美にたいする愛を論ずることは，古代ギリシア人の感情論の基本に触れるものであると信じる。

ここでいう美とは，通俗的な魅力としての「美しさ」よりも，ものがそのもの自体としてもっている価値，すなわち，それが現前していることによって，当のものが素晴らしいと評価される価値である。C・S・パースが「第一性」と名づけたカテゴリーに属する，作用と反作用以前の，したがって快がかかわる以前の，主客未分の純粋な質感をいう。ちなみに，私見によれば，パースはウィトゲンシュタインとならんで，古代的な美の考え方を理解している，数少ない現代の哲学者である。しかし，両者の哲学で美学に相応する部分の研究は，もっとも遅れているようにおもわれる。

美によって動機づけられる情動がなぜ大事か。それは，人間が身体をもつ感性的な存在であり，美は感官をつうじて理解される唯一の価値だからである。価値の形成は，美によってもっとも容易に，すなわち，他の指標がないときにも，また，すべてのひとにとって可能なかたちで，

---

3) Sheffield (2012), 137-39.
4) 廣川（2000），187。

おこなわれうる。美を重んずるというスタンスには，暗黙のうちに，人間が身体的な存在であることが意識されている。身体を重視するか否かはべつとして，人間を心身の2元的存在として把握するのが，西洋哲学の伝統的スタイルであった。

　プラトンとアリストテレスのうち，整理された感情論はアリストテレスにあろうが，美に対するaffectio（広義の魂の受動）の活力を考える可能性はプラトンのほうにあるのではないか。すくなくとも，アリストテレスはプラトンほど明示的に美について論じない。『カテゴリー論』でしめされた，「質」の範疇に属する「内属性としての美」の問題展開は，「白」[5]にくらべると，きわめて弱い。『形而上学』第5巻13章で，「質」が独自に章立てされているのに相応する，質としての美についての説明の実質的な展開がない。ただ，『ニコマコス倫理学』における「行為の美しさ」の論[6]が，顧みるべき内容を示していることを忘れてはならない。ギリシア哲学研究の一般的傾向として，善と正義にくらべて，美は不当に軽視されている。美は美学が扱うものという通念があるかもしれないが，西洋人は美学をアートの哲学と認識していて，ギリシア人がいとなんだアートは論じられても，同じ関心が美にはじゅうぶんに向けられてこなかった。その傾向は近年やや改善されつつあるが，善や正義にくらべて，美のあつかいが軽いのは，現在の西洋哲学の全般的傾向ではないだろうか。

　さて，プラトンにおいて，倫理的価値を決定するのは美であり，美が「徳とはなにか？」の哲学探求を動機づけている。徳の定義探求を論ずる対話篇『ラケス』『カルミデス』のはじめに，徳が美しいものであることの合意確認がなされることに注意したい[7]。ディアレクティケーと名付けられる哲学的論法の始端をひらき，探求をあらたな方向へと転回させるのは，美に対するaffectioとしての恥じらいと讃美である。事柄の善悪はわからなくとも，それが美醜として問われると，端的な肯定な

---

[5]　井上（1980a）所収の内属性に関係する論考を参照されたい。
[6]　加藤（1975c/1997a）はこの問題を取り扱った論考であり，これを超える論文はまだ日本でも書かれていない。
[7]　プラトン『ラケス』192c-d,『カルミデス』159c-160e. これらの箇所の含意については，加藤（1988），140-45を参照のこと。

いし否定を誘発するちからを美はもつ。

　　ソクラテス　では，知りたくば答えるがよい。もう一度，第一歩から問いなおされているつもりになって。君には，ポロス，どちらのほうが大きな災悪だと思えるかね？　人に不正を加えることのほうかね，それとも，自分が不正を受けることのほうかね？──**ポロス**　むろん，自分が不正を受けるほうだとも。──**ソクラテス**　では，どうだろう，醜いという点から言えば？　不正を人に加えるのと，自分が受けるのと，どちらが醜いことだろうか。──**ポロス**　人に加えるほうだろう。（『ゴルギアス』474c）[8]

　美のまえでは，ひとは自己を問われ，自己を偽れない性格がある。論理と倫理は自己完結せずに，美とその情動による決定に開かれている。パース風に定式化すれば，プラトンは論理学と倫理学を基礎づけるものとして美学をおいている。
　哲学探求をうながし，探求をコントロールする力として美が重んじられている点を強調することは，プラトンの哲学探求を動機づける力について論ずる『饗宴』や『パイドロス』など，特定の対話篇につよい光をあてることになるのは承知しつつも，"philosophical sentimentalism"[9] と呼びたい性格がプラトンの哲学形成にはあることを，指摘したい。プラトンにとって善が究極の価値であることは認めつつも，善や正義の重みは，美を通過しないとほんとうにはわからないのではないか。現代にとって大事なプラトンとは，美にたいする情動的反応をおもんずるプラトンではないかと，わたくしはひそかに考えている。すくなくとも，プラトンにとって，美は探求の始端と終端に位置するものと考えられている。悪名の高いイデアの分有論が，説明装置としてもっともうまくはたらく価値は，美であることを申し添えておきたい。

---

　　8)　藤澤（1963/1966）。この箇所の重要性と美醜に関わる命題の肯定否定の含意について，加藤教授による東京大学文学部西洋哲学史第1部の講義（1984年11月21日と11月28日）において詳細な説明があったが，その内容は公表されていないのでこれだけを記しておきたい。
　　9)　論理と道徳性が美的判断に依存する事態をあらわすパースの術語（1.632）を借りる。Cf. Sheriff (1994), 84.

9 美の発見と日常性の美学　　　157

　このような美にたいする情緒的反応は，それ自体が重視されるよりも，純化[10]することがプラトンの関心事である。エロースの純化とは，魂のヌースとしての性格を際だたせることである。馭者と2頭の馬によって魂を描く，魂の3部分説をつかえば，理性をイメージする馭者と，かれがあやつる，気概と欲望をそれぞれイメージする2頭の馬を，理性の色合いに染めて，魂全体の統一性（unity）を高めることが大事である。プラトンの欲求理論においては，価値を認識することと，それを欲求することはそのまま重なり合うが，欲望と気概が理性にしたがう理性的魂において，認識と欲求の一致はもっとも純粋に実現される[11]。ヌースのはたらきは獲得ではなく観想である。したがって，純化されたエロースは，美しいものを見守るゆえに，美にたいして抑制的となる。『パイドロス』の魂のミュートスにおいて，美に撃たれた馭者は，おもわず手綱をうしろに牽いていたことを想いだしたい。ソクラテス自身，若者の身にそなわった美しさに敏感であるが，実際に相手を誘惑しようとはしない[12]。美にたいして抑制的なエロースをささえる情動は，現代的な個を重視する態度ではなく[13]，恥じらいの念（本来的なあり方にたいする心の受動）である。

　ただし，美にたいして抑制的になったエロースを，どのように評価するかについては，肯定否定の両面がありうるとおもわれる。じじつ，『饗宴』において，プラトンは，普遍的価値を志向する，抑制的なエロースの権化であるソクラテスと，ソクラテスをかけがえのない個として恋い焦がれるアルキビアデスを，二律背反的に提示して読者に選択を迫っているという，奇抜な解釈をしたヌスバウムがいる[14]。20世紀後半のプラトン研究を先導したヴラストスも，アリストテレスが『ニコマコス倫理学』で論ずるフィリアに較べて，プラトンのエロースは，愛の対象である個のあつかいが弱いことを指摘する[15]。この論点にいかに与するか，すなわち，いかなる地平におかれた，いかなる個に注目するかと

---

10)　小林（1993），72。
11)　Kahn (1987), 91.
12)　Price (1989), 41 n.43.
13)　Gill (1990), 85 n.56.
14)　Nussbaum (1986), 165-99.
15)　Vlastos (1973/1981), 3-34.

いう問題は，その人の哲学的立場を決定するちからをもつとおもわれるが，悲劇の喚情効果をめぐる，プラトンの詩人批判とアリストテレスの『詩学』の対立にも発展しうる問題であることを申し添えたい。

　人間的生の形成に快苦はふかくかかわる。「なにをもって生きる喜びとするか？」という関心に配慮することなしに，この問題を論ずることはできない。ところで，快それ自体はロゴスをもたないのにたいし，美はロゴスをもつ[16]。大事なのは快一般ではなく，美のあたえる快である。ロゴス，すなわち，rationality をもつことは，理由の説明を可能にする。言語による理解という点は，よき生の形成，生が形をうることにとって重要である。『饗宴』におけるエロースの上昇には，さりげなく，導き手による言語的誘導が語られていたことを指摘したい。

　善き生の形成を情念との関わりをおもんじて論ずるさいに，プラトンの『饗宴』は適切な作品となる。美にたいするエロースという情動に光をあてつつ，生殖からスタートして市民的徳目の形成を媒介とし，人びとの讃美をうける当の徳の実質をなす「美」の理解へと進む，という道程を一筆で描ききっている，この対話篇の意義はおおきい。美の能産的な性格を描くにあたっては，情動の美的な認知機能に，その最大限の可能性があたえられている。ソクラテスの語るディオティマは，愛の階梯の最奥に位置する無前提の美にまで到ったとき，「生がここまで到達してこそ，人間の生は生きるにあたいするものとなる。徳の映像ではなく，真の徳を生みだすから」と語るが，彼女の言わんとしたことは，選択された生を確固なものとする，徳の産出による善き生の形成のことである。生の選択において生の形を極めること，すなわち，真実の徳の産出の重さと難しさを，ディオティマの語る奥義は示す。

　ディオティマの演説はふたつの部分からなる。大秘儀が小秘儀から区別されるべき理由は，その目的がふつうの意味における善いないし美しい人になることではなく，美を理解することにある。プラトンの基本的な関心は，哲学的な生の選択にある。生の選択[17]は，日々の生活における個別の行為の選択，たとえば，あらたに買う車をトヨタにするか

---

16) 一色（1996），13-24。
17) 加藤（1994a），11-12。『饗宴』における用例（211d1, e4）は，「生の選択」で問題となる生を意味している。

フォードにするか，週末に休暇に出かけるか，それとも働くかの決定ではない。生の選択は，僭主の生，ソフィストの生，哲学者の生にかかわる選択である。選択は生の全体にかかわり，基本的に，生の選択はやり直しがきかない。なぜなら，われわれが選ぶ生を所有することによって，われわれはわれわれが選ぶ生によって所有されるからである。「善あるいは美とは何か」を問うことなしには，生のタイプを選択することはできない。生のタイプは善と美の解釈とともに[18]選択されるゆえに，生の選択は哲学をいとなむことに等しい。善き生の選択とその自覚的な形成は，美しい行為をおこなう自発性の涵養だけではなく，なぜ善い行為をおこなうことが美しいのかを反省する哲学教育を必要とする。したがって，大秘儀はアルキビアデスの演説に描かれるソクラテスの姿の造形と直接的なかかわりをもつ。ディオティマの語る奥義と，アルキビアデスが活写するソクラテス像の連関について，活発な論争がおこなわれてきたことは承知しているが，このふたつの関係はやはり否定することができない。アルキビアデスにとって，ソクラテス讃美は哲学の讃美にひとしいが，アルキビアデスのソクラテスに対する愛は，かれが自己コントロール，すなわち，美しいものを前にしたときの恥と抑制の感覚を欠くゆえに挫折する。かれは愛の階梯の端緒にもいたることができないが，それは，個別の美しい身体を前にしたとき，ひとは美的な態度を取ることを求められるからである[19]。

プラトンの考えでは，美しいものに現前する美は，アリストテレスにおける「白」のような内属的な性質ではなく，美を原因とする超越的な性質である。すなわち，美は物理的な質でもなければ，心的な質でもない。美が同一の美を原因とするかぎり，美は個別化にもとづく差異性を受け入れず，質的な斉一性をたもつ。「質的斉一性」という術語はマーサ・ヌスバウムの論述[20]に示唆されて，わたくしが個人的に案出したが，美と内属性の関係については，ヌスバウムとは見解を異にしている[21]。しかしディオティマは，魂の美は身体の美と種を異にし，身体の美にす

---

18) 松永（1993），176。
19) Moravcsik (1971), 289.
20) Nussbaum (1986), 179, 467 n.32.
21) Nussbaum (1986), 467 n.31.

ぐれると宣言する。「だれか，肉体の美の華やぎにとぼしくとも，魂の好ましいひとがいたら，その相手で満足すべきである」(『饗宴』210b6-c1)。もし美がものに内属せず，ものに現前するのであれば，なぜディオティマは身体の美は魂の美と同類である，あるいは同一であると言わないのであろうか。われわれは，この問題含みの文章を以下のように読むことを提案したい。ひとは魂に美が現前していることを認めたならば，それを身体に現前する美よりも高く評価すべきである。なぜなら，美の質的同族性は身体よりも魂のほうに強く実現されていて，魂におけるそれは，より容易にかつすみやかに認知されるからである[22]。諸学問における美の質的斉一性の高まりは，階梯をあゆむひとの視野に入る美の拡大として表現される。

愛の階梯は，ひとを美の質的斉一性に慣れさせ，この斉一性をより強く実現する美へと導く道として描かれている。美の質的斉一性について，プラトンは πολύ という興味深い単語を，諸学問の美に言及しつつ，2 回用いる(『饗宴』210d1, 4)。日常のギリシア語において，πολύ は量に関わる形容詞であって，単数形の πολύ は much を，複数形の πολλοί は many を意味する。「美の大海原 (τὸ πολὺ πέλαγος ... τοῦ καλοῦ,『饗宴』210d4)」という句における「大」は，この美の量を明示的に言及しているが，美しいものの序列 (身体の美 — 魂の美 — 無前提の美) はこの原則に従っていると思われる。プラトンは，量のより大きい美はより少ない美にすぐれると考えている。しかしかれは，愛の階梯において，「美しい」という形容詞の比較級を使わない。このことは，偽作である『ヒッピアス (大)』[23]と印象的な異なりをなす。なぜなら比較級は，不完全な美から完全な美への単純な移行[24]を想像させるからである。プラトンは，魂の美は身体の美よりも「尊い」と言う。かれは，無前提の美を描くとき「もっとも美しい」という最上級も使わない。

上位の美を見つけるのはきわめて困難である。「美しい」という形容

---

22) 『饗宴』210c3-5 を 210a8-b3 と比較されたい。211c3-6 もあわせて参照のこと。

23) わたくしは，『ヒッピアス (大)』については，2 つの機会に 3 編の論文を書いたが，3 つ目の論文で，定義対象の美の特性の観点からこの作品を偽作と判定した。Cf. Isshiki (2003).

24) 松永 (1976), 18。

詞は,「固い」という形容詞といちじるしく異なる[25]。硬度計を用いれば,未知の量の固さは,「XはAより2倍固い」のように,数的類比をつかって与えることができる。しかし美の体験は,充足した体験であり[26],ひとは満足しているときに,より上位の美の存在を意識することがない。固さは量の連続的な差異をもった質であるが,美は量の連続的な差異をもたない。したがって,より上位の美を見つける唯一の方法は,言葉のほんらいの意味におけるインベンチオ(発見)である。若者を言語的に教導するさいにその言語に宿る美を観取することが,行為と法習における美の発見へと道を開く。特定の美における特徴を美の普遍的性格として見いだすことが,美の斉一性の把握を意味する。プライスは,この一般化を,下位の美の統合としての一般化であるconsolidationと対比して,intimationと名づけたが,美の同族性の発見がこのふたつのタイプの一般化を可能にする[27]。修辞学の理論によれば,インベンチオの本質的構成要素は,不在の対象を再現しそれらを結合する能力である[28]。ディオティマの語る奥義は,「その結果」「のために」「その後に」という言葉でつながれ,おもて向き,主張の理由付けを与えるようには構築されていない。γάρという言葉は,それが理由の表現のすべてではないにしても,理由づけと異なる意味で2回使われているにすぎない(『饗宴』210a4, 210e2)。ディオティマの論法は,前提にすでに含意されている内容の分析説明としての演繹とはあきらかに異なる。発見によってより上位の「ゆたかな」美を求める思考は,哲学的分析とはちがう拡張的推論,結果から原因へとむかう遡及推論の一種であるが[29],美の同族性の発見としての一般化は,観察可能な経験的一般者を求める帰納とは異なる。したがって,ディオティマが公言し,若きソクラテスが認めるように,説得が非常に重要となる(『饗宴』212b2-3)。効果として説得のみをもたらすように思われるディオティマの語り口を,「完全なソピステスのような」(『饗宴』208c1)と形容するソクラテスの言葉は,愛の

---

25) 加藤 (1973c/[1997a]), 70 (加藤 (1997a), 186)。
26) 松永 (1976), 18, 21 n.24。
27) Price (1989), 40.
28) Sasaki (1995), 54.
29) 米盛 (2007), 182, 200。

階梯が，広義の弁論術ないし修辞学をモデルに解釈されるべきことを，示すようにも思われるが，この点を問題にする研究はまだ現れていない。

　愛の階梯を記述するとき，プラトンは語法に注意深く配慮する。かれは「美しいX」ではなく，「Xにおける美」という表現を使う。わたくしは，この表現は『パイドン』における「大きいもの」とも「大のイデア」とも異なる「われわれの内なる大」の美への適用ではないかと思う[30]。おおくの美しいものは，それが美しいものであるとともに，醜いものでもある限りにおいて自己同一がなく，生成消滅を受け入れる。それに対して，「Xにおける美」は，自己同一をたもつが，何ものかに宿るかぎり，生成消滅の可能性をもつ。「Xにおける美」は自己言及的な性格によって，より上位の美に背進することができる。愛の階梯に描かれる美的体験は，言葉のふつうの意味における美の体験ではなく，「美とはそれ自体において何か？」という問いに対する答えを求める美への同化である。美しいものが美しいことを説明する唯一の方法は，「美によって」である[31]。美は自己言及的かつ感性的な質である。ここに，現代的な価値について反省するためのゆたかな可能性を見出すのは，わたくしだけであろうか。愛の階梯は，美への愛をつうじた善き生の形成に必要な長い道程を示している。エロースの上昇運動は一筆書きでえがかれてはいるが，『パイドロス』とちがって習慣化の道をおもんずる『饗宴』においては，哲学探求の遅々たる前進そのままの緩慢な上昇の道であると考えられる。この道程は，美を視る内的な視覚をそなえた真の自己の確立で終わる[32]。プラトンの『饗宴』における美学と倫理学のこの一致は，美的価値それ自体についても興味ぶかい照明をあたえうると信ずる。善き人になる学びを強調するアリストテレスの倫理学[33]とデューイ的なプラグマティズム美学は，美の理解に関する部門が不足するように思われる。

---

　30)　プラトン『パイドン』102d。松永（1975）の補注102d注2および102e注，および解説435-36頁を参照されたい。
　31)　一色（1999），48。
　32)　小林（1993），78。
　33)　Burnyeat (1980), 69-92, 邦訳86-132。

2　美の具現としての日常生活

　「美しい」という形容詞はあらゆるものに適用できる。プラトンの哲学においては，その適用範囲は徳からさまざまなアートを経由して宇宙にいたる。モダンなアートの概念はこのゆたかで包越的[34]な美の性格に対処することができない。したがって，われわれは注意をインダストリアル・デザインと建築という応用芸術に転ずるべきである。「成果よりも過程により関わる」[35]環境芸術にたいして，応用芸術はつねに人工物の明確な形態を保持する。日常生活に浸されている応用芸術は商業主義，社会学，生態学と自然な連携をもつ。『機能美』[36]の著者たちが強調するように，機能は，応用芸術の作品に具現化された美的質の享受に，認知的な基礎を提供する。応用芸術は，モノへの愛着を論ずる依存性の美学をとりこみつつ，現実の世界への切り込みも深めるようなスタンスを可能にするので，ポストモダン的な相対主義の乗り越えを容易にする。応用芸術は倫理的価値と美的価値のユニークな緊張のうちに生きているので，美学と倫理学のべつの一致がここから展開されうる。斉藤百合子は『日常性の美学』と題する近著において，この一致の可能性を素描した。アートは，アートのためのアートから，実生活のためのアートへと変貌しつつある[37]。

　しかし哲学者は応用芸術，とくにデザインにほとんど関心を向けない。グレン・パーソンズは，2013年に出版されたラウトレッジ社の『美学のコンパニオン』の第3版においてその点を指摘したが[38]，2005年刊行のこの書の第2版には「デザイン」の項目を見ることすらできない。これはおそらく，哲学者が効用の問題に真剣に立ち向かってこなかったためだろう。パーソンズとカールソンは，「この分野の最後の主要な試

---

34)　Sasaki (1995), 54-55.
35)　Saito (2007), 31.
36)　Parsons & Carlson (2008).
37)　尼ヶ崎（2012），303。
38)　Parsons (2013), 616.

金石は，カントが1790年に出版した美学と目的論の論考である」[39]と記している。「応用芸術」の概念自体が，純粋芸術の形成原理がそのまま建築とデザインに転用可能であることを示している。応用芸術は実質において美学の未開拓な分野にとどまっている。

　デザイン美学の乏しさをかんがみれば，工芸美学と民芸運動に主要な貢献をした近代日本の哲学者である，柳宗悦の著作に言及するのは有益であると思われる。日本人には日常生活の美化のながい歴史があり，古典文学には貴族の美的生活の種々相について頻繁な言及があるが，ふつうの人びとの生活の美化を理解するために最適の実例は，かれらが使った日用品に見いだせる。柳宗悦はこの無視されてきた分野を不断に探求し，日本語でおおくの書物を著したが，菊池裕子の最近の研究は，民芸にたいする柳の独創性の主張を問題視する。柳の著作時期は日本の文化的ナショナリズムの隆盛とかさなり，くわえて，1880年代から日本におけるラスキンとモリスの高い人気が始まったからである[40]。それにもかかわらず，民芸の原理にたいする柳の哲学的洞察は無視されるべきではない。現在のデザイン研究は歴史にめだって偏向しているので，柳の民芸にたいする理論的取り扱いはいぜんとして貴重である。かれの工芸美学の総括は，日本の産業社会化の夜明けである1942年に出版された『工芸文化』にある。この書はきわめて体系的であって，かれは造形芸術の分類から出発して工芸美の分析を介して，工芸によるこの世の美化の可能性で論を終える。われわれは，かれが若いときに関心を宗教から工芸へと移した原因が，美の妥当性の問題にあったことを想起すべきである。美は正義のような人間的価値にみられない包越的性格をもつので，日常生活にゆきわたる。柳の社会的次元への関心は工芸の分類に反映し，かれは工芸を貴族的，個人的，民衆的，資本主義的の四つのカテゴリーに区別したが，社会階層にしたがったかれの分類は，技術と素材を原理とするオーソドックスな分類とするどい対照をなす[41]。かれの説はこのように，美学，社会学，宗教哲学から構成され，そのスタンスはラスキンおよびモリスと共通する。

---

39) Parsons & Carlson (2008), xi.
40) Kikuchi (1997), 41.
41) 利光（1976），25。

日用品に必要なのは「高きに仰ぐ」至りがたさではなく,「近づけて手に抱く」「親しさ」[42]であり,デザイン美学には,作品体験の非日常性を重視するこれまでの作品論が触れることのなかった,日常生活とアートの体験の連続性[43]を論ずる必要性がある。愛着を支える構造であり,実用性の反映としての製品の造形的工夫の分析は,依然として,もっとも基礎的な作業であり,工芸と美術を別物と考える,柳の工芸美学のもっとも魅力的な部分を形作っているが,かれの論述の取り扱いには注意が必要である。かれが列挙する「工芸美の特性」としての実用性・反復性・廉価性・公有性・法式性・模様性・非個人性・間接性・非自由性は,実質的には「工芸の造形的特性」にとどまる。なぜなら,これらの条件は作者,制作のスタイルと方法,制作の目的などに関わり[44],純粋美術への強烈なアンチテーゼをなすこれらの条件が,ときに美の実現に寄与する可能性を認めることはできるものの,それ自体は工芸美の説明とは区別されねばならない。安く作られた品物も,美しくなりうるが,安いものはかならず美しいと断定することはできないからである。柳の文章表現はあまりに情熱的でレトリックに満ちているので,論理の欠如が容易に見過ごされてしまう[45]危険がつねにつきまとう。『工芸文化』(1942年)における民芸品の造形的工夫の記述は,『工芸の道』(1928年)における同様の試みからあきらかに進化しているが,記述が分析的ではなく直観的にすぎる問題点はそのまま解決されていない。柳は戦前の田舎の民衆的工芸は論じているが,『工芸文化』においても機械工芸は空白のまま残されている。現代のデザインは都市文化の所産であり,現代における「生活に即した実用的工芸」[46]は,民芸ではなく機械工芸である。柳の基本的スタンスは重んじつつも,内容と手法を再考しつつ,あらたなデザイン美学が書かれなければならない。

---

42) 柳 (2005), 37-38, 230。
43) 閔 (1981), 43。
44) 利光 (1976), 25。
45) Ajioka (1998), 23.
46) 柳 (1985), 118。

10
美しさのために（καλοῦ ἕνεκα）
―― 「何かのために」と「誰かのために」を繋ぐもの ――

神 崎 　 繁

　多岐にわたる加藤信朗の哲学探究の道においてアリストテレス研究がその重要な道標を示していることは，おそらく言を俟たないであろう。処女作「アリストテレスの第一実体」（『哲学雑誌』第714号，1952年）以来，アリストテレスの理論哲学への関心が継続して保たれてきたことは，折々の業績において明らかである。そのことは，同じ1971年に刊行された『分析論後書』の翻訳（「アリストテレス全集」第1巻，岩波書店）と論文「アリストテレスの矛盾律」（『人文学報』第75号）において一つの高みを形成している。だが，その2年後の1973年に刊行された『ニコマコス倫理学』（「アリストテレス全集」第13巻，岩波書店）の翻訳は，単に倫理学・実践哲学の領域にアリストテレス研究を広げたというに留まらない意味を，加藤の哲学探究に与えたように思われる。というのも，これを契機に加藤価値哲学の礎が据えられることになるからである[1]。

　ある意味で，近年の「政治哲学」への強い傾斜も，主として時務的な関心に発するように見受けられるが，こうした価値哲学における基礎的考察と無関係であるはずはない。しかしながら，管見のかぎり，加藤自

---

[1]　今から40年前の1974年12月9日から14日まで，筆者は東北大学文学部の学生として，加藤信朗・東京都立大学助教授による「連続講義：価値論の研究――アリストテレスとトマスに於ける価値の問題」を聴講し，この価値哲学形成の端緒に際会する幸運に恵まれた。

身によるこうした連関への明示的な言及はないように思われる[2]。この論文では，加藤価値哲学の到達点を確認するとともに，折に触れて——主として口頭で——表明されてきたアリストテレスの（書物であるとともに学問分野としての）『形而上学』に対する加藤の不審を念頭に置きながら[3]，それにもかかわらず，あえてアリストテレスにおける理論学，すなわち θεωρία それ自身がもつ行為的・政治的性格への道筋を探ることを通して，この同じ帰趨を加藤価値哲学においても見届けうることを示したい。

考察の対象となるのは，『ニコマコス倫理学』の翻訳の直接の成果である二論文，「〈なにかのために〉と〈誰かのために〉——目的の構造」（『理想』第497号，1974年——以下，「目的の構造」と略記）と「καλόν, δίκαιον, ἀγαθόν（その一）——アリストテレスにおける超越価値の諸相」（『人文学報』第106号，1975年——以下，「超越価値の諸相」と略記）[4]，そして，これを単にアリストテレスのみならず，ソクラテス・プラトンの淵源にまで遡らせ，その分より図式的な考察が行われている「価値語の構造——倫理学の基礎」（上智大哲学会編『哲学論集』第26号，1997年——以下，「価値語の構造」と略記）である。

1　目的の構造

『ニコマコス倫理学』第1巻の主題は言うまでもなく「幸福」であるが，冒頭の3つの章では，アリストテレスはあえてこの主題への言及を

---

[2] ただし，「価値語の構造」（後述）の「序」と「むすび」には，政治哲学の重要性がたしかに強調されているが，本文の価値論的考察との結びつきを欠き，やや唐突の感を免れない。

[3] 文字に記されたものとしては，米寿の祝いの際の冊子に付された回顧（これは傘寿の祝いの際の再録）に，「この書物を『形而上学』と名づけて，あたかも完成された「一つの学問領域」であるかのように受容し継承したところに，「存在‐神学（Onto-theologia）」も成立したのであり，わたしが「西方的偏り（Western Bias）」と呼ぶものの始まりがあると思っています」（加藤（2014c），55）という一文がある。

[4] 加藤（1974b/1997a）；（1975c/1997a）。論文集への収録にあたって，後者の論文の表題は主題と副題を入れ替え，（その一）が削除された。以下これらの引用は，この論文集の頁づけに基づく。

行わず，行為の目的という観点から，「善」の位相のもとに考察を始めている。加藤は，「目的の構造」において，このうち『ニコマコス倫理学』第1巻における「目的」をめぐる3箇所（第1章1094a1-18, 第2章1094a18-22, 第7章1097a25-b5）の論述に注目して，とりわけこの3番目の箇所における3種類の「目的」の分析を行っている。

そこでは（イ）「そのもの自体として（καθ' αὑτό）」選び取るに値する（αἱρετόν）か，それとも（ロ）「そのもの自体のゆえに（δι' αὑτό）」（もしくは「ために（χάριν）」）選び取るに値するか，それとも「他のもののゆえに（δι' ἄλλο, δι' ἕτερον）」選び取るに値するかという二つの基準に基づいて，以下の3種類の区分が示されている[5]。

(A) そのもの自体としてではなく，他のもののゆえに選び取るに値するもの（例：富み，笛などの道具一般）
(B) そのもの自体としても，また他のもののゆえに（もしくは，他のもののために）選び取るに値するもの（例：名誉，楽しさ，知性的活動，徳）
(C) そのもの自体として，そのもの自体のゆえに選び取るに値するもので，他のもののゆえに選び取るに値するものではないもの（例：幸福）

先の論文は最終的にこの目的の区分を解明することに主眼を置くものであるが，それに先立つ前半は，一般的に「aはbのため」という事態の解明に当てられている。その例としてゴルフを取り挙げて，「クラブを振る」「ボールを飛ばす」「ボールをホールに入れる」というゴルフの一連の動作において，前のものは後のものに対して「aはbのため」という関係に置かれている（これは一般的な「目的・手段」連関で，「第Ⅰ型」と呼ばれている）。これに対して，「ゴルフをするのは楽しみのためである」という言い方においては，同じく「aはbのため」という形をとっ

---

[5] これは，プラトンの『国家』第2巻冒頭の，いわゆる「グラウコンの挑戦」に発想においても用語においても負うことは明らかである。そこでは「正義」に関して「それ自体として」どのような力をもつのかということが問題とされたことが，ここでは「目的」全般について問われているのである。

ているが，これは「第Ⅰ型」と異なり，「目的・手段連関」ではなく，「全体・部分関係」になっていて，前者は後者に包摂されているというのである（これは「第Ⅱ型」と呼ばれている）[6]。

この「第Ⅱ型」を「第Ⅰ型」から区別する特徴として五つの点が挙げられているが，そのうちの（1）の「第Ⅱ型」における「誰かのため」[7]という「人格的な目的連関」の伏在，およびそれと関連するἀγαθόνのreflexiveな性格と，（2）の同じく「第Ⅱ型」における「立派さ・美しさ（καλόν）」の役割，とりわけその「脱自的（ekstatic）な性格」の指摘はこの論文に独自なものであり，以下の論述においても重要な意味をもつので，まずこの点に注目したい。

この区別は，「善（ἀγαθόν）」と「美（καλόν）」とを対比するにあたって，両者はともに「善い」と呼ばれうる側面をもつが，ただし前者が「誰／何かにとって善い」という意味で「回折的（reflexive）」であり，後者が「それ自体として善い」という意味で「自体的（intrinsic）」もしくは「脱自的（ekstatic）」であるという違いをもつことに基づく（加藤（[1974b]/1997a），208-209，（[1975c]/1997a），351）。実は，後にこの両者に加えて「正義（δίκαιον）」が，「超越価値」[8]の第三のものとして本格的に論じられるようになると，先に「善」に割り振られていた「回折的（reflexive）」という性格づけは，むしろ「正義」に振り向けられて，「善」に対しては改めて「関係的（relational）」という性格づけが与えられることとなる（加藤（1997b），17，30）[9]。

ここに「善（ἀγαθόν）」，「美（καλόν）」，「正義（δίκαιον）」の三つを「枢要価値（cardinal value）」と呼ぶ，加藤価値哲学における価値の

---

6) この「ゴルフ」の事例は，明示されていないが，この議論が幸福についてのdominant / inclusive の両説に関する Hardie (1968/1980) および，Ackrill (1974) を踏まえたものであることを示していると思われる。

7) この点に関して，「〜のために（τὸ οὗ ἕνεκα）」には「何かのために（οὗ）」と「誰かのために（ᾧ）」という二義があるとして，『魂について』第2巻第4章415b2, 20,『自然学』第2巻第2章194a36,『形而上学』Λ巻第7章1072b2が引かれている。

8) ここで言われる「超越」が，何に対する「超越」であるか，明確にされてはいない。さしあたり，中世における「存在の類」としての「カテゴリー」を超越した，いわゆる「超越概念（transcendentalia）」を意味するものではあるまいという指摘にとどめたい。

9) 「超越価値の諸相」では，その副題にもかかわらず δίκαιον に対する考察は先送りされており，立ち入った分析は「価値語の構造」を待たねばならない。

トリアーデが成立することになる[10]。そして，そのそれぞれには，次のような性格づけが与えられている[11]。

「善（ἀγαθόν）」（「関係的（relational）価値」）
「美（καλόν）」（「自体的（intrinsic）もしくは脱自的（ekstatic）価値」）
「正義（δίκαιον）」（「回折的（reflexive）価値」）

この図式に対しては，「善」の汎通性と多義性というアリストテレスの発想の原点に照らして，何らかの一義性を「善」に求めるものという批判が可能であろう（その際，アリストテレスの「多義性」の基盤である「述語の形態（カテゴリー）」をもち出して，「善」を「関係」のカテゴリーに限局するものという容易に思いつきそうな批判は，あえて控えておこう）。ここでは，「善」と「美」が同じく行為に関わる場面で，前者が（行為以外の）何らかの他のもの（行為者および行為の対象となる人もしくは事物）との関係において語られるのに対して，後者が行為それ自体に関して（つまり，行為者の選好や行為の結果はさしあたり度外視して）語られる——という，この議論の元々の発想をやはり重視したい。

2 「美しさのために」と「善さのために」における「～のために」の位相の違い

アリストテレスは性格にかかわるさまざまな「徳」の規定において

---

10) その最終形においては，この三者のうちの二者の「融化」もしくは「混和」により，残りの一者の「欠損」もしくは「喪失」が生ずることで，このトリアーデが崩されてゆく過程が，『ゴルギアス』や『国家』第8・9巻を連想させるような「逸脱の諸形態」にまで説明が及んでいる（加藤（1997b），28）。

11) 『ニコマコス倫理学』で価値のトリアーデとして明示されているのは，むしろ「有用さ（συμφέρον）」「美（καλόν）」「快（ἡδύ）」の組み合わせであるが（第1巻第8章 1099a24-29，第2巻第3章 1104b31，第8巻第2章 1155b18-19，第9巻第7章 1168a9-12, cf. E.E. 1214a3-8），これは広い意味での「善」の種別であり，その選好と忌避における「利害」「関心」「嗜好」といった価値観点に応じた区別である。「超越価値の諸相」では，注9でも触れたように δίκαιον が考察の対象から外されているために，結果的にこの συμφέρον, καλόν, ἡδύ のトリアーデの分析が中心を占めることとなっている。

「美しさのために（καλοῦ ἕνεκα）」という表現を用いている[12]（これと関連して，「美しさのゆえに（ὅτι καλόν, διὰ τὸ καλόν）」[13]という表現もあわせて用いている）。たとえば，勇気は自らに迫る危険に対処し，自分自身だけでなく関わりのある他者を守るためにさまざまな対処を行うことを行為の直接の目的としているが，それは危険を避け，それから自己および他者を守るためなら何をしてもいいというわけではなく，次の引用に示されているように，「美しさのため」という位相のもとにそれを遂行しなければならない。

【A】勇気ある人とは，人間であるかぎりたじろがない者のことである。なるほど，勇気ある者もこうした〔人間の領分に属す〕事柄に恐れを抱きはするが，しかし彼は然るべき仕方で（ὡς δεῖ），理りの命ずるところに従って（ὡς ὁ λόγος），美しさのために（καλοῦ ἕνεκα）それに耐えるであろう。なぜなら，この美しさこそ徳の目的（τέλος）だからである。
(第3巻第7章 1115b10-13)

【A'】以上述べてきたように，勇気とは，平静および恐れを——すでに述べたような場面において——もたらす事柄にかかわる中間性であり，その行為が美しいがゆえに（ὅτι καλὸν）これを選び取ったり耐え忍んだりする一方，また醜いがゆえにそうしないようなものである。貧困や欲情といった何か苦しいことを逃れるために死ぬのは勇気ある者のふるまいではなく，むしろ臆病者の所業である。というのも，つらいことを逃れるのは柔弱であり，恐れを耐え忍んで死ぬのはそれが美しいゆえ（ὅτι καλὸν）ではなく，別の災悪から逃避するためだからである。
(第3巻第7章 1116a10-15)

---

12) 用例としては，以下に引用する箇所以外に，*E.N.* 1123a24-25, *E.E.* 1230a29（τὸ οὗ ἕνεκα, τὸ καλόν），*M.M.* 1191b15（cf. *id.* 1191b20 πᾶσα ἀρετὴ τοῦ καλοῦ καὶ πρὸς τὸ καλὸν ἐστίν.）があり，『ニコマコス倫理学』における用例の多さが目立つ。

13) 前者の用例は，*E.N.* 1116a11, 15, b3, 31, 1117a8, 17, b9, *E.E.* 1230a32, 後者の用例は*E.N.* 1116b31, 1121b1-2, *E.E.* 1229a4。なお，プラトンの『リュシス』218d6-220b5においては，ἕνεκά του は善い事柄に関して，διά τι は悪い事柄に関して，それぞれ使い分けがなされているが，アリストテレスではそのような使い分けは見られない（『リュシス』の用例とその特徴については，田中伸司氏の示唆による）。

また，家族や友人，また共同体との関わりにおける金銭や財の授受にかかわる性格的徳である「気前のよさ」や「度量の広さ」（この両者は金銭の授受の規模によって区別される）に関しても，やはり同様に「美しさのために」という位相のもとにそうした行為が遂行されるべきことが述べられている。

【B】ところで，徳に基づく行為は美しく，また美しさのためになされる（καλοῦ ἕνεκα）。したがって，気前のよい人もまた，美しさのために（καλοῦ ἕνεκα）適正に（ὀρθῶς）ものを与えるのである。というのも，彼は然るべき人に，然るべき多さのものを，然るべき時に，またその他の正しい贈与に付随する要件に従って，与えるからである。しかも，彼はこうしたものを喜んで，もしくは苦痛なしに与えるのである。なぜなら，徳に基づいたものは快いか，あるいは苦痛をともなわないか，苦痛があるとしても，もっとも少ないものだからである。これに対して，与えるべきでない人に与えたり，美しさのため（καλοῦ ἕνεκα）ではなく，別の何かある理由のゆえに（διά τιν' ἄλλην αἰτίαν）与えたりする者は，気前のよい人ではなく，何か別の人だと言われるだろう。

(第4巻第1章1120a23-29)

【B′】まさにこのために，放漫家たちの贈与は，気前のよいものとは言い難い。第一，そうした贈与は美しくなく，また美しさのため（τούτου ἕνεκα）でもなく，然るべき仕方において（ὡς δεῖ）でもないからである。それどころか，時には，貧しくても仕方ないような者を裕福にしたり，また性格の整った者にまったく何も与えず，追従その他の快さを提供してくれる人には多く与えるといったことをしがちである。したがって，彼らのうちの多くは，自堕落な者でもある。なぜなら，彼らは気軽に蕩尽を重ね，自堕落なまでの消費癖があり，しかも，美しさに向かって生きる（πρὸς τὸ καλὸν ζῆν）のではないがゆえに，快楽に向かって傾斜してゆく。

(第4巻第1章1121b3-10)

【C】さて，度量の広い者はこうした支出を美しさのために（καλοῦ ἕνεκα）行うであろう。なぜなら，このことはさまざまな

徳に共通な事柄だからである。それだけでなく，快くまた気前よくそうするはずである。なぜなら，勘定が細かいのは度量の狭いことだからである。実際，度量の広い人なら，費用がどれくらいになるか，またどうすればもっとも少なくなるかではなく，むしろ，どうすればもっとも美しく（κάλλιστον）なるか，もっともふさわしく（πρεπωδέστατον）なるかを考えるはずである。

（第4巻第2章 1122b6-10）

　こうしたさまざまな性格的徳は，それぞれ「安全の保持」（「勇気」），「快楽」（「節度」），「富」（「気前のよさ」と「度量の広さ」），「名誉」（「気高さ」），「財の交換や配分，刑罰の付与」（「正義」）といった事柄を，それぞれの徳を体現する行為の対象として，これを追求もしくは忌避するという意味で，それらを直接の目的としているということができる。だが，重要なのは，こうした行為の対象となり，目的としてその実現が目指され，欲求され，実行される事柄に見出される価値と，そうした行為をそれ自体として，その結果の如何にかかわらず評価する観点となる価値とは，その位相を異にする点である。

　一般的に言って，前者は ἀγαθόν，後者は καλόν に区分される[14]。加藤が，当初「超越価値の諸相」では ἀγαθόν を reflexive と規定し，後に「価値語の構造」でこれを relational と改めているものの，これらは同じく行為者における欲求や選好の対象として行為の目的とされるからであり，他方，καλόν を ekstatic もしくは intrinsic と規定するのは，それが欲求や選好の対象，つまり行為の直接の対象・目的，したがってその成果・帰結となるものではなく，それらを一旦度外視した上で，行為そのものを領導する規範・評価基準となるものだからである[15]。

　その際，これらはともに「～のために（ἕνεκα, χάριν）」という前置詞によって表現されうるが，前者は目的・目標としての終局（τέλος）

---

14) ただし，同じく καλόν と呼ばれても，欲求や選好の対象となるものについて言われる場合（美しい壺，美しい絵など）と，行為それ自体としての評価に関して言われる場合（美しい行為，美しい配慮など）とでは，やはりその位相を異にし，前者はここで言う ἀγαθόν の一種であり，後者こそ本来的な意味での καλόν である。

15) この点に関しては，加藤（[1975c]/1997a），351 を参照。

を意味するのに対して，後者は（【A】では τέλος と呼ばれているが，より精確には）規範としての限界（ὅρος）もしくは制約（πέρας）を意味するという違いがある[16]。「美しさのために」という表現が，一種の規範性を帯びるのは後者に基づく[17]。

3 「それ自体としての価値」としての「美しさ」
――行為それ自体の「評価」と「利他性（altruism）」の基盤

以上の行論においては，加藤自身の論述に基づいて ἀγαθόν, καλόν, δίκαιον のトリアーデをアリストテレスに由来するものと想定してきたが，実は『ニコマコス倫理学』にも，他の二つの倫理学書（『エウデモス倫理学』および『大道徳学』）にも，これを明示した箇所は見当たらない。価値のトリアーデということであれば，（注 11 で触れたように）むしろ ἀγαθόν（= συμφέρον），καλόν, ἡδύ の組み合わせの方が一般的である。つまり，先の ἀγαθόν, καλόν, δίκαιον のトリアーデは，アリストテレス自身に基づくというよりも，多分に加藤による再構成という性格の強いものである（実際，δίκαιον が本格的に論じられることになる「価値語の構造」では，その基本的発想の重心は，それ以前の「超越価値の諸相」におけるアリストテレスから，プラトンへと移っているように見受けられる）。もし，このトリアーデの典拠となるものを強いて挙げるとすれば，アリストテレスではなくプラトン，さらにその『ゴルギアス』がまず思い起こされる[18]。

『ゴルギアス』では，周知のように弁論術および正義の問題をめぐっ

---

16) この点に関しては，Meyer (2011), 56 を参照。
17) Bonitz (1870), 360b は，この καλοῦ ἕνεκα に関して 'syn. ὡς δεῖ, ὡς ὁ λόγος, ὀρθῶς' と注記しているが，これは 1115b12-13 および 1120a24-25（それぞれ本文の【A】および【B】の引用箇所）に依拠したものであろう。
18) バーナード・ウィリアムズは，「それ自体としての価値」という問題を考察するにあたって，このトリアーデを取り上げ，そのうち特に καλόν の重要性を強調する点で，加藤の論点にも通ずる議論を行っている。これは，Williams (2006) 所収の二つの論文と元々本だったものにおいて，繰り返し論じられている（"Plato against the Immoralist," 102-04, "Plato's Construction of Intrinsic Goodness," 130-32, *Plato: The Invention of Philosophy*, 161-66 ――頁付けは論文集のもの）。

て，ゴルギアス，ポーロス，カリクレスというソクラテスの三人の対話相手の順に，次第に議論が先鋭化していく。その際，この三語が極めて巧妙に配置されていることに気づかされるはずである。最初は，ゴルギアスが弁論術はちょうど健康を扱う技術と類比的に，「正義と不正，美と醜，善と悪」を取り扱うものだと，これら三組の語への包括的な言及がなされている（459d1-2）。だが，もしそうなら弁論術は不正に関わる技術なのかという反論を受けて，次の対話相手のポーロスは，この三つの価値すべてではなく，「美」を切り離してこれに焦点を当て，「弁論術は美しいものである」（462c8）と主張する一方，不正によってさまざまな利益を得ることを「善」とする立場を正当化しようとするが，先に切り離した「美」に関して，「不正を犯すのは醜い」（474c7-8）——つまり，「美しくない」——という考えを少なくとも認めざるをえなくなる。その際，辛うじて「美」を「善」から，「悪」を「醜」から切り離すことで「不正を犯すことは悪である」ということを拒もうとする（474d）。だが，このポーロスの譲歩の失敗を受けて，カリクレスは今度は「正義」と「美」との結びつきを否定して，むしろ「自分の利益の追求」としての「善」こそ「美＝誇るべき立派なもの」（491b）だという立場から「正義」を実質的に放棄するに至る（興味深いことに，これは加藤(1997b), 30において，[タイプB]と呼ばれているものに相当するように思われる）。

以上の『ゴルギアス』の議論を踏まえて，B・ウィリアムズは，「欲求」や「実現」といった行為的な態度に関わる「目的・手段」連関における「目的の系列」という考えとは異なる次元において，倫理的・美的な価値評価に関わる「内在的価値」「自体的価値」の領域を認める必要について考察を進めている[19]。というのも，倫理的価値が行為を通して実行され，実現されるものであるということは言うまでもないが，それとともにそうした行為を「それ自体として」評価する枠組みがなければ，行為自身に何らかの価値を帰すことはできず，行為の結果や行為者や行為者の帰属する集団の利害といった，行為の外的要因からその価値を導き出すことしかできなくなるからである。

19) ウィリアムズは，この論点を，Korsgaard ([1983]/1996), 249-74に負っている。この点については，コースガード（2005），128-32をも参照。

こうした問題が端的にその破断面を露わにするのは，皮肉にも，相手に対して尽くすといった善行においてである。

　【D】だが同時にまた，相手に尽くす者にとって，その行為に適った事柄は美しく，したがって，そうした行為がそこにおいてなされる相手を喜びとするが，その行為を受ける者の側にとっては，行為を行う者のうちにいかなる美しさ（καλὸν）も見出さず，もし見出すとすれば，それは有用なもの（συμφέρον）だけだからである。そして，それは快さ（ἡδύ）という点でも，愛されうるという点でも，劣ったものなのである。　　　　　　（第9巻第7章 1168a9-12）

　ここで言われているのは，たとえ相手のためを思ってなされる善行も，行為者自身にとっては美しい行為であっても，相手にとっては単に利得をえられるだけのものに過ぎないというすれ違いである。言い換えれば，「友人は相手のために（ἐκείνου ἕνεκα）それこそ善いものを望まなければならないと，人々は主張する」（第8巻第2章 1155b31-32, cf. 1156b9-10, 1166a3-4）とか，「友として愛するとは，善いと思われるものが誰かある者の手に入ることを（τινι ἃ οἴεται ἀγαθά），自分自身のためにではなく，相手のために（ἐκείνου ἕνεκα ἀλλὰ μὴ αὑτοῦ）望み，できるかぎりそれらを実現できるようにすることである」（『弁論術』第2巻第4章 1380b36-1381a1），あるいは「友人とは，相手のため（ἐκείνῳ）だと思われることを，もっぱら相手のゆえに（δι' ἐκεῖνον）行うことのできるような人のことである」（同第1巻第5章 1361b36-37）といった友人の規定における「相手のため」とはこうした一方向性を免れず，事柄の一半を示すものに過ぎないということである。

　こうした善行を含めたさまざま徳が，行為者自身の向上を目指している点において，貪欲さによって自己の利益を図るのとは違った意味においてではあるが，「利己主義的（egoistic）」と呼ばれる理由はここにある。つまり，加藤が「目的の構造」において見出した，「何かのために」ということに伏在する「誰かのために」という人格的関係性は，こうした行為の目的論的な構造を越えた，まさに「脱自的（ekstatic）な」位相を必要としているのである。そのことは，以下の箇所において示唆さ

れているように思われる。

【E】だが，ここでまた難題となるのは，とりわけ自分自身を愛すべきか，それとも自分以外の誰かを愛すべきかということである。というのも，自分自身にとりわけ愛情を抱くものを人々は非難して，まるで恥ずべきことのように「自愛の者（φίλαυτο）」と呼ぶことがある。実際，低劣な者は自分自身のため（ἑαυτοῦ χάριν）にすべての事柄を行っているように思われ，より性が悪ければ，その分いっそうそのような行いが増すように思われ，そのため，こうした者には，たとえば自分の方からは何もしないという不満が向けられたりする。これに対して，真っ当な者（ἐπιεικής）は，美しさのゆえに（διὰ τὸ καλόν）行為し，それはより善い人であれば，その分よりいっそう美しさのゆえに（διὰ τὸ καλόν）行為するのであり，それは友のため（φίλου ἕνεκα）であって，自分自身のことは顧みないのである。　　　　　　（第9巻第8章 1168a28-35）

ここには真の意味で「相手のため」であることとは，(i)「相手にとってそれこそ善いもの」を望むだけでなく，(ii) それを「美しさのゆえに」行う必要があるという二重の条件が含まれている[20]。

つまり，「美しさのために」ということは，「何かのために」なされるさまざまな行為を領導し，それに内的規範を与えるだけでなく，それを「誰かのために」に繋げる役割を同時に果たしているのである。もう一つ，ここで「正しい人（δίκαιος）」ではなく，「真っ当な者（ἐπιεικής）」という言い方がなされていることに注目しよう。というのも，少なくともアリストテレスに限れば，「正義」と「美しさのために」という事柄とのあいだには，ある種の緊張関係が存在するように思われるからである[21]。

---

20) これが，徳，利益，快楽の三つのものに基づく友愛の三類型すべてに当てはまるのか，それとも徳に基づく友愛に限定されるのかについて，解釈者たちの意見は分かれているが，「美しさのために」という位相は，徳に基づく友愛にこそ親和的であろう。

21) 実際，「正義」を論じた『ニコマコス倫理学』第5巻には「美しさのために」という表現は見られない。これは，やはり用例の少ない『エウデモス倫理学』に，第5巻を含むいわゆる「共通巻」が本来帰属していたという執筆時期に連動する問題なのか，あるいは「正

10　美しさのために（καλοῦ ἕνεκα）

というのも,「正義」は, 徳一般と等置される「全体的もしくは汎通的正義」ではなく,「部分的正義」としての「配分的正義」「交換的正義」「是正的正義」を意味するかぎり, 現存のポリスの「国制」の性格とその性格に応じて立法された「法」とに制約されるのであり, その意味において「他者との関係における（πρὸς ἕτερον）徳」(1129b27, 32, 34, 1130a8, 13) なのである。しかも, ここで言う「他者」とは, もし「友はもう一人の自己（ἄλλος αὐτός）」(1166a32, cf. 1169b6, 1170b6) という言い方にしたがえば,「友人」ではありえない。実際, アリストテレスは「親しい者同士のあいだに正義はまったく必要ではないが, 正しい者たちにあっては, それに加えて友愛を必要とするのであり, 正しい事柄のうち最高のものは, 友愛に基づくものだと思われるのである」(1155a26-28) と述べている。

そしてこれに加えて,「真っ当さ」が個別の事例に関して,「法」の一般的な規定や不備を補ったり, 修正したりする,「正義」よりも高次の規範であることを踏まえた上で, さらに「われわれは, 真っ当な人（ἐπιεικής）のことを, とりわけ「思いやりに富んだ人（συγγνωμονικός）」であると言い, またある事柄に関して「思いやりある洞察（συγγνώμη）」をもっていることを真っ当なこと（ἐπιεικές）と呼ぶ」(1143a19-24) という一節を考えあわせるなら, 先の【E】の末尾で言われていることの意味をより精確に了解することができるであろう。

つまり, 行為の価値をそれ自体として評価する次元は,「美しさのために」という規範的価値によって拓かれるのであり, これはある意味で「観想（θεωρία）」の領域に属するということである。だが, こうした「観想」は「行為」や「倫理」, ましてや「政治」に関わらないという反論があるとすれば, それには次のアリストテレス自身の答えをもって応えることができるだろう

【F】行為的生は, ある人々が考えているように, 必ずしも他の人々との関係において（πρὸς ἑτέρους）成り立つとはかぎらない。ま

義」という主題そのものに由来する問題なのかは, ここでは判断を保留したいと思う。

たさまざまな思考も行為することから生ずる結果のために（τῶν ἀποβαινόντων χάριν）なされる思考のみが行為的なのではなく，むしろ自己完結的で，それ自身のため（αὑτῶν ἕνεκεν）の観想や思考活動の方がはるかに勝って行為的なのである。

(『政治学』1325b16-21)

ここで「行為することから生ずる結果のために（τῶν ἀποβαινόντων χάριν）なされる思考」と言われているのは，プラトンが『国家』第2巻で，「正義」のもつそれ自体の力を吟味する際に，「われわれがそこから生ずる結果（τῶν ἀποβαινόντων）を求めるがゆえにではなく，それをただそれ自体のために（αὐτὸ αὑτοῦ ἕνεκα）愛するがゆえに」（『国家』357b5-6）と言われていた言葉を念頭に置いたものだと思われる。また，それに先だって「必ずしも他の人々との関係において成り立つとはかぎらない」と言われていることは，「観想」から「ゆとり（σχολή）」の時を共に過ごす「友人」との関係を排除するものではないだろう（cf. 1177a27-b1）。つまり，「観想」がポリスの政治的な活動の支えを基盤としながら，同時にその支えを超越して，そうしたポリスの活動そのものを「それ自体として」評価し，これを方向づけて行くという点で，「観想」は勝れた意味において「政治的」なのである。「美しさのために」という規範的価値は，そうした「観想」の局面を拓くものなのである。「哲学の現場は政治にある」[22]という加藤の言葉を，われわれは以上のように解する。

---

22) 加藤（1997b），33。

IV

哲学と信仰

11

観想と受肉
―― 「肉体」「形の現象」を中心に ――

土 橋 茂 樹

1 加藤哲学の二つの「場」――プラトンとアウグスティヌス

　加藤信朗のまわりには，ソクラテスがそうであったように，「哲学する場」とでも呼べるようなものが絶えず形成され，私たち（当時の）若者は，その交<small>コイノーニア</small>わりの場に胸躍らせて参集したものであった。そのような「哲学する場」の一つは，言うまでもなく加藤の演習が開講されたその都度の大学の教室であり，私たちはいくつもの大学をまるでジプシーのように経巡っていたものである。加藤が大学を退官した後も，そうした「哲学する場」は加藤宅で毎週月曜に開かれる「マンデー・セミナー」へと引き継がれた（加藤宅の改築の際は，仮住まいである南大沢の都営アパートへと場を移したこともあった）。そうした数々の場では，アリストテレス研究が重要な位置を占めたことは言うまでもないが，やはりプラトンの対話篇を読むことが，加藤が「哲学する場」としてはもっとも相応しく思われた[1]。なぜなら，加藤と共にプラトンを読むことが私たち

---

　1) 加藤哲学において，プラトン研究とアリストテレス研究の関係がどのようなものであったかを理解することは，アウグスティヌス研究とトマス研究の関係同様，私にとっては今もって大きすぎる課題であり，本章では論じることができない。「哲学する場」と関連する「哲学の現場は政治である」という加藤の言葉の解釈に関しては，神崎論文（第10章）を参照されたい。

にとって哲学することの始まりだったからである。

　その一方で、加藤にはもう一つの、加藤を語る際には決して欠くことのできない場があった。それが教父研究会である。けれども、この場は直ちに「哲学する場」ではなかったかもしれない。確かに加藤は、アウグスティヌスの哲学をプラトンに優るとも劣らぬ自らの哲学の中核とみなしている。しかし、主だった教父研究者が集う教父研究会という場にあって、加藤は「教父」アウグスティヌスの全人格的な理解を決しておろそかにすることはなく、教父としての全体像から「哲学者」アウグスティヌスを説き明かしていくことを常としていたように思われる。それが、教父学という一般にはあまり知られていない学問領域の日本固有のありようの故なのか否か、その点については定かではないが、決して無関係ではあるまい。そもそも教父学とは、クアステンによれば「キリスト教文献史学に属しキリスト教古代の神学的著作家を扱う学問分野であり」[2]、伝統的な教会教義の代弁者とも言うべき厳密な意味での教父（Patres Ecclesiae）や教会博士のような著作家が主たる研究対象であるが、オリゲネスのようにかつて異端視された著作家たちも盛んに研究されている。しかし、その場合教父学とは、歴史学、文学、哲学、神学のいずれであるのか、あるいはその総体であるのか。教父学を文字通り教父（patres）に関する諸々の言説（logoi）すなわちpatrologiaと解すれば、そこに哲学も当然含まれるであろうが、theologia patristicaと解するなら、そこにおいて神学と哲学の関係はどうなるのか。とりわけ信仰者にとって、自らの信仰と哲学の関係は切迫した問いとなってくるに違いない。このようにして教父研究とは、そこから真に哲学を解き明かそうとする者にとって、哲学の何であるかが絶えず根底から問い返されざるを得ない場となるのである。こうした事情は、哲学畑から教父研究に加わり、あくまで哲学として教父テキストを読み解こうとする研究者が少なくない日本の教父学の状況を鑑みるにつけ、決して見落とされてはならない「教父哲学」というものの本質に関わる問題だと言えよう。

　いずれにせよ、加藤にとって、プラトンを読むことを中核とする「哲学する場」と、アウグスティヌスを中核とする教父研究において「哲学

---

2) Quasten (1950), 1.

の何たるかが問い返される場」とは，単に二人の哲学者を考察対象とする二つの異なった研究領域と言って済ませるわけにはいかない何か特別な関わりがあるように思われる。確かに，前者に西洋古典学会におけるギリシア哲学研究，後者に中世哲学会における教父哲学研究を当てはめれば，そのいずれかに軸足を置き，棲み分けている研究者のほうが遥かに多いことは言うまでもあるまい。実際，加藤の主催する二つの場のいずれにも加藤と同じスタンスで参加し得ている研究者はごく僅かでしかない。それはなぜなのだろうか。おそらく，加藤自身の場合，事態は他の研究者とはまったく異なるように思われる。加藤にとって，プラトン対話篇に伏在する根本的な問いを探り当て，そこに絡む多様な言論に逐一吟味を重ねていく一連の具体的な営みが「哲学すること」そのものへと鍛え上げられるためには，プラトン対話篇の読みが深化せねばならぬことは言うまでもないが，それに加えて，教父研究という「哲学の何たるかが問い返される場」を経ることによってそうした営みが自己自身の生へと再帰化されることが不可欠となるのではないだろうか。その一方で，アウグスティヌスを中核とする教父研究は，哲学することへと鍛え上げられたプラトン読解を座標軸とすることによってそこでの「哲学の何たるかの問い返し」をより先鋭なものとし得るに違いない。このように，加藤にとって「哲学する場」と「哲学の何たるかが問い返される場」とは絶えず緊張関係の内にありながら，同時に極めて密接かつ有機的に結びつき，相互補完的に機能し合っているものと思われる。米寿を迎えた現在にあっても，加藤は，一方でマンデー・セミナーや朝日カルチャーセンターにおいて後期プラトン哲学の問い直しを熱く説き，他方で聖心女子大学キリスト教文化研究所での公開講座においてアウグスティヌス『告白』第12巻の創世記註解を全身全霊で読み解こうとしている。このような二つの場の緊張関係の内にこそ，加藤哲学が絶えず現在進行形の「哲学」であり続ける秘密があるように思われてならない。

2　東方教父との関わり

一般には意外と知られていないことかもしれないが，加藤の教父研究

への関心は決してアウグスティヌスに限られたものではない。むしろ東西教父への広範な関心と深い見識は，教父研究会の会誌『パトリスティカ』にしばしば掲載されたその都度の研究会における討論の採録部分を読めば誰の目にも明らかである。しかし，それにもかかわらず，加藤に東方教父に関するまとまった仕事が見られないこともまた事実である。もちろん，加藤の古代・中世哲学両領域における錚々たる研究実績を顧みれば，東方教父に関する業績を望むのは，欲張ったないものねだりに過ぎない。また，東方教父のテキストとして優れた批判校訂版の数が必ずしも十分ではなく，ミーニュの不確かなテキストに頼らざるを得なかった時代にあっては，思想紹介の域を超えた専門研究論文の執筆は極めて困難であったとも思われる。とはいえ，加藤にとって古くから信仰と愛知を共にした今道友信が，一時期，ニュッサのグレゴリオス研究に没頭し，その後も宮本久雄，谷隆一郎，大森正樹らによって東方教父研究が続々と押し進められていったことを思えば，なお東方教父研究を躊躇する理由は，限られた研究時間という外的な制約を除けば，もはやとりたてて言うべきものは見当たらなかったはずである。にもかかわらず，加藤が東方教父に関する研究の必要性の確認に留まり，自らその先に敢えて歩を進めようとしなかった（少なくともそのように見受けられる）理由は何かあるのだろうか。

　この点に関しては，まず加藤が自らの哲学の出発点をどこに定めているかを知ることが手がかりとなるだろう。そもそも加藤にとって「哲学探究」とは，「「自己自身」とその根拠に関わる，「事柄そのもの（＝真 (alēthē)）」の探求」であり，そのような思索を導いているのが他ならぬアウグスティヌスである。なぜなら，アウグスティヌスにとって哲学探究とは，「「自己のあるがまま」（「真 (uera)」）の探求であり，それはそのままそれを根拠づけている「真理そのもの（＝神）」の探求」だからである。加藤はこれこそが自らの哲学探究を今に至るまで導く出発点であると明言している[3]。言い換えれば，加藤にとって哲学の問いとは，問いを問いゆく自己自身が真理そのものの下で問いただされるような根源的な問いなのであり，そのような問いに曝された者がたどる道行きこ

---

[3] 加藤 (2014c), 44.

そが「哲学の道」と呼ばれ得るのである。

　翻って東方教父を顧みれば，そこで目指されているのは，神のエネルゲイアに導かれた人間本性の完成，すなわち，プラトンに由来する「神に似たものになること」（ὁμοίωσις θεῷ）であり，絶えざる修徳修業の彼方に到来する自らの「神化」（θέωσις）である。したがって，神化が新プラトン主義的な「脱自」（ἔκστασις）であり，自己無化（κένωσις）である限り，そうした神的なものとの脱自的合一によって特徴づけられた東方教父思想に「自己自身への再帰」という内省的契機を見出すことは極めて難しいと言わねばならない。つまり，仮に東方教父哲学（あるいはギリシア教父哲学）というものがあるとしても，それがアウグスティヌス哲学を特徴づけている「自己自身の探求」へと収斂することは双方の哲学の特徴を見る限りあまりありそうにない。もしそうであるとすれば，加藤にとって，自己自身への再帰を不可欠の条件とする「哲学の何であるかが問い返される場」を形成し得る教父はアウグスティヌスであって，東方教父ではなかったということになるだろう。

　もちろん，加藤が東方教父の思索を不要だと考えているわけではないことは言うまでもない。ここで確認されるべきは，東方教父の哲学的思索には，加藤哲学を構造づけている二つの場の一方を担うための内省的・再帰的契機が見出されなかったということ，その一点に尽きるだろう。では，東方教父哲学は加藤哲学にとって単に異質な思想ということに留まるのであろうか。そうではあるまい。それどころか私たちは，加藤がそれと意識することなく自身の哲学的営為によって東方教父哲学を自ら体現しているとさえ言い得るような場面に遭遇することがある。そのような驚嘆すべき場面を，以下において，「肉体―自己認識の問題」（初出1968年，以下「「肉体」論攷」と略記）と「形の現象―存在の美をめぐる省察」（初出1973年，以下「「形の現象」論攷」と略記）の二論攷の内に探ってみたい[4]。

　4）　この二論文は加藤（1997a）に再録された。

3 肉体における超越の方位と内面化の方位

(1) 形の現象——超越の方位

行論上，初出年とは逆にまず「形の現象」論攷から見ていきたい。それによれば，パルメニデスの存在理解に則して存在を世界存在として見る限り，「世界は形によって，一なる存在の一つの現象として把握される」[5]。ここで「形」(ἰδέα, species) とは「一なる存在の外化〔表現〕の形式」であり，「存在の『ありのままの姿』(ἀλήθεια・真実相)」[6]のことであると規定される。このようにして存在が形として現象する時，ひとは慣れ親しんでいる日常の生活空間の外に引き出され（「自己忘却=脱自(エクスタシス)」），自己の存在を根拠づけているものに触れ，その根源によって息吹かれると言われる。言い換えれば，形としての美がその時「外から肉体に宿る」のであり，そこに新しい自己，新しい生の獲得が見られるわけである[7]。

ここで「脱自」が，「人間存在における理性 (νοῦς) の肉体 (σῶμα) からの離存 (χωρισμός)」[8]を意味するとすれば，加藤が「形の現象」において語り出そうとした人間の魂と肉体のありようとは，まさに現世の悪から逃れ魂を浄化すること（『テアイテトス』176a-b, 『パイドン』69b-c 参照）によって「神に似たものになること」(ὁμοίωσις θεῷ, ὁμοίωσις πρὸς θεόν) を人間本性の完成とみなしたプラトン的伝統に連なるものと言えよう。加藤は，このように形が現象し美が宿る肉体の象徴とも言うべきものをギリシア彫刻に見出す。すなわち，ギリシア彫刻に特徴的に見出される〈重さをもたない肉体〉は，そこにおいて形が現象し神の美の宿る場であり，その限りで超越の場となるのである。

　ギリシア人にとって超越の方向は，自己の外への方向であらざ

---

5) 加藤 ([1973b]/1997a)，431。
6) 加藤 ([1973b]/1997a)，442。
7) 加藤 ([1973b]/1997a)，456。
8) 加藤 ([1968]/1997a)，83。

るを得なかったのであり，それは，自̇己̇が̇こ̇の̇肉̇体̇の̇外̇に̇出̇て̇ (ἐκπλαγείς) そのもののもとに赴くことでなければならなかったのである。[9]

(2) 肉体存在の存在論——内面化の方位

しかしその一方で，「肉体」論攷においては，上述のような「「形」の原理に依る説明」が排され，ミケランジェロの彫刻に特徴的に見出される「肉̇体̇と̇し̇て̇刻̇ま̇れ̇た̇」「肉̇体̇の̇重̇さ̇」をもった「肉体」概念が前面に押し出される。〈重さをもたない肉体〉に対して〈重さをもった肉体〉を強調するここでの加藤の「肉体」理解は，「人間の肉体としての存在に真直ぐに突き入」り，「肉体の存在の本質を思索する」「肉体存在の存在論」へと差し向けられている[10]。

加藤によれば，肉体についての思索は，「物体として肉体ではない，肉体としての肉体を思考するために」，まずもって「自己の肉体についての思考でなければならない」[11]。そこから導き出される第一のテーゼは，「自己の肉体は自分では見られないものである」ということ，すなわち，自分の肉体は自分の向こう側に対象としてあるものでなく，手前にあって「自己の肉体の実存を覚知する直覚の内に，共に与えられている根本所与である」[12]というものである。第二のテーゼは，「自己の肉体は他人によって見られるものである」ということである。「われわれは他人に見られることを知ることにおいて自己が見られるものであることを知」り，「見られるものであること」が自己存在における本質構成的な事柄となる[13]。故に，見られるものが肉体である限り，肉体が自己なのである。「肉体としての自己を知ることは，……真理の前で顕わであるものとしての真の自己を問うべきものとしての自己を知ることである」[14]。

最後に第三のテーゼは，「自己の肉体は他人により触れられるもので

---

9) 加藤（[1968]/1997a），93。傍点筆者。
10) 加藤（[1968]/1997a），87-89。
11) 加藤（[1968]/1997a），94。
12) 加藤（[1968]/1997a），96。
13) 加藤（[1968]/1997a），99-101。
14) 加藤（[1968]/1997a），106。

ある」ということである。他人に触れられるということが，他人からの支配の許容であり，自己の肉体＝自己の存在の生殺与奪の権が他人にわたされていることであるとすれば，ここに朽ち果てるべき肉の内に播かれた自己の存在の死すべきものとしての「事実性」と「偶然性」が存する。このように朽ち果てるべき人の自然がすでに常に汚されているとするならば，そのような己れの事実を事実として引き受け，己れの存在の根源に己れのすべてを引き渡すことによってこそ，「新しい自己」「新しい生の獲得」はもたらされ得るであろう[15]。

　以上のような肉体の現象学的考察は，人がその内に棲むという点ではいわば肉体の延長とも言い得る建築物の存在様態に関する記述と重ね描きされることによって，人間存在の根本方位を示唆するものとなるだろう。すなわち，古代ギリシア神殿建築に喩えられる超越方向へと定位された〈重さをもたない肉体〉に対して，加藤は，〈重さをもった肉体〉を円天井(クポラ)を備えた古代キリスト教の教会建築になぞらえる。クポラ建築において，人は直視すべき対象を前方に持ち得ず，上方のクポラの頂点を仰がざるを得ないが，そのような天への憧憬は忘れかけていた自己の根源を思い起こさせ，やがて人を己れの内へと帰還せしめるであろう。言い換えれば，自己の根源すなわち神を自己の内奥に探し出そうとする極めてアウグスティヌス的な内面化の方位によって〈重さをもった肉体〉は特徴づけられるのである。

　　したがってこの内面化の方位において，自己の肉体は，外への方位として自己がそれを離れ去るべき方位ではなく，むしろ，自己の位置の指標として内面化の向かうべき方位であることが，諒解されるであろう。[16]

4　「神に似たものになること」と「キリストの模倣」

　上記の二論攷に見て取れるように，加藤には二つの肉体観が見出され

15）　加藤（[1968]/1997a），106-112。
16）　加藤（[1968]/1997a），93。

るように思われる。すなわち，そこから外へと出ていくべき超越の契機としての肉体と，その内へと帰還すべき内面化の向かうべき方位としての肉体がそうである。実は，こうした二つの肉体観と極めて類似した考えが東方教父にも見出される。

　まず超越に定位した肉体観について言えば，修道的な生という文脈で，肉体から離脱し情念から脱却することによって「神に似たものになること」を人間本性の完成とみなすという考え方が彼らにとっては標準的であった。この考えは既述のようにプラトンに由来し東方教父にまで続く伝統的なものである。そもそもプラトンにとって「神に似たものになること」とは，現世から遁れ，思慮(フロネーシス)によって正しく敬虔なものとなることであったが[17]，彼のその言葉を引くところから始まる『エネアデス』（Ⅰ2.3）においてプロティノスもまた，魂が肉体(ソーマ)から離れることによって「知性活動し，そうすることで〔肉体に起因する〕情念の働きを被らずにいる状態」を「神に似たものになること」とみなしている[18]。こうしたプラトン的な伝統は，オリゲネスを経てカッパドキア教父にも引き継がれた。たとえば，バシレイオスは『聖霊論』（第9章23）において，魂が浄化され聖霊と交わることによって「神に似たもの」になり，さらには「神になる」と述べている。

　他方，内面化の向かうべき方位としての肉体という考え方は，確かに東方教父には見出し難いものであるかもしれない。しかし，超越の方位とは明らかに異なる文脈で肉体が語られる場面がないわけではない。たとえばニュッサのグレゴリオスの場合，イエス・キリストの受肉と復活がテーマとなるいくつかの場面を併せ見ると，彼が上述のプラトン的伝統とは異なる文脈で肉体を語ろうとしていることが明らかとなるに違いない。グレゴリオスはまずキリストの受肉をめぐって，彼が完全に人間でありつつなお無辜であることはいかにして可能であるかという問いに

---

[17]　プラトン『テアイテトス』176a-b，同『国家』第10巻 613a8-b1 参照。

[18]　プロティノスは，ここで言われるような類似が「神々への類似」であって「善き人々への類似」ではないと明言することによって，「神に似たものになること」それ自身が徳なのではなく，市民的徳にせよ浄化的徳にせよ，徳はそのための手段に過ぎないと主張する（*Enn.* Ⅰ2.7）。「神に似たものになること」が徳，あるいは観想とどのような関係にあるのかという問題は，プラトン研究者においても議論が分かれるところである。Cf. Annas (1999), 52-71.

以下のように答える。

> 自らの本性(ウーシア)によって非物質的で不可視であり，非身体的でもある神は，いつかこの世の時が満ち，悪が極みに達するとき，人間への愛(フィラントロービア)と救いの営み(オイコノミア)によって，彼らの罪を一掃するために，人間の本性と混ざり合い，太陽が薄暗い洞窟に入ってそこに住まうように，自らの臨在による光によって闇を駆逐するのである。（『アポリナリオス反駁』GNO, Ⅲ 1, 171, 11-17. 傍点筆者）

「洞窟の比喩」の系譜上，太陽が自ら洞窟に降り来たるというモチーフを明示したのはグレゴリオスが最初であり[19]，おそらくは彼ただ一人であったかもしれないが，ここで彼が強調したかったのは，太陽が洞窟に降り来たって闇を駆逐するように，神自身が人間の罪を一掃すべく人間の本性と交わるという救済論的な文脈それ自体であったに違いない。

このようにして，現世からの逃避／洞窟からの上昇・脱出／肉体からの離脱という超越への方位を，〈太陽の洞窟への降下〉という形で内在化の方位へと向け変えた上で，グレゴリオスはさらに『至福について』(De beatitudinibus) において，人間の生の目的を「できる限り神に似たものになること」から「イエス・キリストにできる限り似たものになること」へと置き換えようとして，こう述べている。すなわち，

> 徳に則した生の目的は〈神的なものへの類似〉(ἡ πρὸς τὸ θεῖον ὁμοίωσις) である。とはいえ，実のところ，完全に無情念 (ἀπαθές) で無垢 (ἀκήρατον) であることは，人間による模倣 (μίμησις) としては逸脱している。なぜなら，情念に支配されている動物が情念を受け入れない自然本性と類似したものになることは，まったく不可能なことだからである。……しかし，神性を模倣しようとする者にとって，模倣が可能な神的特徴がないわけではない。それは一体何か。……それは，私には自発的なへりくだり (ἡ ἑκούσιος ταπεινοφροσύνη) であるように思われる。……主はわ

---

19) グレゴリオスは『ステファノス頌歌』においてもこの点を強調し，「〔主は〕我々のために命の洞窟に降り来たった」(GNO 10/1.75.9) と明言している。

11　観想と受肉

れわれの〔魂の〕状態から高慢を，第一の悪として駆逐するのであるが，それは自ら進んで貧しくなった真に祝福された者を模倣することを勧めることによってである。それはまた，自ら選択して貧しくなることによって，その者にできる限り似たものになり，至福に与ることができるようになるためである。(『至福について』第 1 講話，GNO, 7/2.82-83. 傍点筆者)

この時，「神の形はしていたが，自らを空しくした（ἑαυτὸν ἐκένωσε）」イエス・キリストのあり方は，まさに己れの事実を事実として受け入れ，己れの存在の根源に己れのすべてを引き渡し，自らを空しくするという限りで，人間の自然本性に可能な仕方で神に似たものになるための範型と言えるだろう。
　しかし，「キリストを模倣すること」（いわゆる imitatio Christi）を，プラトン的伝統に則した「神への模倣」とは異なる人間の生の目的として掲げるためには，その背後にある「肉体」の捉え方にもプラトン主義とは異なった肉体観が必要となるはずである。そのためにグレゴリオスは，「グレゴリオスのパイドン」と呼ばれる『魂と復活』(De anima et resurrectione) において，プラトン的文脈における「肉体」(σῶμα) をパウロ的な意味で人間の罪深さを表す「肉」(σάρξ) へと読み替えることによって，「肉的」ではない肉体の可能性を導き出そうとする[20]。彼はまず，人間の生を堕罪と死とによって，堕罪以前の生，堕罪後の生，死後の生の三つに区分し，それぞれの生を担う肉体を，「肉的な」(σαρκικός)，「自然・生命的な」(ψυχικός)，「霊的な」(πνευματικός) という形容詞を用いて種分けしていく。まず，堕罪以前の生は，神の像（エイコーン）と似姿（ホモイオーシス）に則して創造された最初の人アダムの生であり[21]，その生は「自然・生命的な」肉体によって担われる。「精確な意味で神的なものに似るとは，魂が卓越した本性に似るということだ」と言われるとき，「卓越した本性」とはまさに神の像（エイコーン）のことであり，自

---

20)　本章で扱われる加藤論攷では，σῶμα が一貫して「肉体」と訳されており，σάρξ「肉体」に対して「身体」と訳し分けることでかえって混乱を招きかねない。よって，ここでは，σῶμα「肉体」：σάρξ「肉」と訳し分けておく。
21)　『創世記』第 1 章 26 節参照。

然・生命的な肉体を纏った最初の人は，その限りですでに神に似たものと言えよう。次いで，堕罪後の生は私たちの生であり，自然・生命的かつ肉的な肉体によって担われる。罪を負った私たちにとって，神に似るとは，過酷な事実性と偶然性に曝され自然の汚れを被った肉的な肉体が浄化され，ひたすら自然・生命的な肉体へと純化されることによって，神の像に限りなく近づくことである。しかるに，死はそのような自然・生命的な肉体の構成要素(ストイケイア)への解体である[22]。では，死後の生とはどのようなものなのだろうか。「自然・生命的な肉体が播かれ，霊的な肉体が蘇らされる」（コリント前書 15:44），あるいは「朽ちる肉体に播かれたものが，朽ちぬ肉体の内に蘇らしめられる」（同上 15:42）というパウロの言葉に基づいて，グレゴリオスは死者の復活を以下のように定義する。すなわち，「復活（άνάστασις）とは私たち人間の本性の原初状態の復元（άποκατάστασις）である」（『魂と復活』156）と。もし，ここでの「人間の本性の原初状態」が最初の人アダムを指しているとするなら，彼には自然・生命的な肉体があるだけで霊的な肉体に与ることがない以上，彼には復活を可能にする肉体は備わっていないことになる。最初の人はあくまで大地から来た土的なものであって，霊的なものは，天から来た第二の人すなわちイエス・キリストに他ならない。もしそうであるなら，グレゴリオスにとって「復活」とは，私たちの死後，すなわち自然・生命的な肉体が土やその他の構成要素へと解体した後，キリストに似たものとなることによって霊的な肉体に与り永遠の生命を得ることだと言えるだろう。

---

22) 本章において詳細に論じる余裕はないが，グレゴリオスの『魂と復活』におけるソーマ理解によれば，ソーマが有するすべてのソーマ特性は，それ自体はソーマではなくロゴスであると主張される。ここでの「ロゴス」をどう解釈し翻訳するかについて研究者間での意見の一致は見られないが，ポイントは，それが創造の際の神の意志内容に相応するという点であり，ストイケイアを介したソーマ諸特性（＝諸ロゴス）の結合としていわゆる「肉体」が現成すると考えられているようである。その限りで，いわゆる霊肉・心身問題とは位相を異にするということが銘記されるべきである。グレゴリオスにおいてソーマ諸特性と魂とは共にロゴス的な存在として，人間を霊肉全一の存在として把握するための本質契機であると言えよう。

5　観想（＝肉体からの超越）と受肉（＝肉体を伴った内在）

　以上見てきたように，ニュッサのグレゴリオスには，プラトン的な伝統に連なる肉体から離脱し神に似たものになるという超越の方位と，イエス・キリストの受肉とへりくだりによって可能となった肉体を伴ったままキリストに似たものになるという内在の方位という，絶えず緊張関係の内に置かれた互いに相反する二つの方位がある。しかし同時にグレゴリオスは以下のようにも語っている。

　　死と復活に関する限り，それはまさに神の救済という神秘に他ならない。それはなにも自然の必然的な流れにしたがって死が魂と肉体を分離するのをなんとか食い止めようというようなことではなく，むしろ魂と肉体が復活において互いと再び結合されることと言えるだろう。（『教理講話』(*Oratio Catechetica*), ch.16, 傍点筆者）

　復活において復元される肉体は，生前と同じ要素から構成されるとグレゴリオスは述べているが，その言わんとするところは，神の像という原初の人間本性に従ってむしろ新たな（霊的な）仕方で魂と再結合されるということであろう。その限りで，肉体をめぐる超越と内在という互いに相反する方位は，グレゴリオスの場合，死後においては復活という形で，生前においては秘儀による神化という稀有な形で一致すると言うことができるだろう。このような仕方で二つの異なる肉体観が緊張関係を保ちながら一致を目指す構造は，グレゴリオスに限らず，広く東方教父に共通したものと思われる。これと極めて類似した構造を，加藤の肉体論は，東方教父を主題とすることのない文脈においてさえ意図せざる形ですでに自ら体現していると言えば，それは牽強付会に過ぎるだろうか。しかし，「心身全一的」な「東方的」人間把握を基盤とした加藤の画期的なアウグスティヌス『告白』解釈[23]，さらには加藤が近年強調す

---

　23)　この点については，出村論文（第12章）を参照せよ。

る「西方的偏り（Occidental Bias）」に根ざした西欧的な心身二元論的人間把握への批判を顧みるならば，グレゴリオスに顕著に見出されるような東方教父的な霊肉全一的人間把握と加藤のそれとは，殊の外近しいように思われてならない。

　「朽ちる肉体に播かれたものが，朽ちぬ肉体の内に蘇らしめられる」というパウロの言葉は，私たちにとって希望であり救済の在処を示している。その限りで，自己脱自や自己無化の限りない実践を経て，究極の根源による自己の存在の根拠づけに至り，新たな生を獲得するという道行きは，神による救済（オイコノミア）と言い得るだろう。では，この道行きを洞窟からの脱出，真実在の観想と対応させるなら，洞窟帰還あるいはそれに類比される政治的（タ・ポリティカ）な活動は一体どう解釈されればよいのだろうか。それは言い換えれば，テオロギアとオイコノミアの関係に関わる問題であり，さらには観想と実践，普遍と個の問題でもあるだろう。かくして加藤哲学において，「哲学する場」と「哲学の何たるかが問い返される場」とは，絶えず緊張関係に置かれながら自己自身の存在をめぐって互いに相関するだけでなく，さらにその両者を往還する活動自体が，その場に自閉することなく公共的な活動へと開かれねばならない，つまりその限りで政治に関わらざるを得ないのではないだろうか。その意味で，哲学と政治の関係が問いただされ，観想の生と活動の生の関係が絶えず問い直される第三の場すなわち現実政治へと実践的に関わる場が加藤哲学によって要請されるのも至極もっともなことと言えるだろう[24]。

---

24) 納富論文（総論）における加藤哲学の三一構造を参照のこと。

12

自己・肉体・わたしのあること
——アウグスティヌス論をめぐって——

出 村 和 彦

序

　アウグスティヌスと哲学といえば，一般には新プラトン哲学・プロティノスとの関係でそれが顧慮されることが多い。しかし，加藤信朗がしばしば述懐するように，アウグスティヌスの取り組む哲学の問題は，プロティノスらの形式的な思考を突き抜けて（しかもアリストテレスらの要素主義（ストイケイア論）に行くのではなく）プラトンの直面した問題へといってしまうという。それはどういうことなのか。加藤が，アウグスティヌスの先に見ようとしていたプラトンの存在は，逆にそれ自身加藤のプラトン研究に独特の光とある偏差を与えているようにも思われる。プラトンと切っても切れない加藤哲学の成立にとってアウグスティヌスはどのような導きを与えるものなのであろうか。

　個人的なエピソードではあるが，加藤哲学を考える際の出発点を与えてくれるものなので紹介したい。1979年夏加藤は，大学院に進学したての筆者を市ヶ谷私学会館で催された神田盾夫講演会に誘われた。周知のごとく神田は，新約聖書学を専門として東大の西洋古典学を担い，戦後の ICU の創建に参画し，新約聖書のみならずギリシア悲劇やヨブ記といったヘレニズムとヘブライズムに関わる西欧精神の源流の人間理解を深めるリベラルアーツの教育に尽力した。当時83歳の高齢の神田

は「時は満ちた」というマルコ福音書に基づく提題でギリシア古典から聖書世界へ展開する西洋思想の源流の一断面について含蓄を持って語った。講演の後，加藤が先達（メントール）に尊敬を以ってご挨拶に向かっている姿を見て，何かとても大切な学問的精神的世界の伝承を目の当たりにして感銘深いものであった。加藤を単にプラトン・アリストテレス学者かアウグスティヌス・教父学者かのどちらかとしか見ていないとすればそれは一面的である。神田から受け継いだように，加藤から見て，プラトンのギリシアは，ギリシア古典文学と新約聖書や東方教父を含んだ圏内にあり，アウグスティヌスのラテンは，ヴェルギリウスやキケロ，セネカから聖書とりわけラテン語訳『詩篇』を共に背景にしている。古代地中海世界の全体を見渡した西洋古典とキリスト教は，加藤哲学を形成する車の両輪である[1]。

さて，その講演会の帰路のことである。ギリシア思想に憧れて大学院を志し，ニーチェ，E. ローデ，E. R. ドッズらの精神史研究からプラトン哲学の素地，ホメロス以来の古典的人間の原型を探りたいという希望を語った筆者に対し，加藤は遮るように，「君は『私はある』ということは考えないのですかねぇ」と問いかけられた。「『私はある』またそれに次いで『私は世界のうちにある』ということが私の念頭を離れることのない課題なのですけどねえ」と。遠くを見つめてそのように呟かれる加藤に返す言葉もなく見上げた市ヶ谷の堀端上空の青空を，今でも鮮明に覚えている。自我の存在の問題といった近代哲学の病理から逃れるために，プラトンの美のイデアのエクスタシス，あるいはアリストテレスの体系的な学問エピステーメーに結実するさわやかなギリシア古典に我を忘れて向かおうとしていた筆者に，加藤はプラトン・アリストテレスの先に見ようとしていたものを突き付け，筆者を何処かに引き戻した。しかもその行く先は，デカルト的な自己意識の問題ではなく，自己の肉体の問題であり，いな肉体としての自己の問題であった。加藤が「この論文でようやく自らの哲学的思索を語り始めることができた。とはいえ後半は書かれてはいないが……」と言いながら「肉体」（1968年）とい

---

[1] 加藤の神田との出会いについては「昭和二二年のギリシャ語一年生」というエッセイがある（加藤 1987b）。また，東京都立大学哲学科に西洋古典の専任教員を配置するという英断にもつながっていることは間違いない。

う論文[2]の抜き刷りを筆者に手渡してくれたのはその夏の終わりのことであった。

「私はある」そして「私は世界のうちにある」という私・自己の事柄への取り組みを常に秘めているのが加藤哲学だとすれば，この論文で加藤はその問題のありかを眺望し，「自己認識としての肉体の問題点としての肉体の問題はキリスト教が人類にもたらした問題であり，キリスト教そのものの問題なのである」[3]と記し，「事実（factum）としての肉体において，われわれはどのようにして真実に出会い得るのであろうか」[4]と問うている。それはどういうことなのか。もしここに加藤哲学の神髄を見るとしたら，アウグスティヌス研究は加藤哲学のいかなる導きとして遂行されているのであろうか。そして，加藤のプラトンはそれにどう関わっているのであろうか。以上のようなことを顧慮しつつ本章では，加藤信朗哲学におけるアウグスティヌスの意義を探っていくことにする。

1　自己と肉体

加藤のアウグスティヌス研究は，『告白録』を熟読することに機軸を置いていることは言を俟たない。2006年に傘寿の折に刊行された『アウグスティヌス『告白録』講義』は長年のその結実である[5]。そして，第1講義での「真理の内面性」と「真理の超越性」における自己の位相を図示したものはその基本的な見取り図である[6]。

---

[2]　加藤（1968/1997a）（以下「肉体」と略す）。
[3]　加藤（[1968]/1997a），94。
[4]　加藤（[1968]/1997a），110。
[5]　加藤（2006a）（以下『講義』と略す）末尾（9-11）の「著者関連文献一覧」で加藤のアウグスティヌス研究の業績を俯瞰できる。
[6]　加藤（2006a），5。

〔真理の内面性〕　　　　　　　　　　　　　　　　〔真理の超越性〕

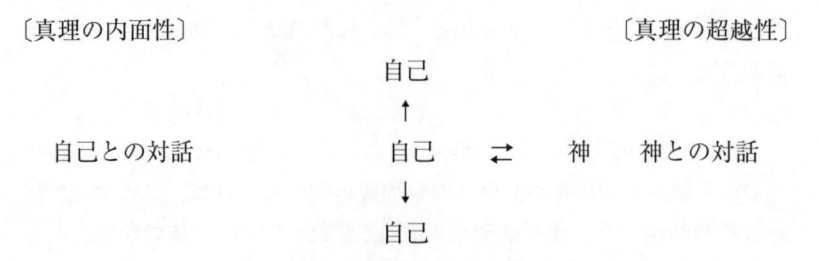

　　　　　　　　　　　　　　自己
　　　　　　　　　　　　　　↑
　　　自己との対話　　　　　自己　⇄　神　　神との対話
　　　　　　　　　　　　　　↓
　　　　　　　　　　　　　　自己

　ここで加藤は，アウグスティヌスの告白には，「自己自身の真実は自己自身にしか知られないという意味での真理の内面性と，自己自身の真実は神にしか知られていないという意味での真理の超越性という二つのことが同時に成立している」とすると共に，しかもここでは「ただアウグスティヌス個人の歴史ではなく，アウグスティヌスという個を例として示された，神と人間との内的な本性的関係の解明であり，人類一般に対する神の憐みの大きさの証明です」[7]と捉えていることは注目に値する。なぜならば，加藤は冒頭から，神と人間という両極のもとに，自己にとっての真理の内面性と超越性という哲学的問題に直面するアウグスティヌスを見出しているからである。ここには自己意識よりも「先なるもの」としての肉体としての自己の存在の確かさ，また，神の存在の確かさが肯われている。加藤は「知られる」という語でその「確かさ」[8]を示している。そうである限り，「私は存在するのか」や「神は存在するのか」の問いは，――抽象的に問い探究することができるにしても――アウグスティヌスにとってと同様に，加藤にとって優れた問いにはならない。その後で展開するように[9]「神はどこに存在するのか」「今ここに存在する私はどのように存在するのか」が，加藤とアウグスティヌスの神探求での喫緊の課題であり，その場所での真理（ありのまま）が問われてくるのである。

　7）　加藤（2006a），5。
　8）　ここでの真理 veritas の確かさとは，真理が真理である限りの認識の明確性 certitudo とその真理がもたらす人間のあり方の確固さ securitas の両方を含意するものである。加藤（2006a），216-17 参照。
　9）　加藤（2006a），278-82 参照。

さて，加藤の哲学の問題としての肉体―自己の探究は，アウグスティヌス研究としては，「肉体」論文とほぼ同時期，これに少し先行する「Cor, Praecordia, viscera——聖アウグスティヌスの『告白録』における pschychologia または anthropoligia に関する若干の考察」（1967年）で周到に試みられた[10]。

『告白録』におけるアウグスティヌス自身の回心記事での「心身論的表現」（Psycho-somatische Ausdrücke, expressions psycho-somatiques）を単なる比喩（メタファー）としてとらえるのではなく，まさに，神の言葉は，はらわた（viscera）に浸透するように，アウグスティヌスの肉体に押し寄せ，胸もと（praecordia）にへばりつき，最後に心臓 cor に到達してこれを貫いて砕かれた心臓（cor）として回心（conversion）が成就するものと把握されているさまに他ならないと主張したものである[11]。

この論文は国内外に大きなインパクトを与え，金子晴勇の研究書[12]や山田晶の翻訳[13]等に受容され，Madec による Augustinus Lexikon の cor の項目[14]や O'Donnell の『告白録注釈』[15]で特記されている。その中で，西欧の伝統の中でアウグスティヌスを捉えるマデックは，加藤が psycho-somatique（心身一如）と表記したアウグスティヌスの「心身論的表現」をあくまでも比喩にとどめようとして，人格・精神的個人の自覚を基本に捉えようとしている。本来加藤の肉体を巡る思索はそのような心身二元論的自我観を打ち破るものであった。おそらく訳語の問題で誤解を与えている可能性もある。psychosomatics という心身技法を想起させる（？）からである。

しかし加藤の主張は，ここで二元論的な魂と身体の合一が考えられているというのではなく，まごうことなく身体部位を指すはらわた・胸もと・心臓が，「アウグスティヌスの全体に神の言葉が浸透してきて，ついに全身全霊が神の言葉によって浸透されてゆく過程を如実に，また，

---

10) 加藤（1967），54-80。同論文は，ドイツ語訳フランス語訳でも発表されている。
11) 加藤（2006a），第9講「回心の成就・庭園の場・Telle, lege.（第八巻）」，190-219。
12) 金子（1982），276-83。
13) 山田（2014），77，注5。
14) Madec（1998）.
15) O'Donnell（1992），5。

順序を追って細かく叙述していく言葉として機能」[16]しているということである。加藤は，これを比喩（メタファー）ではなく文字通り読めばよいと提案する。先の論文はそのような表現こそが『告白録』のアウグスティヌスに常に響いている『詩篇』の言葉遣いであり，ヨーロッパ近代語の翻訳で読むと見失われるアウグスティヌスのラテン語に生きている生命であることを解明した画期的なものであった。

そしてとりわけ重要な位置を占める言葉が，人間の中心部分であるcorである。加藤は，

> corは，身体の部位としては心臓を意味しますが「人間の心の奥底」を表す言葉です。人間の精神的なものを表す言葉にはほかにもいろいろあり，animusはあちこちひきまわされる感情・感覚の座，mensはものが見える，つまり存在を見分けることができる理性のはたらきを示しています。これに対して，corは……私たちの生きていることが何にかかわっているのかに触れている部分であり，そこに神の言葉が語りかけてくる場所です。それゆえ，corは時として隠れたものであり，私たちの気がつかないものでもあるのですが，たとえば，驚きに打たれる，感動するというような時に「心の底から」というような表現によって出てくるものです[17]

と，解説している。ちなみに，加藤は『三位一体論』第15巻の研究に打ち込むころから，心臓を指すcorの訳語に「心の奥底」を用いるようになった[18]。そしてこれを「深層意識」のようなものとする。加藤はこれについて「自分自身にも隠された「心の深層」を意味し，人間の全体がそこで何らかの「真理」に触れているところ，あるいは「真理そのもの」がそこで人間の全体に触れてきているところ」[19]，「時には自分でも気がつかない自己の中心部分」[20]というように，場所的表現の中に位

---

16) 加藤（2006a），198。
17) 加藤（2006a），196。
18) 加藤（2006a），ixのラテン語日本語対応表参照。
19) 加藤（2006a），142。
20) 加藤（2006a），226。

置づけられたと同時に,「気づかない深層」というように, どうしても「私の意識」＝心（animus）としての自我（ego）との関係が顧慮されてきているようにも見えるのである。「私」という内面性の問題を表現するには固有の困難があることを加藤哲学はわれわれに考えさせている。ただし加藤の基本線の「私がある・私は世界のうちにある」が, あくまでも真理の内面性と超越性という極性のもとにある「自己」に関わる。こちらが気づくか否かという意識の問題というよりも, 自己が問いかけられている場所において, 神の働きかけが先行する場所として捉え直されているのである。そしてそれは自己の内面であり, それが働くのは確かに, 自己の肉体のうちにおいてである。敢えて言えば, 無私であることでますます自己が自己と成り, 謙虚さ（humilitas へりくだり）をもった謙遜な肉体のあり方として受け止めることが可能となるのである。

　確かにアウグスティヌスの回心記事は, アウグスティヌスの個の出来事として記されている。その限り, 自己である個の肉体の位相と, それぞれ別個の他者の自己との関わり, すなわち, 私ではなくて私たちという仲間の共同性や人間という類的存在の位相へとどのように展開するかは残された課題かもしれない[21]。

　さらに, 最初に図示した「真理の内面性」と「真理の超越性」における「自己」の位相が, 友人や仲間, キリストの体としての教会エクレーシアー, 協働態としての神の国（civitas Dei）と地の国の交錯, そして人間・人類へといかに開かれるか, コイノーニアー（交わり）の位相は加藤哲学の重要な論点となってくると思われる。それは時間と場所の共有というこの世を生きる人間の問題次元,「私は世界のうちにある」の考察を開くものかもしれない。ともあれ, 単なる空間ではなく「場所」の把握こそが重要となり, そして「永遠」が関与するものとしての「時間」の把握は, 優れた意味で加藤哲学においてアウグスティヌス研究を導く枠である。以下,「場所」そして「時間」についての加藤の考察を検討していこう。

　21）加藤（2006a）で「私たちの心」（cor nostrum）に言及して, 回心場面で一緒に描かれている友人アリピウスらとの同時の回心のゆえに「私たち」と言われているとしている。（加藤（2006a）, 232）。なお, 筆者は, 私たちの心（cor nostrum）の問題について, 出村（2011）で考察を試みた。

2 場　所

　肉体としての自己の問題の探究を原理的に深めたものとして，加藤には「場所表現」の研究がある[22]。加藤はこれをアウグスティヌスの著作で多用される「場所表現」の意味を汲み取ることで遂行する。その「場所表現」について，

> ここで，「場所表現」と呼ぶのは，或る種の空間関係の表現，すなわち，アウグスティヌスの著作で多用される「外 (foris)」「内 (intus)」「外部 (exterius)」「内部 (interius)」「上 (supra)」「下 (infra)」「前 (ante)」「後 (retro)」というような表現のことである。これらの表現は空間における或る一つの場所を他の場所に関係づけて規定し，一定の場所を表現する。しかし，それらは空間一般に含まれる関係の表現ではない。……場所表現とは，或る一つの点がはじめに限定され，ついで，他の或る点がこの一つの点との関係で関係づけられ，限定されることによって成立する場所関係の表現である。……或る場所表現が限定された意味を持ちうるのは，それが，これを語る人間に，つまり，空間内の一定の地点に一定の位置関係を占めるものとして置かれた肉体を持つ人間に関係づけられることによる……以上の考察から帰結することとは，これらの場所表現は人間論的な基盤を持つということである。[23]

と，加藤は指摘する。加藤はこれを通じて，外側 exterior に比した内側 interior として内面性 interiority を魂と肉体の「内」に位置づけ，「内面化」「内面への還帰」「自己自身への還帰」が起こるモーメントを確認し

---

　22) 加藤 (1994b)（初出は 1977 年，国際中世哲学会でのドイツ語発表原稿，Kato, S. (1981a/1996)）また，未完の「外・内・外と内を越えるもの」（加藤 (1977/1997a)）は，アウグスティヌス解釈の予備的考察のように進められている。
　23) 加藤 (1994b)，7-8。

ている[24]。「身体（corpus）と魂（anima）が自己の内にあって，一方は外側に，他方は内側に（unum exterius, alterum interius）自己に現前している（mihi praesto sunt）」（X.6.9）というテクストは，身体と魂という二つの要素がそれぞれ別であって，それらが接合されて自己を作っているのではなく，「同じ一つの人間である自己があり，「身体」と「魂」はこの自己における二つの要素」であることを告げると解釈されている[25]。加藤は，近現代哲学史について詳細に論述することは少ないが，このテクストに寄せて，キエルケゴールやデカルトとの相違まで鮮やかに述べられている。

> キエルケゴールについてもデカルトについても，自己における「身体」という要素の欠如と無視が特徴的です。それに対して，アウグスティヌスでは，「自己」はまず「人間」であるものとして確認され，人間は身体と魂から成るものであることが確認されています。「自己が人間である」という事実の承認は，おそらく，人間の自己把握の根底にあります。そこにヒューマニズムの基礎があります。それは宇宙のうちにおける自己の場所の謙遜な自認であると共に，誇りです。そのことの承認は自己認識にとってとても大切なことだと思います。そこから離れる時，自己把握は真実の自己のあり方から外れます。アウグスティヌスにはこの点での的確な「自己把握」がありました。ですから，いま見たような意味でのデカルトのコギトから始まる近代ヨーロッパ哲学にはあるひずみが生じていることを認めなければなりません。[26]

ただ，アウグスティヌスの探究は，単に自己のこちら側から内的に眺められた空間，いわばメルロー＝ポンティーの「身体図式」の視野を開くだけではない。最終的に内よりももっとも内なるところ（intima）で「私を越えてあなたにおいて（supra me in te）」出会われる神の場所を位置づけている。加藤はこれを明確にすることで，超越というあちら側か

[24) 加藤（1994b），14-19；加藤（2006a），297参照。
[25) 加藤（2006a），311。
[26) 加藤（2006a），310-11。

ら開かれた空間へと，肉体を持った自己のこちら側から，文字通り身をもって開かれた自己のあり方の切り結びの場所が思索されているのである。加藤哲学の最も独自な貢献はこのような場所の把握を，神探求という哲学（愛智）に確固として位置づけた点にあると思われる。そして，「私はある」「私は世界のうちにある」の射程がここに届いていることを改めて気づかされるのである。

3　永遠と時間

　しかるに，『講義』本論の第1巻冒頭から第10巻までの考察は，「私を越えてあなたにおいて（supra me in te）」（X. 26,37）という結論の言葉に寄せて，

> 　記憶は自分自身のものです。自分自身の内面性を構成するものです。記憶のうちに神を探すのですが，どこにも見つけることができません。そこから「忘却論」「誤謬論」を経て「真理論」まできて，そこで自分自身を越えるものとして神を見いだすのです。それが自分の最も深いところよりもさらに深いところでした。そこで，自分を越えるものとして，あなた自身のうちにおいてある神をどのように探究していったらよいかというところで，『告白録』第十一巻以降の聖書解釈へと向かってゆきます[27]

という言葉で閉じられ，残りの創世記冒頭の解釈にあてられた11巻から13巻の考察は『講義』では残された課題となった[28]。

---

[27]　加藤（2006a），327-8。

[28]　なお，第10巻の後半の「あなた（神）はわたしたちに continentia を命じ給う（imperas nobis continentiam）」10. 24. 40 に関して，「このコンティネンティアが単なる性的放縦からの節制ではなくて，「神から離れるこの世的欲望一般からはなれる「心の奥底における霊的な純潔」である「つつしみ」を意味するという重要な指摘がなされている（加藤（2006a），補論334）」。しかるに，これが語られる神の「命令」と「恩恵 gratia」の関わりについての考察は，加藤哲学の残された課題かも知れない。加藤（2005）は示唆に富む。しかし管見の限り，加藤のアウグスティヌス研究でペラギウス論争の問題圏に立ち入って言及することは皆無である。

幸い，加藤がわれわれの共同研究の場として1976年に設立した「教父研究会」では，2012年のアウグスティヌスシンポジウムにおいて「永遠と時間」と題する加藤の第11巻に関する考察が発表され，それに対する共同討議がなされている[29]。

　ここでまず注意しておかねばならないのは，加藤哲学において，そしてアウグスティヌスにおいても同様に，時間を論ずるに先だって，永遠という事態に自己が開かれるという原事実が指摘されていることである。加藤は，「『永遠なる神が時間の世界を作った。』このパラドクスを生きることに束の間の生を生きる人間に無限の生が宿る可能性が開かれる」[30]，とこの論文の口火を切り，論文名も「永遠と時間」であって，「時間と永遠」ではないのである。そこで浮かび上がってくるのは，肉体をもっていまここに存在している自己が，まさにその場所において，時間を越えた永遠と交わっているという事柄に光が当てられてきていることである。そこに協働態の交わり（コイノーニアー）の問題を解くカギがある。そして，より明確に新約聖書のイエス，受肉した神の子の姿に焦点が絞られるようになっている。その際に，忘れられてはならないのは，やはり，場所的・肉体的な自己の位相が基盤としてあるのであって，時間と切っても切れない精神（animus）のあり方，すなわち記憶とか意識としての自我（私 ego）は，あくまでもこの自己の中心（＝「心」）との関係で捉え直されていることである[31]。そして加藤においては，「自己・肉体・私はある」という思索が，じつは，イエスないし神の〈私はある・私は世界のうちにある〉ということが見据えられてのことであることが，この「永遠と時間」論文からはより明瞭になってくる。

　永遠と自己との交わりと，そう交わる他者の自己との交わり，すなわち人間の協働態の交わり・一致（コイノーニアー）という位相を考える

---

29) 加藤論文とシンポジウムについては，加藤（2014a）に収録されている。
30) 加藤（2014a），7。
31) 動物が環境世界（Umwelt）の中心の位置に限定づけられるのに対し人間こそは環境から自由に却って環境に働きかける「脱中心性」を持つというゲーレンの哲学的人間学と，アウグスティヌスの人間の肉体の「心」という中心性に定位した自己の位置づけは，真逆のようにも見えるが，しかし，人間が単に外から規定されるのではない点においては軌を一にする。いずれにせよ，単なる「自我中心」＝高慢（superbia）をいかに脱却するかはアウグスティヌス以来の課題である。

と，加藤が，アウグスティヌス突き詰めていくとプラトンに至るという意味も浮かび上がってくる。加藤は，「メテクシスの問題」という最初期の論文で[32]，イデアと現象界を二分するだけでなく，両者の架橋する「ダイモニオン的な仕事」にプラトン哲学の神髄を見ていた。その限り，離存するイデアを立てて，これに関わる魂そのもの・知性それ自体として独立存立させようといういわゆるイデア論はプラトンにとってもその哲学の片面にしか過ぎないことになる。もし，プロティノスの哲学がそういうイデア論を媒介に，魂の自己同一的自立存在性に定位し，これを出発点にその根拠である「理性的秩序」を知り，更にこれを根拠づける「一なるもの」へ向かおうとするものだとすると，アウグスティヌスはそのようなプロティノスの告げる「存在そのもの id ipsum」に留まることはできなかった。『告白録』第7巻のいわゆる「ミラノ体験」に寄せて，加藤は，

> この「一なるもの」そのものを摑むことができず撥ねのけられます。それは，惹きつけられると同時に撥ねのけられるという激烈な体験であり，輝かしい光明の体験であると同時に自己自身の醜さ，その肉体性をいやというほど味わわされる体験です。これがアウグスティヌスのプラトン哲学体験でした。これはいわゆる「プラトン的」といわれるような，イデアを思ってロマンティックな気分になるというものからは程遠く，「引き裂かれる自己の内に置かれる」激しい体験でした。[33]

と，説明する。そして，「私はありてある者である（ego sum qui sum）」という声を「はるかかなたから（de longinquo），まるで心の奥底に聞こえてくるように（sicut auditor in corde）」（VII. 10.16）聞くのは，この肉体においてである。加藤は，

> そこに「真理（veritas）」である神にかかわる場所がある。いやむしろ「真理」である神が人間に関わってくる場所があるということ

---

32) 加藤 (1953)，105-21。この点についてはさらに，田坂論文（第6章）を参照せよ。
33) 加藤 (2006a)，164。

がアウグスティヌスの哲学と神探求を支えているもっとも根本的なことです。「はるか彼方」「自己を越える高み」と「自己の内奥」「自己を越える深み」とは一つなのです。[34]

とはっきりと述べている。その関わりがあるのがこの自己としての肉体であり、けっしてこれを離脱するのではないというところに本来のプラトン哲学との接点を加藤は見ているのである。

そしてアウグスティヌスにおいてはさらに、その心の奥底（cor）で聞かれる言葉は、聖書解釈を遂行する『告白録』第11巻で、「わたしの心の隙間にかすかな光として差し込んできて、わたしの「心の奥底（cor）」を傷つけることなしに叩くもの」[35]として捉え直されている。この差し込んでくる光は、プラトン哲学の光源に基づく光であることには違いはない。しかし、あの第7巻でプロティノスの読解に導かれて生じた「光」の直視と撥ねのけられたことの体験とは異なり、「ほのかに差し入って来る光が心の奥底を叩いている」光は、この肉体において受容できる神の言葉となっている。そのような言葉の肉体への近みは、神の子・「道であり真理である」イエス・キリストがこの世界のうちに肉体をもって存在したこと（受肉）で開かれた事柄であった。加藤はこれに従うことで、「イエスと共に、イエスの内に生きるという「道」において、わたしたち一人ひとりの「束の間」の生涯、さらに全人類の生涯が「永遠なる神」のうちにおける「永遠の今」のうちに生きる道を開くものである」と結論し、ここに「唯一の希望」があるとしている[36]。そのような道は最初期の加藤のプラトンの「メテクシス」解釈から予感させるものである。プラトンをさらに突き詰めるとアウグスティヌスに行ってしまうというこの全人類的・全宇宙的交わり（コイノーニアー）を早

---

34) 加藤 (2006a), 183。

35) quod interlucet mihi et percutit cor meum sine laesione (XI.9.11) 加藤の翻訳による。「永遠と時間」15頁。なお、この光の差し込みに深く関連するところの、探求者が「叩く者 (pulsator)」であり、その心の奥底で「叩かれる (pulsatum)」という仕方で関わる言葉の近しさは、『告白録』の聖書解釈を支える通奏低音であり、第11巻 (XI.2.3; 2.4; 3.5)、第12巻 (XII.1.1)、第13巻 (XIII.38.53) の随所に現れていることを見逃してはならない。そして当然のことながら、ここには『マタイ福音書』7.8 が想起されている。

36) 加藤 (2014a), 19。

くから感じていたのかもしれない。

結　び

　ここまで考えてくると，35年前のあのときの加藤の「君は『私はある』ということを考えないのですか」という問いかけには，神の「私はありてある者である」が遠く響いており，「私は世界にうちにある」には，受肉した神の子・イエス・キリストのことが気づかずに心の奥底に近しく語りかけられていたのかも知れない[37]。いま感謝を込めて振り返ってみると，アウグスティヌスを導きとする加藤哲学の思索は，まさにこの自己と神の探究の課題を担って一筋に歩んだたゆまない哲学の道であったのである。

---

37)「肉体」（加藤（1968/1997a））のエピクラムが，T・S・エリオットの『荒地』(1.359-365) からの詩句 Who is the third who walks always beside you? / When I count, there are only you and I together. / But when I look ahead up the white road/ There is always another one walking beside you / Gliding wrapt in a brown mantle, hooded / I do not know whether a man or a woman / ——But who is that on the other side of you? であることは示唆的である。

13

アンセルムス Cur Deus Homo の「真っ直ぐ」における正義
―― 「人間の完成」への指向 ――

千葉　惠

序

　アンセルムスは『神はなぜ人間に（Cur Deus Homo）』において「キリストを取り除き（remoto Christo）」、「理性のみ」により贖罪の必然性の神学的論証を遂行するが、「聖書の権威」に頼らずしかもそれと「いかに矛盾しないか」の立証をめざす（序文, I1, I3）。この課題を解くには、「力能」「必然性」「意志」についての「独自の考察」が、さらに「神の自由や意志や憐れみ」の「神の尊厳と矛盾しない」合理的理解が不可欠である（I1, 10, 12）。彼は「神」の名によって認知的, 人格的（「憐れみ」含む）に十全であり全能, 全知な存在者を想定するが, そのなかで矛盾のない思考を展開することにより信なき者との対話を成立させる共約的な次元を確保する。
　CDH I 巻でアンセルムスは主に司法的な枠の中で贖罪の合理性を追求する。彼は司法的な正義の下では神の正義と憐れみのディレンマの stale mate に陥ることにより神の前の罪の償いは不可能であること, そしてそれは至福をもたらさず「満足か罰か」（I15）の二者択一のなかで正義の自己栄化か人類の絶滅への下降螺旋となることを明らかにする。彼はこの司法的次元においては「キリストが存在しないと仮定すると,

人間の救済はいかなる方法でも見出しえないことが十分に立証された」と位置づける (I25)。

II巻で一般的に神・人のみが贖罪遂行可能であることが論証される (II6)。そのうえで，アンセルムスはこの存在者と同定されるキリストがその死に至るまで「従順に保持した正義」(II18) を新たに提示する。これは魂の根源的な「真っ直ぐ」としての意志の正義であり，司法的正義を乗り越える (cf.I11)。キリストが従順に保持した真っ直ぐにより律法とは別に恩恵を恩恵として確立する新たな地平を切り開くことを彼は明らかにする。憐れみは正義と共に神の力能の中心的な構成要素であり，憐れみに支えられてのみ正義が実現されること，そしてその正義に適った憐れみにより至福がもたらされる (II18-20)。「神は自らの尊厳の誉よりも一層正義に適って (iustius) 保持するものは何もない」(I13) と語られるように，受肉と受難の福音は神にとって自らの尊厳の誉を保持するはずのものである。そしてそれは「誉」の本性上最も正義に適ったものであるに違いない。そしてその名誉ある正義が憐れみといかに両立するかが論証の中心的課題となる。

1　方法論

アンセルムスは法王ウルバヌス2世への「献辞」において「信」と「理性」の秩序に関して，当然のこととして「信の確かさの後に」即ち信の確かさに基づいて「信のロゴス（理）(fidei ratione)」を求めていることを表白している。この企ては「彼ら〔CDH 執筆依頼者〕が理性によって信仰に達するためではない」(I1) が，信じていることの明確な理解のために遂行される。信はそれ自身確かなものである。その信の確かさが何に基礎づけられるかは知性上の解明が課題である本書では論じられないが，認知的なものというよりは人格的な信と信の相互性に成り立つ何ものかによるということだけを確認しておこう[1]。また認知的に

---

1) K. バルトは「私は信じるために理解することを望まない」(Prosl.1) 等の理解に対する信の先行性の種々の発言が「護教的」という見解は誤解とするが，その理由としてアンセルムスによるあたかも人がオリンポスの山が地震で崩れないように柱や縄で補強する喩え

も「真理のロゴスはあまりに豊か深遠であり，死すべき者には汲み尽くし知ることのできない」ことを確認している。「それ故われらがこの世で捉えるところの理解（intellectum）は信と観（species）の中間にありますので，人はこの理解により近く到達すればするほど，その人はわれらが渇望する観により近づいていると私は考えます」（献辞）。信は魂の根源的態勢であり，理性はその理解を求めるものとして信と観想の中間に位置づけられる。信の根源性と理性のこの中間的性格が最初に確認されねばならない。

　そのなかで信なき者との対話は弟子ボゾとの思考実験として次の同意の下に共約的に遂行される。「われらは神の受肉とかの人についてわれらが語ることどもが何も生じなかったと想定しよう。そして人間はこの人生においては持ちえない至福に向けて創造されたこと，もし罪が赦されねば，誰もかの至福に達しえないこと，さらに誰も罪なしにこの生を通過しえないこと，さらにこれらとは別に，永遠の救済に至る信が必然であることをわれらのあいだで同意しているとしよう」(I10)。ここで，とりわけ知りえない永遠の救済に関しては，信の不可欠性が理性的に誰にも承認されうることとして提示されている。

　この想定の下に，あの贖罪の必然性の論証に向かうが，「信無き者」には「われらがこの解放を「贖い・買い戻し（redemptionem）」と呼ぶことを不思議に」思えている (I6)。彼らはキリストが「罪と神の怒りと地獄と悪魔の力からわれらを贖った」ことに反論し，神が苦しむことを望み「最後にはその血で贖う他」救えなかったと信じることを「狂気の沙汰」とする (I1, I6)。アンセルムスはこの当時流布した悪魔の力に関わる悪魔身代金説 (I6, 23) そして神の怒りに関わる代償刑罰説 (I8, II20) を拒否し，正義と憐れみの相即する贖罪論を展開する。その手掛かりとして信無き者による反論がディレンマの形式で紹介される。(D1a) 一方，神は命令一つで創造したにもかかわらず，命令一つで救いえないとするなら，そのような考えは神に無力を帰すことである。(D1b)

を提示する。「まだそれが揺れ動いているかのように私の議論で補強，安定させる努力を払おうものなら，自らがこの永劫に堅固な石のうえに確立されていることに喜びを見出すすべての聖者と賢者が私に義憤の念を抱くに違いない」（*Ep.de incarn.* 1, II5,7ff）。Barth (1931), 16. Schmitt (1968).

他方，神は，受肉と受難以外の方法はあったが，それを選択したということであれば，神は道理ある根拠もなく恥辱を耐え忍ぶことを望んだことになり，これは神の知恵に反する（I6）。また代罰説のディレンマは（D2a）一方，正しい者が処罰されることなしには罪人が救われ得ないなら，代罰を必要とする神は全能か，（D2b）他方，神は代罰の免除を為しえたとしても，他の選択肢を望まなかったなら，受肉と受難の歴史を望んだ神は不義かつ無知ではないかである（I8）。「理性の先行証明なしに何も信じることを欲さない」（I10）ボゾとの対話はこれらの懐疑に対する応答として展開される。

彼の贖罪論は通常「満足説」と呼ばれる。この命名は被造物が創造者に帰すべき「誉(ほまれ)を奪う」時，それに対し神の「satisfactio か罰か」という二者択一的な対応が問われる一つの文脈に基づく（I13, 15）。人間の側からの一般的な記述として，「罪を犯す者は誰もが神から纂奪した誉を完済することを負う。これが全ての罪人が神に為さねばならない satisfactio である」（I11）がある。なお動詞形で「人が……罪の等価なものに向けて神を satisfaciat（satisfy）することは可能か」（I23）が語られることがある。人間の償いの過程に力点を置いて satisfactio を「誉(ほまれ)補償」とするか，その結果に力点を置き神の側から嘉(よ)みする（placeō）という意味で「満足」の訳語が想定されるが，ここでは過程と帰結さらには神の判断をも含むものとして後者により理解する。私はアンセルムスの贖罪論が「満足説」と呼ばれることの「中世的セッティング」という時代的影響を否定しない[2]。しかし，主君の名誉と臣下の従属そして互恵的な保護と忠誠の等価の要求は一事例にすぎず，本性上秩序を求める

---

[2] Baker & Green (2011), 40, 152. A. ハルナックは神の満足を単に司法的次元において捉えた故に，「アンセルムス理論における最も厭わしいものは神の神話的な概念であり，それは彼への名誉棄損に激怒しそして少なくとも適切に大きな等価を受け取るまでは彼の怒りを容赦しない，威力ある私人というものである」と誤解した（Harnack (1886), 408）。G. Plasger は satisfactio の諸説を紹介している。(1)「アンセルムスはローマとゲルマンの法から借用した」。(2)「神はご自身満足を必要とせずまた彼の怒りが満たされることも必要とせず，むしろ罪を犯す被造物と創造者の間に正しい秩序が回復されるべきことからそれは生じる」。(3)「満足は「罪からの解放」であり，司法的ではなく神学的概念として理解すべき」。(4)「満足は神の崇高な創造をその不可逆的に立てられた目的に導くその道」。(5)「彼の満足説は応報刑罰ではない」。Plasger (1993), 122-125, 199. このように多様な司法的，神学的な見解が立てられてきたが，神の満足は或る秩序の下に複数存在することが一つの応答となる。

理性はどのような社会状況であれその背後にこの種の比例的な等しさとしての配分の正義やさらには同害報復に見られる矯正的正義を普遍的に要求する司法的な思考になると解する。しかし，問題は一切を正確に知りえない人間には正確に等しさを配分する力がないということにある。

　理性は矛盾律に基づきカオスを避け秩序を求め認知的次元で何らかの普遍性を担う。それは魂の根源的態勢ではなく，生の方向や目的を単独で設定することはなく，むしろ魂の他の力能と共に設定された目的に向かう手段を熟慮や算段すること，さらにはその目的を吟味することを本来的職務とする。それ故にひとは誠実に理性を行使することもその逆も可能となる。

　信と人格的な次元で緊張関係にあるのはむしろ理性を隷属させる偏りあるパトスである。人格的有徳性は，そのような人間が存在するかは別にして，「パトスに対し善い態勢にあること」に存する（アリストテレス『ニコマコス倫理学』II3)[3]。人格的徳例えば勇気は恐怖に対し，節制は

　3）アリストテレスは「信」における認知的，人格的双方の要素があるとする。信の認知的要素は例えば無抑制に陥るのは正しい判断を「弱く信じること (pisteuein) の故」だという見解に対して，彼は「或る者たちは自ら思いなし (doxa) を持つことがらについて，他の者たちが知識を持つことがらを信じるのに劣らず信じている」に見られる (E. N.VII 4.1146b29f)。判断の真理性に対する信念の程度は両者に差異がない場合のあることが確認されている。それにより彼は「知識」と「真なる思いなし」の差異に無抑制の理由をさぐる試みに反論する。「信」には強弱の程度があり，判断の真理性の主張にはその必要条件として常に伴う。彼は「あらゆる思いなしには信 (pistis) が伴い，しかし，信には納得することが，他方，納得には説明言表が伴う」(De An,III 3.428a21f) と言う。

　他方，友愛の論述のなかで，彼は「信」の人格的要素に言及する。「善き人間たちの友愛だけが中傷により損なわれない。というのも，長い時間かけて自らにより吟味検証された者について，いかなる者〔の意見〕をも容易に信じることはないであろうからである。また互いに信じあうということ，また決して不正を行わないこと，さらに真実の友愛において要求される他の事柄が生起しているからである」(E. N. VIII 4.1157a20-24)。「信」はここで中傷に負けない信頼関係を表現している。

　加藤信朗はトマスを引用しつつ，人格的徳を帰一的に理解すべきことを提唱する。「道徳的な性向は一つのもの（人間の完成）に向かって指定的に働く。この点では，それはその存在事物の存在的な完成という一つのものに向かって指定的に働く自然に近い（これは，道徳性が人間における自然の本性に根差し，自然の本性を完成する方向に働くという「自然の傾き」をもつからである）」（加藤（1973a），382）。加藤は，魂における諸要素は完成に向けられて総合されるべきものとして捉え，アリストテレスの徳倫理学における（非規範的で）自然的な特徴を適格に指摘している。だが，アリストテレスは「信」を認知的かつ人格的徳双方に関わるものとして用いつつ，彼は信を魂の根底にそえそれを支える聖霊に触れ双方を統一するエルゴンとして展開することはなかった点でパウロやアンセルムスと異なる。

快に対し，信実は裏切りの因となる否定的なパトス（羨み，憎悪等）に対し，それらを乗り越える或いは適切なパトスを生みだす善い態勢にある。しかし，吟味されざるパトスの下にある自然的な人間が，神はイエス・キリストにおいて信実であるという肯定的直接法の受容という信から出発せず，正義とそれを介した至福の実現に向けて「汝〜すべし，そうすれば救い（至福）がある」という理性的な算段に基づき自他に命じる時，その命令は普遍的な妥当性を後退させる。理性は，その時，或る至福理解の下命令法が先行し直接法（「救いがある」）が後行する，それ故に正義をそれ自身として求めることなくむしろ手段化する律法主義的なものとなる。これは認知的，人格的に不十全な人間が等しさの配分をめぐり考慮すべき領域を設定するさいに，各自の魂の能力上の偏りや或る範囲内でゴールと手順を立てる算段的理性には恣意性が伴うからである。司法的次元では人は正確な審判ができないままに自らの業により救いを追求する。その業は後述する憐れみと尊厳ある正義が両立する次元における行為の選択とは異なる様式となるであろう。

　他方，信は各人の認知的，人格的態勢・実力のどの段階でも持ちうる肯定的な超越者に対する肯定的な態度として魂の根源的態勢であり生全体の方向を定める。従って，有徳性とは直接かかわらない。というのも信は恵み深い対象に幼子のように自らを任せることだからである。かくして，魂の秩序において信が理性に先行するという理解は道理あるものである。塵にも等しい身が何か持つにしても一切を主人に負うことを認識しているなら，自ら理解する限りの名誉とその毀損さらにはその回復の司法的循環に陥ることなく，魂の根源的態勢からその都度生の再構築が遂行されるであろう。

　他方，理性は一つの主張の妥当性の吟味にその力能を発揮するが，その主張に矛盾が存在せず整合的である場合には，その前提の下に議論を展開する。贖罪の文脈では，理性は贖罪の唯一の真理があるという確信の下にあっても，無矛盾性の論理的制約の枠内で論証を遂行する限り，何ら問題はない。啓示に基づく信の確かさを一方に持ちつつ，理性のみの導きにより妥当な思考が展開される時，それは誰もが原理的に理解できる確かな理性独自の成果である。アンセルムスはまさにこの仕方で理

性を行使した[4]。贖罪が一般的に神・人によってのみ遂行されうることを立証した後は，その存在者がキリストであるナザレのイエスであったと同定することは問題視されない。そのうえで「残されているのは，いかにかの生命（*illa = vita*）が人間の罪のために神に完済するのかを証明すること」（II18）が課題となる。

　アンセルムスによれば，神の意志には根源的なものとより少なく根源的な複数の正義があり，従って神の誉，満足にも複数のものがある。彼は「正義」に関して神の意志として司法的正義と意志の真っ直ぐという一つの魂の存在様式の二種類を提示する（I11, I12, II18）。ボゾは神の業の命令の実現を介し神に誉を帰し自らの罪からの解放に希望を託すが，神の意志の齟齬を疑う。(D3a) 一方，業による秩序を要求する神の意志は自他への審判を余儀なくし，(D3b) 他方，「裁くな」という命令のもとで赦しを要求する神の意志は罪を放置する。神は自らを「反駁しているように見える（*videtur*）」（I12）と，ボゾは自らの認識を「見える」により伝える。

　師の応答は応報的な正義以外のより根源的な正義の存在とその矛盾なき包摂を示唆するものである。「神が赦すようにわれらに命じたのは，神にのみ属するものをわれらが簒奪しないためであり，そこに矛盾はない。報復を行う権利は万物の主以外の誰にも属さない。地上の権力が正当に（*recte*）報復する場合，それはご自身がなさる，地上の諸秩序は正

　4）　D. Brown は「理性のみ」の論証に対する啓示神学者たちによる「誤ったトラックの上で出発した」等の批判を紹介しつつ言う，「K. バルトがアンセルムスの前提はすべていずれの場合においても啓示から含意として導出されるものであったと主張する時，彼はその擁護において度を超えている。……アンセルムスは自らの主張のいずれも聖書と矛盾しないと強調する。……かくして，あたかも聖書は理論において理性の諸発見に従属させられうるという見解に彼が一度でも与したかのごとくではない」（Brown (2004), 283）。実際，バルトは「概念「理性」に並行する概念「必然性」の考察においてもまた「理性的な」認識は信仰の対象に従うことそしてその逆でないことが帰結する。そのさい信仰の対象とその認識は最終的には真理に即ち神に即ち神の意志に従う」と主張する（Barth (1931), 50）。バルトが「最終的に」と語る時，正義の共約的理解を最終的に支える信の先行性を意味するなら，アンセルムスは同意するであろう。だが，救いをめぐる贖罪の真理が唯一であることの論証において二つのアクセスが合致するからと言って，啓示を密輸入していたことにも「信仰の対象に従うこと」にもならない。神・人論は理性のみにより導出されており，議論の展開を見るだけで了解しうるからである。従って，アンセルムスが時折聖書の記述との整合性を吟味したとしても必ずしもすでにある答えから「含意として導出した」ことにはならない。

にこの目的のためにご自身により立てられた」(I12)。一方，公権力の正当な報復は究極的に神に属しつつ司法的次元でその代行を認可され，それは比量的に遂行されるべきものである。他方，審判せず赦すことの命令は神に属するものを横領しないためである。等しさの各人の認識に基づく怒りと報復の欲求は神に属するものの横領とされる。そのパトスを突き抜けた魂の根底にある従順にこそ司法的な正義を超えた別の正義が待ち構えている。

　彼は一般的に言う，「神における一切の或いはいかに小さな不整合もわれらに受容されず，そして一切の或いは最小の理も，それより大きい理に矛盾しないなら，除外されない。というのも神にはいかに小さな不整合も不可能性を伴い，いかに小さな理も，より大きなものにより負かされないなら，必然性を伴うからである」(I10)。矛盾がない限り許容される理にも大小が認められており，神の意志における諸正義の理の秩序を不整合なく確立することが課題となる。

2　司法的正義の限界

　アンセルムスは司法的な理解の下では人間は正義たりえないと論じる。まず，人間社会が法の支配の下にあることを確認する。「人間の正義が或る法の下に（sub lege）成り立っていることは誰もが知っているが，それはその法の応報の量的な尺度に即して神から報いを受け取るためである」(I12)。ここで人間的な正義に関わる法は相対的な自律性のもとに成立しており，そしてその法は「目には目を」のモーセ律法と比較可能なものと考えられており，行為の不正の度合いに即して究極的には神から業の応報の尺度に即して報いを受ける。私はこの司法的次元における人間の罪科に応じた正義を「比量的正義」と呼ぶ。

　これが適用される場はそこにおいて神と人間双方が間接的に関わる被造世界であり，「自然の秩序と美」の保持と毀損を介して双方は交わる。「至高の叡智は邪悪な意志や行為を宇宙の秩序と美に導く」(I15)。そのなかで人間は自然を介して責任ある行為主体として神に応答する。「明らかに，神自身に関する限り誰も神に誉を帰することも帰さないことも

できない，しかし，当事者自らに関する限り彼が神の意志に自ら服する時また服さない時には，彼はそうしているように見える」(I15)。ここで「見える」は人間の観察範囲内においてと言うことであり，人間的に言えば相反行為可能性を保持した自律した者として，宇宙の秩序の状況にあわせ神に「誉を帰す（honorat），帰さない（inhonorat）」と語ることができる。人間の責任ある自由が帰属する領域とはこの現実世界であり，比量的な正義が法等を介して個々の行為に適用される。アンセルムスは他行為可能性の根拠を神の譲歩に見る。「被造物は何一つ自ら所有することはないが，神が彼に何かを為しまた為さないことを任せることにより譲歩する（concedit）時，神は二つの選択肢を持つことを自らのものとして与えている」(II18)。

その上で，アンセルムスは「いかに君は救われうるか」(I20)を問う文脈において，方法上の制約故に「私〔ボゾ〕の［1］信仰に戻るなら」を括弧にいれ，［2］司法的正義の追求による自己救済の可能性を問う。ボゾは「エゼキエル書」に訴え言う，「［2］「悪人であっても，もし犯したすべての不正から背を向け，わが掟をことごとく守り，正義と恵みの業を行うなら，〔必ず生きる，死ぬことはない〕」，「あらゆる彼の不正は思い起こされることなく……」[Ezek.,18.22]とわれらは読むことの故に，救われる希望を持ちます」(I20)。旧約聖書に基づき不正から離れ正義を遂行することは理性のみによる思考が考慮にいれることのできる一般的な命題であると理解する限り，ボゾは［2］倫理的な行為を救いへの一可能性として提示する。この種の行為は神から独立した者として自己救済をめざすものであり，信なき者が模索する救済の「他の方法」(I6, I25)でもある。そこでは，実際「君が罪に対し完済することが出来るものとして提示したかのものどもすべて（[Ezek.,18. 22等]）は，君が［神に完済を］負っていないとわれらは仮定しよう」と神の面前における独立が想定される（I21）。その上で師は神の意志に反して「一瞥を与える」類の些細な罪を「エゼキエル書」に見られる正しい行為の数々が「その一つの罪の償いとして〔神の〕満足に向けて十分でありうるか」を問う。神が「一瞥することは全くわが意志に反する」と応答する時，アンセルムスは「存在する一切のもののなかで，それのために神の意志に反してでも君が一瞥を与えねばならないものは存在するか」とボゾに

迫る（I21）。これは究極的には，われらの責任ある行為と神の前の人間現実の対応関係の問い，つまり司法的正義の遂行をもってして神の前に正しい者として立てるのかという問いである。

　人は理性的な存在者として神に誉を帰し至福たるべく創造されており，譲歩せずに言えば一切を負っている。「常にわれらは神の前に（in conspectu eius）いる」(I21)。それ故に，人間の罪は神に対して犯される。自然の秩序を媒介にせず，直接神の前で対面しつつ神の意志に背く思考実験により，彼は「神の意志に反することはいかなることかを熟考する時，それ [一瞥を与えること] がこの上もなく重大で，いかなる損害にも比較不能であること（nulli damno comparabile）」（I21）を確認する。人間は神の意志に反する時，人間的な損害とは比較不能な罪を神の前に負っている。これは罪の軽重に即した比量的な罰の領域を突破する。神の判断は比量的な「見える」の領域とは異なり，司法次元において端的に自らの意志に従うか背くか認識されている。この重い背きを免れる者は誰もいない（I21）。神の前でのこの罪を「端的罪」と呼ぶ。

　一つの問いは神の憐れみが否定されるなら，神はやはり欠陥を抱えるのではないかというものである。司法的次元において想定される憐れみによる赦免は二種類ある。「赦すこと（dimittere）」が語られうるのは(D4a) 一方，人が自発的に返すべきだが返しえないこのもの即ち弁償を赦免するか，(D4b) 他方，神は人を罰することにより，当人の意志に反して取り去るべきこのもの即ち至福を赦免するかである。しかし，(D4a) 一方，神が人の返しえないものを免除するなら，それは「神は自ら持ちえないものを赦す」を意味することになるが，「この種の憐れみを神に帰すことは笑止なことである」。(D4b) 他方，もし神は罰として取り去るべきものを免除するなら，「神は罰を軽減し罪の故に即ち持つべきでないものを持つ故に，人を至福にすることになる」(I24)。双方とも神に相応しくない赦しである。ここで「神の義」の司法的理解の限界が明らかとなる。「この種の神の憐れみは端的に罰以外に罪の故に返済されることを許容しない神の義に対立する」(I24)。かくして，この種の神の義と憐れみは両立しないために，神の全能と全知をめぐるディレンマ（D1）-（D4）は司法的な神の義の理解のもとでは解けないことが明らかとなる。

3　神・人による意志の正義の実現

　II巻で，アンセルムスは神・人により神の力能と知恵のディレンマを解く。罪の完済は人間の罪故に全てのもの（神を除く）に凌駕する何ものかによって神に償う者がいないなら，起こり得ない。しかし，当人の所有からその何ものかを神に与えることのできる者は最も大だが，存在しえない。人には不可能でありかつ神でない全てのものを凌駕する者は他に何も存在しないが故に，神にのみ贖罪は可能となる。だが神は為すべきではない。贖罪を為すべき者は人間だからである。しかし，すでに直接神の面前で背く思考実験により，彼は「端的罪」を確認していた（I21）。人間は背く時，比較不能な罪を神の前に負っている。これは罪の軽重に即した司法的な罰の領域を突破する。（D5a）一方，人間は比較不能な端的罪の故に自らその罪を償いえない，（D5b）他方，神は罪を償うべきではない。そこから，贖罪を為すのは神・人でなければならないが導かれる。真の神のみがそれを為すことができ，また真の人間のみがそれを為すべきだからである（II6）。

　この時点で唯一の救いの方法の担い手とその伝承上の固有名キリストは合致する。司法的次元とは異なる正義と憐れみの次元が開かれる。とはいえ，I巻ですでに一般的な仕方で司法的次元の根源にある一つの正義がどこに成立するかは語られていた。それは「神がわれらに要求する唯一のそして一切の誉である」（I11）ところの「意志の真っ直ぐ（rectitudo）」である。この意志の方向の存否が人間の魂の根源的な態勢を確定する。彼は「これが意志の正しさ或いは真っ直ぐであり，これが正しい者或いは心の直き者を形成する」と言う。これは司法的正義の根源にあり，外見上の正しい行為はこれなしには嘉みされないし，たとえ業が成就されなくとも正義であることには代わりない。彼は言う，「というのも，この種の意志だけが神に嘉みされる（placita deo）業を，それが為されうる時には，形成するからである。為されえない時には，その意志それ自身だけが神に嘉みされる，というのもいかなる業もかの意志なしには嘉みされないからである」（I11）。この神が唯一要求する真っ

直ぐの正義の実現が報告されている。「君は認識しないのか，キリストが自らの傷と侮辱と盗賊たちとの十字架の死に対し，それらは彼が従順により保持した正義の故に（propter iustitiam quam oboedienter servabat）彼にもたらされたものであるが，恵み深くも忍耐を堅持した時，彼は人間たちに模範（exemplum）を与えたのである」(II18)。この従順は死に至るまで保持された故に真っ直ぐとしての正義の模範となった。

　キリストが誰であるかを知りその上で彼を殺さねば世界の一切が滅びるという一つの想定のもとに，師は弟子に迫る，彼を殺すか或いは世界全ての罪を自ら荷うかを（II14）。ボゾは「この行為一つ為すよりも，……この世の一切の過去また未来の罪をこの身に受けたい」と答える。師は応える，「この人の肉体的生命に加えられた罪は，神の位格以外に加えられた罪がいかに大きくまた多くとも比較出来ないことが分かる」。この認識のもとにこの殺害の悪の反比例として一つの結論「彼がどれほどの善であるか」が導かれる。これは司法的次元を突破し罪に勝利するものである。「この人の生命は善であればあるだけ愛すべきものである。……君はこれほどの愛これほどの善なら，全世界の罪の負債を完済すべく十分でありうると思うか」(II14)。キリストが従順により保持した神に対する意志の真っ直ぐは比較不能であり「端的正義」と呼ぼう。新しい正義と憐れみの両立する地平がここに開かれた。

　かくして，種々の思考実験を通じて神の前の人間現実が照らし出されるとき，あの受難，死が何であったかが明らかにされねばならない。この人は人間にとっても最も偉大な罪なき生を神に負債としてではなく，自発的に与えた。人間にとって神の誉のために死に委ねること以上に自らを神に与えるものはなく，それを神は嘉みした。今や，真っ直ぐによる償い，完済がいかなるものであるかが語られる。「彼以外誰一人，死をもって，いつか喪失する必然性なきものを神に捧げ，或いは自ら負っていなかったものを神に完済した者はいない。彼は，いかなる必然性によっても決して喪失することのなかったものを自発的に父に捧げ，自らのために負っていなかったものを罪人たちのために完済した」(II18)。

　神は「満足か罰か」(I15) の択一にはもはやなく，ここで「償い」は矯正的な償いとして毀損された相手方への宥めや名誉回復をまた代償刑罰や身代金として罪の対応物の提供を意味してはいない。それは魂の

真っ直ぐを意味する。神は人間に唯一求めていたものを獲得した。父は子の従順の真っ直ぐに根源的な満足を見出したのである。それはその貴重さ故に人間の一切の罪が償われ，赦され，罪から義に移行するほどの比較を絶する正義であった。「模範」である以上，人間にもその従順は遂行可能なものと看做されている。

　アンセルムスはII19に至り最終的な問い「人間の救済がどれほどの理をもって彼の死から帰結するか」を問う。子は自発的に神に従順を捧げた時，父が子に報いることは道理ある。しかし，子には必要なものが何もないが故に，「彼の死の果実と報いは，彼がその人々のために救う者として，人間となった」彼の同朋に与えられることは道理ある(II19)。父による子の贖罪行為の理解は呼びかけにより報告される。「〔I巻で〕消失するかに思えた神の憐れみが，実はそれよりも偉大でまた正義なるものが考えられないほどに，偉大で正義に適ったものであることをわれらは見出した。……父なる神が「わが独子を受け，汝の代わりに捧げよ（accipe unigennitum meum et da pro te）」と言い，また子自身が「われをとり，汝を贖え（tolle me et redime te）」と言われた場合以上に，深い憐れみを考えることが出来るか。というのも，彼らがわれらにキリスト教信仰に呼びそして惹きつける時，彼らは言わばこのことを語っているからである。全負債を超える値が，ふさわしい愛情とともに与えておられる方にとって，彼が全負債を赦すことよりも何か正しいことはあるか」(II20)。これが憐れみと真っ直ぐな意志の尊厳ある正義の両立の唯一の形態である。

　父と子が「汝」に独子を受けそして父に捧げることだけを要求する時，父と子は汝に真っ直ぐだけを要求している。というのも，父は子の死に至る従順の故に汝の罪から義への贖いにとり十全であると看做しているからである。父も子の従順に真っ直ぐに対応し自らの義を保持する。子の従順の真っ直ぐ故に，父は司法的正義を離れ真っ直ぐの正義だけにより汝に対応することを意志した。これは父の尊厳の誉を維持しつつ子の望み通り汝の「全負債を赦すこと」を含意し，父の憐れみが偉大でありまた真っ直ぐな義に適っていることを示している。というのも，子の端的正義故に父は子に真っ直ぐである時，罪人の全負債を赦すことができまたそうすることが正しいからである。人はこの模範なしにこの

神の義を知ることはなかったであろう。その意味でこれは神の意志の啓示である。ただ，ここでは共約的な理解のためにキリストが自ら示した「模範」（II18）と呼ばれる。

　パウロは神においては「（業の）律法を離れ」，それよりも信に基づく義が心魂の根源的な事柄，基礎的なものであることを示している。「神の義」は「信じるすべての者」と神に看做される者に啓示されている。というのも，神の義とその啓示の媒介である「イエス・キリストの信」の間に，「分離（diastolē）はあらぬからである」（Rom.3:21-22）。それ故神は人間の心魂においても根底に信があるか否かをのみ考慮する。神の義は律法とは分離可能だが信と不可分離だからである。一方，その信が正義に適う業を生むでもあろう，他方，信なしにも見かけ上正義に適う行為はなされうるでもあろうが，信に秩序づけられない限りそれは偽り，不信実であるか，少なくとも心魂の根源からの安定した行為網は形成されえないであろう。この点，神の心魂と人間の心魂はその根源語において同様の振る舞いをする。信はこの意味で心魂の根源的な態度，態勢であり，パウロは信の根源性に訴えた議論を展開している。そして，そこでは業は何ら問題とされず，魂の根源的態勢としてのいわゆるルターの「信仰のみ（sola fide）」が問題になると言ってよい。換言すれば，「信仰のみ」とは神は人間の心魂の根源的態勢のみを問題にするということに他ならない。そしてこれはアンセルムスの「意志の真っ直ぐ（rectitudo）」に他ならない。

結　　論

　アンセルムスにとりキリストが従順により保持した真っ直ぐこそ根源的な信に基づく端的な義であった。アンセルムスは「人間は，その罪故に失ったものをその正義により神に返済されたところの死ぬことのできた人・神によってでなければ，和解させられえなかった」とこの出来事の唯一性を結論づけていた（II21）。

　アンセルムスは方法上の制約故に「信」を語りえなかったが，共約的に理解可能な魂の根源的な方向性としての真っ直ぐと看做されるキリス

トの「従順」がそしてその模範に続く者の従順が信に対応している。かくして，神は，神と人間の魂にとって業ではなく信が最も根源的態勢であるが故に，信に基づく義により人間を救うことを自らの最も尊厳ある名誉として選択したと言える。これが上記の諸ディレンマ（(D1) - (D5)）を解く。

なおアンセルムスは「父なる神は……罪なき者を罪ある者の代わりに死に付したのでもない」(I8) と代罰を否定した。神はモーセ律法の下で罪なき子を罰したとすれば，福音が律法の枠のなかで遂行されたことになるからである。アンセルムスの神・人論における贖罪の必然性の論証も司法的なものに還元されない。

ボゾは対話の終り近くで，信じうることそれ自身が喜びであることを表白するが，それは信が明確なロゴスをもっていたことの認識からくる。「何もこれ以上理に適うものはなく，何もこれ以上甘美なるものもなく，何もこれ以上，世が聞くことのできる望ましいものはありません。私はこのことから，心がどれほど喜びにあふれているかを語ることができないほどの信を抱きます。といいますのは，神はこの御名のもとにご自身に向かういかなる人をも受け入れ給わないことはないと私には思われるからです」(II19, cf. Rom. 15:13)。

V
人類の共生に向けて

14
初期近代における相互的仁愛論の可能性
―― 平和なる共生のための政治哲学に向けて ――

川 出 良 枝

　加藤信朗著『平和なる共生の世界秩序を求めて』（知泉書館，2013）は，現代の日本や世界が抱える問題に対して，ギリシャ政治哲学がいかなる貢献を果たせるかを問う警世の書である[1]。加藤と筆者である川出との直接の出会いは，加藤を代表とする共同研究「ギリシャ政治哲学の総括的研究」（2007 年～ 2010 年度科学研究費基盤研究（B））への参加から始まった。プラトンの『ポリテイア』と『法律』，アリストテレスの『政治学』という，古典期ギリシャの 3 大著作の，今日における最高の学術水準における分析をめざした共同研究であった。近代フランス政治思想を専門とする筆者は，ヨーロッパ近現代における 3 大著作の受容の検討という役割を担当した。共同研究は大きな成果をあげたが，今にして思えば，加藤にとっては，学術水準を極めるという課題と並んで，もう一つの重要な課題の遂行が懸案となっていたように思われる。すなわち，3 大著作の分析を通して人類一般の平和なる共生の秩序の構築のための理念を模索するという課題である。
　以下においては，この課題に応えるべく刊行された同書における加藤政治哲学の構想を直接考察し，その上で，そこにおいて，重要な導きの糸となっている一つの重要な理念に注目する。すなわち，「人間は自然本性上，ポリスをなす動物，つまり，ポリスを作って生きる動物（*physei politikon zoon*）である」というアリストテレスの『政治学』における一

1）　加藤（2013）。

文（1253a2-3）である[2]。ここに集約される人間観・共同体観について，近代政治思想の研究者という筆者の立場から，考察を加えたい。

1 『平和なる共生の世界秩序を求めて』をどう読むか

本書は，ほぼ20年，年代にして1990年代以降に発表された政治哲学にまつわる加藤の論考を元にしつつ，全体を政治哲学の確立に資するための試みとして統合したものである。本書を手に取る者は，日本の哲学者の政治に対する関心の薄さを厳しく批判し，日本における政治哲学の確立を強く求める冒頭の筆者の訴えにまず目を奪われる（「はじめに」）。それは日本の哲学者の無政治性への批判であると同時に，哲学的な知の裏付けを持たない日本の政治に対する加藤の危機意識の表明である。第1章の「政治の原点としての哲学」ではこうした批判がさらに発展させられる。ギリシャ古典哲学において，人間の「公共の生」（万人に等しく共有されるものとして確認される生），および公共の生を成り立たせている秩序の探求が開始され，哲学にとって政治の根拠を問うことが重要な使命の一つとなったことが示される。とりわけアリストテレスの『政治学』が提起した政治に対する哲学的探求の伝統は，ヨーロッパに受け継がれ，「それが『ヨーロッパ』という人間の自由の確立の歴史」となったとされる[3]。翻って，日本では，政治に対し発言するのは往々にして思想家，もしくは知識人（具体的には，宗教家，文学者，社会学者，経済学者，法学者など）であるが，筆者によれば，思想家の知的営為は政治に対する哲学的探求の名に値するものとは言えない。他方，アリストテレスに学ぶといっても，それを古代ギリシャという歴史的に限定された社会での政治に関する「思想」を学ぶというのであれば，それは歴史研究，文化研究ではあり得ても哲学研究ではない[4]。哲学とは自己の吟味であり，われわれ日本人が日本の過去と現在を鑑み，政治に関わるすべてにわたり，原理から吟味検討することがなければ，アリストテレ

---

[2] 加藤（2013），69。
[3] 加藤（2013），28。
[4] 加藤（2013），30。

スの政治哲学を学んだことにはならないからだという。

　こうした議論は，このようにまとめると，西洋中心主義とまで言えないとしても，ややヨーロッパを理念化しすぎているように見えるかもしれない。また，学問方法論ということでいえば，ある思想が定位する歴史的文脈を切り離して永遠・普遍の相の下でそれを理解することがそもそも可能なのか，という反論も提起されるかもしれない。しかし，本書を読み進めるにしたがって，こうした反発や反論がやや短絡的であることを思い知らされる。確かに，続く第2章の「公共性」においては，ギリシャの公共性にまつわる諸観念が，とりわけアリストテレスのゾーン・ポリティコンの理念が，いかに現代的意義をもつかが説かれる。だが，第4章の「共生」においては，和文字と漢文字の両方を用いる「両文字文化」を編み出した日本の文化的経験がアジアからヨーロッパにまでいたる世界の多様な文化をうちに取り込むことを可能にしたと示唆される。加藤は，共生という（加藤の理解では日本発の）概念に着目し，それがグローバル化の進展するこれからの世界に，相互理解と相互扶助の精神を提供しうる可能性を模索する。

　とはいえ，単に各地域，各文化には人間の公共の生に関するそれぞれ興味深い政治理念が存在する，と指摘するにとどまるなら，それはむしろ加藤の述べるところの「思想」のレベルの問題にとどまるだけであろう。この点に関しては，ケンブリッジ大学のジョン・ダンの近年における試みとの比較が参考になる。ダンは，ジョン・ロックの政治思想の歴史的コンテクストを掘り起こし，世俗的な思想家と位置づけられてきたロック思想の神学的前提を発掘し，ロック解釈を刷新したことで知られる政治思想研究の泰斗である。ダンは，従来の政治思想史があまりにも西洋中心主義的な前提の上で構成されてきたことを反省し，その限界を克服するために，人間の政治的思考（political thinking）をグローバルなレベルで追跡し，比較するという，いわば比較国際政治思想史と呼び得るものの確立の必要を訴えている。そのアプローチは，政治をめぐる多様な発想，多様な価値の間での対話を求めるものである。だが，それぞれを歴史的に相対化し，相互理解を深めることは可能でも，あるいは部分的・暫定的な共通了解を得る希望はあるとしても，ダンは，対話を通して人類規模で同意できる終局的な共通了解が得られるとは考えな

い。むしろ，そのような発想はユートピアにすぎないとみる[5]。その点で，多様な価値をふまえた上で最終的には普遍的な理念の発見を志す加藤の構想する政治哲学の試みは，ダンの試みとは微妙な一線を画す。加藤の整理を用いれば，「思想」の立場から全地球的な了解の可能性を目指すダンと，あくまでも「哲学」にこだわる加藤との相違と言い換えても良かろう。

　こうした普遍的価値の探求への強い傾斜は，第3章「『理想国』論への視座」におけるアリストテレス解釈にも連動する。加藤は，イエーガーの古典的な解釈を批判し，アリストテレスにおいても，プラトンと同様に，賢慮は知恵を前提とし，これにつながるものと理解すべきであると主張する。賢慮にもとづく判断のレベルにおいては，さしあたり可能な，よりよき次善の市民共同体のあり方が判明する。だが，それを元にしつつも，それにとどまることなく，最善の市民共同体とは何かを問うのがアリストテレスの課題であるとされる。アリストテレスをモデルとするなら，加藤が訴える日本発の政治哲学とは，さまざまな文化伝統における政治理念を，とりわけ日本人としては東アジアの伝統と固有の言語に根ざすものとしての日本の政治理念を出発点としつつも，それを文化と言語の相違を超える人類一般に通じる理性的な哲学と関連づける作業にまで進めてはじめて完成するものである，ということであろう。

　以上，加藤政治哲学の構想の一端を示したが，以下，3つに分けて問題を提起したい。第1に提起すべき問題は，平和なる共生を求める際の土台となる「言語」についてである。すなわち，相互理解という目標にとって，異なる文化伝統，異なる言語によって生み出された思想を理解することの困難性をどう見積もるかということである。たとえば，果たしてフランス語の詩，日本語の俳句を正確に外国語に翻訳できるであろうか。小林秀雄によるランボー訳は，元の言語にない「創作」を付け加えることで日本人に理解しやすく改編したもので，そうであるからこそ人気を博したと言えないであろうか[6]。詩の場合，特に言語に強く依存

　5）　ダンについて述べたことは，2012年4月に東京大学法学部「政治学研究会」で行われた講演 "Capturing the Global Trajectory of Human Political Thinking" を元にしているが，現時点では草稿は未刊行である。

　6）　この点についてはフランス文学者中地義和に示唆を受けた。

するだけにジレンマは深いが，思想や哲学についても，異文化の理解にまつわる困難は基本的に同様である。果たしてわれわれは，自国の文化伝統というフィルターを介在させないで，異文化を正確に理解できるであろうか。異なる文化伝統の相互理解を求める上で，「言葉」や「翻訳」による限界という問題はさらに真剣に考える必要があるのではないか。

第2に，平和なる共生の哲学を担保する「制度」としていかなるものを想定しているのか，という問題を指摘したい。政治の問題を考える際，確かに人間とは何か，という問題から出発するにせよ，最終的には，政治共同体にいかなる制度を設計すべきか（廃止・改革すべきか）という問題まで問わなければ，固有に政治哲学的な課題に応えたとは言えないのではないか。プラトンの『ポリテイア』における哲人王や守護者育成の仕組み，アリストテレスの（次善の策としての）寡頭制と民主制を混合したポリテイアなど，古代ギリシャの政治哲学はさまざまな制度案の宝庫であった。だが，同時にそれらが，その後の政治的経験を通して時に厳しく批判され，克服の対象ともされたという経緯も十分検討すべきではないか。

もっとも，こうした問いに答えることが本書の中心的な課題となっていないからといって，本書の意義が損なわれるわけではない。むしろ，本書の問いかけをきっかけとして，平和なる共生の世界秩序，すなわち，民族や文化伝統，宗教の多様性を相互尊重する，近代主権国家の枠を越えた「共生の秩序」[7]の構想が具体化し，その実現のために多くの哲学者が関心をもつようになれば十分であるというのが加藤の立場かもしれない。学問方法論という点からみた「思想」と「哲学」との関係についての筆者の立場は，上述のダンのそれに近いが，それでも本書のめざす平和なる共生の秩序の実現に積極的に貢献することは十分可能であると思われる。

このことを確認した上で，さらにもう一つコメントを加えたい。それは，本書に対するものであると同時に，前述の「総括的研究」プロジェクトにおいて筆者が引き受けた課題に対するささやかな回答という性格ももつ。すなわち，政治哲学における「古代」と「近代」をどう捉える

---

7) 加藤（2013），155。

か，という問題である。

　政治学という学問分野の枠内での思想・哲学の研究において，圧倒的に大きな比重を占めるのは西洋近代が生み出した自由民主主義体制とそれを支える基本理念（自由・平等・権利・主権など）の批判的検討である。古典古代は，しばしば，一方では，近代がのりこえるべき過去として扱われ，他方では，近代の自由民主主義に対する有力なオルターナティブとみなされてきた。この両者はいずれも，「近代」対「古代」という形で問題を設定している。他方で，古典古代は，ヨーロッパ思想の源流の一つであり，近現代にいたるまで，そこに強い連続性があるという見方もある。すなわち，そこに大きな変容や関心の移動があったとしても，「古代」と「近代」とをつなぐ連鎖があり，それが総体としていわば西洋的価値体系のようなものを形成している，という見方である。もちろん，連続と変化，共有と相反がモザイクのように入り組んでいるのが実態である以上，二つの立場の間の相違は程度の差にすぎないと言えるかもしれない。だが，加藤の提起する平和なる共生の政治哲学のプロジェクトにとって，政治思想・政治哲学における「近代」がいかなる役割を果たしうるのか，また，果たし得ないのかを検討するのは十分意味のあることだと思われる。

　だが，これは，近代の政治思想を専門とする者こそが率先して答えるべき課題であろう。以下，節を改めて，加藤の提起する共生の政治哲学にとっての基盤となっているアリストテレスの人間観・政治観の近代における受容と変容についての一断面を示すことにより，この課題へのささやかな応答を試みる。

2　初期近代における相互的仁愛論の可能性

　アリストテレスが示したゾーン・ポリティコンという理念が政治哲学にとって常に繰り返し参照され続ける，最も重要な観念の一つであることは言を俟たない。すべての人間には，共同体を目指す自然の衝動が備わり，しかもその共同体とは，他の群れをなす動物と同様，人間にとって，生存のために必要だから生じたのみならず，人間が「よく生きるた

めに」必要な存在である。トマス・アクィナスがアリストテレスの政治学を重視したため，この観念は中世ヨーロッパにおいてカトリックの神学大系に組み込まれる。こうしたアリストテレス＝トマス的な共同体観に鋭い批判を投じたのが，17世紀イギリスの哲学者トマス・ホッブズであった。

> ギリシャ人は自分らを「ゾーン　ポリティコーン」と呼び，この基礎の上に，あたかも，平和の維持と人類の統治のためには彼ら自身が法と呼ぶ一定の協約と条件とを作ることへの人々の同意以上のことは必要ないかのごとく，政治的社会（*societas civilis*）についての原理を樹立した。この公理は大半の人たちに受け入れられているのであるが，それでもやはり誤りなのである。……我々は，生まれながらにそれ自体のために交友（*socias*）を求めるのではなく，それから名誉や利益が得られるから求めるのであり，後者が根本的なものであり，前者は補助的なものなのである。[8]

このように，他者との間で交友を求めるのは，それによって名誉や利益が得られるからという利己的な理由に発するというのがホッブズの診断である。しかも，ここにおけるホッブズの眼目は，単に，人間には生まれながらに交友を求める性向が備わっていないと主張するところにのみあるわけではない。単に名誉や利益が得られるから，という動機に発して社会を形成しても，安定した社会は形成できないというのがホッブズの次なる主張である。「しかしながら，虚栄心から始まった社会が偉大であったり，永続したことなどはない。（中略）。我々は，偉大で永続的な社会の起源を，人間が相互に持つ相互的な善き意志にではなく，彼らが互いに持つ相互的な恐怖に置かなければならない」[9]。

相互的恐怖がどうやって社会（国家）の形成に結びつくか。これは『リヴァイアサン』において，綿密に論じられている。人間とは，自己利益を追求し，また，そのために最善だと思われる手段を行使する自由をもつ存在であり，しかもそのように行動することは人間が生まれなが

---

8) Hobbes (1983), 90; 邦訳, 757.
9) Hobbes (1983), 91-92.; 邦訳, 759.

らにもつ権利である。こうした個人と個人との関係は，端的に言えば，「万人の万人に対する戦争」という状態に陥る。しかし，自己中心的な個人が，何の拘束もなくやりたい放題に行動するとかえって自らの安全を大きく損なうことになる。そのため，死の恐怖におびえる各人は，自ら進んで，自分たちの無制限の自由に一定の箍をはめる存在として国家や法律を作り出した。その論理を簡単にまとめれば以上のようになる。人間観・国家観を貫くこの徹底した個人主義の精神が，西洋世界において一つの画期となったと述べても過言ではない。

　しかし，アリストテレスの共同体主義とホッブズの個人主義という両極端の考えにのみ注目するのは一面的である。作品の題名となったリヴァイアサンとは旧約聖書のヨブ記に登場する海の獣のことであるが，ホッブズのこの論争的な書物に刺激を受け，「リヴァイアサンを飼い慣らす」と表現されるような議論が輩出する[10]。カンバーランド（Richard Cumberland, 1631-1718）やプーフェンドルフ（Samuel Pufendorf, 1632-94）といった，いわゆる近代自然法論者がその一翼を担った。彼らは，ホッブズの個人主義的人間観に対抗し，人間にはやはり社交性（socialitas）が備わっているのだという，一見すると古代世界への先祖返りとも見えるような議論をもちだすのである。

　まずは，ホッブズ批判の先頭を切った論者として，イギリスの哲学者・法思想家カンバーランドによるホッブズ批判の議論を検討しよう。彼は，その『自然法』（1662）において，ホッブズの『市民論』を細かく引用しつつ批判する。批判の骨子は，ホッブズの述べるような，飽くなき欲求に駆られ，力を求め続ける利己的な人間は，実はそれゆえかえって無力であるというものである。

　　すべての者の経験によれば，以下のことはよく知られている。すなわち，いかなる一人の人間のもつ力も，……幸福という観点から見ると小さなもので，人生を幸福に生きるためにはたくさんのものごと，たくさんの人々の助けを必要とするのだが，他方，各人は，自分にとって必要ではなく，したがって自分には何の役にも立たな

---

[10] これについては，Parkin (2007) を参照。

いさまざまな物を他人の利用に供する余裕をもっている，ということである。しかし，我々の力のよく知られた限界ゆえに，助けてもらいたい相手（神と人間）に対し，自分たちの幸福の増大のために協力するよう強制することはできないということも，また確かである。この目的を達成する唯一の手段は，我々の側から奉仕や信義に基づく行いを相手に提供することにより，相手の善意をかきたてることだけである。[11]

幸福の増大のためには，人間同士が相互に協力する必要があるが，それを強制することはできない。カンバーランドは，「あらゆる種類の善への欲求」としての仁愛（benevolentia）という観念を議論の中心に据えるが[12]，他人から仁愛を期待する者は，自ら他人に仁愛を発揮しなければならない。それを知る人間が，自らの幸福を増大させることができる。社会とは，こうした仁愛の相互性によって形成されるものだというのである。

次に，プーフェンドルフの議論をみてみよう。プーフェンドルフはドイツの法学者で，その大部の著作『万民法と自然法』（初版1672，最終版1688）やその抜粋『人間と市民の義務』（1673）は，ヨーロッパの法学教育の場で盛んに用いられ，英訳・仏語訳などの力も与り，幅広く読まれた。その『万民法と自然法』は，次のように主張する。

　　明白なことだが，人間は自己を保存することに最も熱心な動物であるが，自分たちと似た者の助けなしに自己を保持するには本質的に不完全かつ貧弱な動物であり，また利益を相互に増大させることにはきわめて適した動物である。確かに，人間はしばしば邪悪で横柄で簡単に不機嫌になり，他人に害を与える用意があるし，実際害を与えるだけの能力ももつ。このような動物が，安全に，また現世において財を享受するためには，人間は社交的でなければならない。[13]

---

11) Cumberland (1662), I. XXI.
12) Cumberland (1662), I. Ⅷ.
13) Pufendorf (1688), Ⅱ. Ⅲ. 15. プーフェンドルフのsocialitasの概念はグロティ

プーフェンドルフの主張も基本的にはカンバーランドと同じで，ホッブズの自然状態における人間は，自己保存という究極の目標を決してうまく達成できないというものである。その際の彼の議論の大きな特徴は，引用文にもあるように，人間が他の人間の助けなしに自己保存を達成できるほど強く完全な存在ではない，という点にある。典型的には，人間が無力な赤ん坊としてこの世に生まれ，長い間両親の庇護を受けなければならないという事情がその根拠とされる。プーフェンドルフによると，ホッブズの自然状態は，オウィディウスの『変身物語』に登場するカドモスの兵士のようなものである。カドモスの兵士とは，テーバイの創設者カドモスが大地に大蛇の歯を撒くとそこから屈強な兵士が生まれ，同じ歯から生まれた「兄弟たち」が相互に殺し合うというエピソードである。幼年時代をスキップして，いきなり屈強な兵士が大地からわきだして，相互に殺し合うとは，何ともあり得ない想定だ，というわけである[14]。

　このように，人間が一人では自己保存を貫徹できない不完全な存在であるという前提から出発し，プーフェンドルフは「自己保存と社交性は決して矛盾するものではない」と断言し，さらに次のように論じる。

　　自分の福利と保存を願う者は他人への配慮を放棄することはできないというのは理性の命令である。というのも，われわれの安全と幸福は，大部分，他人の仁愛と援助に依存しているのであるから，（中略），まともな判断のできる人間であれば，自己の保存を自分にとっての目標とする際に，他人に対する気配りを放棄するようなやり方をすることはできない。自分のことを理性的に愛すれば愛するほど，その人間は，他人への奉仕によって，他人に愛されるよう配慮するであろう。[15]

　ホッブズの自然状態論を論駁するため，カンバーランドとプーフェン

ウスに由来するが，さらに両者が共通に依拠するものとしてキケロが重要である。cf. Hochstrasser (2000), 60-65.
　14)　Pufendorf (1688), Ⅱ.Ⅱ.4.
　15)　Pufendorf (1688), Ⅱ.Ⅲ.16.

ドルフは，自己保存のためにはいかなる手段を行使することも厭わず，相互に戦争状態に陥るというホッブズの説明は人間の行動パターンの理解として間違っていると批判する。すなわち，相互に敵対するより，他者と協力した方がより確実に自己保存を達成でき，また，より豊かで幸福になれるから，というわけである。

しかしながら，この二人の論議は，レヴァイアサンの完全な飼い慣らしに成功したと言えるであろうか。二人の議論は，結局のところ，仁愛，すなわち，他者への気配りや優しさ，協力や協調は，それが自分の利益になるから行う，と主張しているに過ぎないと受け取られかねないものである。実のところ，利他的行為とみえるものの動機も結局は自己愛に過ぎない，という議論はホッブズがすでに行っているものである。

カンバーランドとプーフェンドルフの立場を正確に述べるなら，上で引用した議論は両者にとってホッブズ批判の第一段階に過ぎない。引用部分は，二人がひとまずホッブズの議論の土俵にあえて乗った上で，かりにホッブズ流の自己保存の原理を認めたとしても，それが破綻していることを示す文脈に置かれている。まずはホッブズを批判した上で，カンバーランドはあらためて自然的社交性という古典的議論をもちだす。自己保存に発する行為ですら，必ずしもホッブズのいう戦争状態をもたらさない。ましていわんや，人間には，生まれながらの社交性が備わっているのであるから，ホッブズの主張にはまったく根拠がない，というわけである。他方，プーフェンドルフの場合はやや微妙である。彼は，生まれながらの社交性の話をもちだすことには消極的である。彼としては，もし，生まれながらに社交性が備わっているから人間同士が助け合うとすると，それは，単に動物の本能的行為，それどころか，自然法則にしたがって生命のない物体が運動するのと何ら異なるところではない。人間には，道徳性があって，それは自然的社交性という議論では説明できない。そこでプーフェンドルフは，神は，人間に社交的に行動するよう命令し，人間はそれに自らの意思で従っている，という議論をもちだす。こういった議論の意味を説明するのは，紙幅の都合で割愛せざるを得ないが，倫理学説史という観点から見ると興味深い転換点であ

る[16]。

　本論に戻るとして，特にプーフェンドルフの場合，生まれながらに社交的な人間という想定に距離を置こうとするため，常にその議論には「隠れホッブズ主義」という批判が浴びせられた。本人にとっては明らかに筋違いの批判なのであるが，読み手から見ると，彼の議論は，安易にアリストテレスに先祖返りしなかったがゆえに，かえって興味深いレヴァイアサンの飼い慣らし方になっているとも言える。レヴァイアサンを打倒する，という課題には失敗したが，その毒をうまく薬に変えるという意味での飼い慣らしには成功した，とでも言えようか。アリストテレス的共同体主義に直接回帰するのでもなければ，ホッブズの万人の万人に対する戦争の命題に与するのでもない，いわば第三の道とでもいえる相互的仁愛の議論が形成されたということである。

　こうした相互的仁愛の議論の意味をより明らかにするために，アダム・スミスの議論を参照しよう。彼はまさに，カンバーランドやプーフェンドルフの相互的仁愛の議論に対する手痛い反撃とも言える主張を提示する。すなわち，「われわれが食事をとれるのは，肉屋や酒屋やパン屋が仁愛（benevolence）をもつからではなく，これらの者たちが自分たちの利益を顧慮するからである」[17]。

　市場においては，売り手も買い手も自分の利益を最大にするよう行動するが，市場の自動調節機能（「神の見えざる手」）によって，全体としては最適な調和が実現する。この自動調整機能を支える社会関係として，スミスが注目したものが分業であるといったことは，あまりにも有名な話であるが，こうした市場秩序においては，カンバーランドやプーフェンドルフが依拠したような相互的仁愛すら不要となる。市場秩序，もしくはもう少し広い文脈で捉えるならば，文明の発展の結果，人間は直接的に他者に恩恵をほどこし，ほどこされるという関係から離脱し，一定のルールの下で，思う存分，自己利益を追求してもよい。よいどころか，その結果，ますます全体としての富や幸福が拡大していく。こうした人間観・社会観が登場したのである。

　アダム・スミス自身は，『道徳感情論』のような著作も残しており，

---
　16) この点については，Schneewind (1998), 123-31 を参照。
　17) Smith (1976), 26-27.

『国富論』のこの一節だけをとりだして，スミスの人間観・社会観とみるのは明らかな間違いである。そのことは留保する必要があるが，それにしても，このしばしば引用される一節にみられる社会観は，今日に至るまで，大きな影響力を行使し続けることになった。

　スミス自身の意図はともかく，人間関係の大半を市場における交換の論理に置きかえようという動きが，深刻な社会問題を発生させ，社会主義・共産主義という対抗理論が生み出された。しかし，それもまた，破綻し，逆にあらためて市場秩序の優位性が説かれるようになる。そうした流れを背景に，あらためて相互的仁愛の議論を読み直すと，その意義はもう少し積極的に評価されてしかるべきという感をもつ。というのも，それは，人間の行動原理として，あくまでも自己保存を探求するということを認めた上で，しかし自己保存と自己利益の追求にとって他者との間に恵み，恵まれるという相互的な仁愛の関係を形成することがいかに有利か，ということを示すものだからである。まさに，弱く不完全なものとしての人間にとって，自己保存と社交性は決して矛盾するものではない，という立場である。

　人間の自然的な社会性を前提とする場合，全体としての共同体が部分としての個人を包摂するという論理がどうしても発生せざるを得ない。個人や諸集団の利害や価値が多元化する現代社会において，こうした包括的共同体の設立は困難であるどころか，暴力を伴いかねない危険な試みともなりかねない。ホッブズの個人主義的国家観が，イギリスの熾烈な内戦を背景に，それを克服する方途として提案されたという経緯は，ホッブズ以降の時代に生きるわれわれにとってなおも重い課題である。しかし，だからといって，個人や諸集団の自己利益追求に何ら規制をかけず，「万人の万人に対する戦争」を放置して良いわけではない。そうした状況下において，初期近代に論じられた，自己保存への顧慮に発する相互的仁愛という理念は，現代社会における共生のあり方を考える際の導きの糸となるのではないか。倫理と呼ぶにはいかにも打算的にみえる相互的仁愛の論理であるが，少なくとも，それが古代の遺産を近代以降の状況に活かそうという一つの真剣な試みであったことは認められてしかるべきである。

15

他民族・諸文化の多元性を越えて
――新渡戸稲造『武士道』論をめぐって――

ムケンゲシャイ・マタタ

序

　2000年の頃，折しも新渡戸稲造の『武士道』ブームが到来していた。これは，グローバル化が進む中で，日本の伝統と文化を国際社会においてどのように位置づけるかという日本人の危機感に対する一種の対処行動であった。このような時期に，加藤信朗を中心にオリエンス宗教研究所で研究会が立ち上げられ，「キリスト教をめぐる近代日本の諸相」について，近代の思想史を共に検討し，活発な議論を行った。近代日本におけるキリスト教の受容・応答・変容という大きなテーマから，日本の風土，土壌の中で，キリスト教が自らをどのように表現してきたのかを検討した。

　このセミナーにおいて加藤は，古代ギリシャ思想を基盤にし，新渡戸の『武士道』に見られる近代日本とキリスト教との相違と接点について検討した。その後，氏は9・11以降のテロ対策について，アメリカ側が指摘した先制攻撃論に疑問を抱き，21世紀における世界の人々との「共生」への道を模索し，多くの示唆に富んだ提言をしてこられた。

　本章では，オリエンス・セミナーでの新渡戸『武士道』研究を中心に，氏が模索する東アジアの伝統文化と他の世界との共生の可能性について以下の三点にわたって検討してみたい。第1に『武士道』の多面性

と問題点について，第2に新渡戸『武士道』における徳目研究について，第3に加藤信朗による新渡戸稲造理解の要諦について考察したい。

1　『武士道』の多面性と問題点について

(1)　新渡戸稲造の『武士道』の特徴

　新渡戸稲造が1899年に著した英語版の『武士道』は，日本国内外においてよく知られている。当時『武士道』という著作は，西洋の日本人に対する理解を促し，西洋文化との出会いのかけ橋となる夢を具現化したものである。また同時に，両文化の出会いによる新しい文明を生み出すものとして期待された。『武士道』は，古来の仏教，神道，儒教のみならず，西洋の文化の母体である古典ギリシャの著書をも引用しながら構成している。それは江戸期までの武士階級の内に自覚され，形成された「武士道」とは逆に，新渡戸自身が少年期に育まれた経験から受け取った倫理観念を「武士道」であるとし，それについて論じたものである。

　加藤はこの『武士道』で新渡戸が取り上げた典拠に基づいて，『武士道』の構成を振り返りながら論じた。論考では「新渡戸が西洋を通して出会ったキリスト教」，「新渡戸の説く『道徳性の構成』」，「『欧米の心』と『日本の心』をつなぐかけ橋」を基本にしている。また『武士道』の多面性と問題点を考察しながら，『武士道』は西洋と日本の間の学術的問題を研究したものではなく，新渡戸稲造という一人の思想家の問題を扱ったものだ，としている。

　上述のように，『武士道』はさまざまな要素を含んだものである。それは新渡戸自身の少年期の日本の伝統的な習俗に由来している。思想面で成熟した新渡戸が，この「自己精神的な基盤」を支えている日本の伝統習俗を「武士道」として，ヨーロッパの歴史，思想などを取り入れながら，欧米人に紹介しようと試みたものである。

　『武士道』の特徴は，クェーカーを中心にしたキリスト教的西洋文化，思想を日本の文化と比較しているところにある。新渡戸はクェーカーという特殊なキリスト教との関わりを持ちながら，カトリックにも関心を

示し，その信仰心を大切にして生きた人である。同時に，18世紀にドイツ・ロマン主義運動に影響を及ぼしたフリードリヒ・シュレーゲルの中世復興運動への関心を高めたと思われる。それが彼の日本の封建道徳への回帰志向と対をなしているところも，彼の著作の特徴的な点である。

『武士道』は仏教，神道，儒教などを融合させた結果，豊かな多面体の相貌を持つことになった反面，新渡戸の「武士道」には，「接合しにくい多様な要素が混在しており，一貫性が見出し難く，困惑させられることも多い」というのも加藤の指摘のとおりである[1]。しかし当時の欧米の習俗を学んだ上で，西洋近代人に日本の文化と伝統を説明しようとした彼の志は評価に値する。

新渡戸は西洋近代文明とキリスト教を日本に導入する上で，さまざまな疑問を抱いた。西洋近代文明は世界を科学技術と軍事力で支配した。留学当初，彼はアメリカや西洋での植民地政策，他の宗教と民族の摩擦などの経験を経た。そして近代文明とともに到来した西洋のキリスト教が，聖書にある唯一の真理を全部表しているわけではないと悟った。

佐藤全弘が指摘するように，「新渡戸稲造は日本人として，アメリカという国はクリスチャンの国だけども，アメリカではキリスト教はほんとうに実行されていないということを痛感」した[2]。そこで，彼は西洋的キリスト教と聖書の唯一の真理を分けて考えるようになった。そして仏教やイスラム教なども評価し，日本にも神から与えられた真理があると述べた。宗教を問わず「あらゆる真理は最後に一つになる。あらゆる真理は究極には合一」[3]ということを強調した。世俗化する近代文明の中にあって，「武士道」とキリスト教とを融合させようということが『武士道』執筆の根本的な動機になっていることは注目に値する。

明治期における日本の開化と西洋文化の受容に対してさまざまな問題が生まれ，「日本国民のアイデンティティとは何か」という議論が，日清・日露戦争の勝利と結びつき，ナショナリズムの気運を高めた。明治

---

1) 加藤（2008），18。
2) 佐藤（1998），42。
3) 佐藤（1998），42。

の国家形成に伴う封建制度の崩壊[4]，日本の文化や宗教に対してどう対決していくべきか，西洋文明とキリスト教受容に対して，どう対峙し，どう妥協すべきか，といった問題を投げかけるものだった。明治維新の政策と近代化への推進によって封建制度が廃止された。その時新渡戸は，日本人の底流に一種の道徳があると気づき，それが当時の一般的な倫理観に反映されていると考えた。

近代日本と西洋との出会いから生じた問題は，日本の文化における内面的内発的な変化だといえる。民主主義国家に変わりつつある日本の社会で，武士の道徳という国民の精神の産物が表面的に壊されてしまったのではないかと彼は考えていた。西洋思想に憧れる日本の近代文明は，武士の道徳を捨てた結果，功利主義や唯物主義の台頭を許しつつあった。これらに対抗できるのは，キリスト教的な倫理体系だけだと新渡戸は断言した。

要するに新渡戸は，〈明治武士道〉の国家主義者が標榜する国粋主義，武士道論というよりも「武士道の上に接木された基督教」を推薦している。それに関して，新渡戸自身は次のように語っている[5]。

> 名誉と勇気，そしてすべての武徳の偉大な遺産は，……われわれが預かっている遺産にすぎず，今は亡き先祖とわれわれの子孫のもので，誰にも奪うことはできない永遠の遺産」である。したがって，現在われわれに課せられた使命は，この遺産を守り，古来の精神を少しもそこなわないことであり，そして未来に課せられた使命は，古来の精神の範囲を大きく拡げてゆき，人生のすべての行動とそれらとのいろんな関係に応用してゆくことである。
>
> 封建日本の道徳体系は，その城壁や武器と同じように崩れ去り，灰となってしまった。しかし，新しい日本の進路を照らす新しい道徳は，その灰の中から不死鳥のように生まれ出るであろうと予言され，この予言は過去半世紀におきた出来事によって確認された。このような予言の成就は望ましく，また可能であろうと信じている。しかし，不死鳥は自分で灰の中から生まれ飛び立つのであって，そ

[4) 須知 (2000), 294 参照。
[5) 文中, 『武士道』からの引用は, 須知 (2000) による。

れは渡り鳥でもなければ，他の鳥の翼を借りて飛ぶのでもない，ということを忘れてはならない。「神の国は汝らの中にあり」という。……日本人の心にそのあかしをたて，理解されてきた神の国の種子は，武士道の中にその花を咲かせた。しかし，悲しいことに，その実が充分に成熟する日を待たないで，今や武士道の時代は終わろうとしている。われわれは今，あらゆる方向に目を向けて，美と光明，力と慰めの源泉を探し求めている。しかし，いまだ武士道に代わるものを見つけることができないでいる。功利主義者や唯物主義者の損得哲学は，魂を半分失ったような屁理屈屋の好むところとなった。これに対抗できうるだけの強力な道徳体系は，ただキリスト教があるのみで，これに比べれば武士道は，「わずかに燃え残った灯心」のようである，と告白せざるをえない[6]。

今日，われわれが必要とするものは，武士の使命よりもさらに高く，さらに広い使命である。広い意識をもつ人生観，民主主義の成長，他の国民や他の国家に対する知識の増大とともに，孔子の仁の思想や仏教の慈悲の思想は，キリスト教のいう愛の観念へと拡がってゆくであろう[7]。

以上引用した文章は，新渡戸が，キリスト教と「武士道」，または日本の伝統的道徳とキリスト教との関わりにおいて，新たな武士道精神に基づいた日本の文化が誕生するにちがいないということを，独自の姿勢で考え出したものである。しかしこのような考え方は，当時一般には理解されなかっただけではなく，「武士道」を国家主義，軍国主義の柱として利用しようとする勢力が，第二次世界大戦まで引き継がれたのであった。

新渡戸は西洋キリスト教と日本との融合を試みる上で，日本の「武士道」と中世の「騎士道」との関連性に重点をおいている。おおむね，中世社会という時代は封建社会である。政治的多元性の中に騎士・貴族たちのほかに皇帝・天皇・王を中心とする階層が主従関係で結ばれて生

---

6) 須知 (2000), 293-94。
7) 須知 (2000), 290。

きる社会である。新渡戸は日本の道徳観念について尋ねる欧米人に対して，中世的「騎士道」の中に，日本の「武士道」に対応する道徳観念を見出し，それを用いて説明している。

　加藤の論考によると，新渡戸は日本近代の世俗化への懐疑，日本の伝統宗教やキリスト教信仰との出会いにおける懐疑の「狭間を終始しながら」，自身が信じる倫理観としての「武士道」と，キリスト教倫理の一致を示そうとした。そのために日本の「武士道」とヨーロッパの近代ロマン主義精神との結びつきによってその一致を示そうとした。この点において，新渡戸がキリスト教の信仰と日本の宗教性との接点を求めることになる。

　いうまでもなく『武士道』の執筆に至るまでの新渡戸を支えたのは，日本で培われた文化的，社会的な一般倫理と，プロテスタントのクェーカーの「内なる光」の信仰，欧米に学んだ思想や文化などである。新渡戸稲造はとくに，日本の道徳的伝統についてそれを知らない欧米人に説明し，あるいは日本に対するさまざまな誤解や批判に対して解明し，弁明することを試みたのである。また彼は日本の古典とともに西洋の歴史，文学，あるいは聖書からの引用を用いながら，日本と西洋の道徳を比較した上で，相通じる合理性を備えたものを描こうとしている。(16章－17章)

　さらに，新渡戸の『日本文化の講義』の第17章には，次のような指摘がある。

　　　異なった国民には異なった特徴があるのは，否定できない。その背景説明は，心理学者と生物学者に任せることにしよう。基本的には，人類は精神において一つであり，この基本に向かってわれわれは近づいている。一方，われわれは，相互の相違点を理解し，調整するよう努めねばならない。そして，そのためには，相違点の実体は何かを良く理解し，できれば，その実体を正確に知ることは，われわれの義務である。そのことなしには，この世界は，より貧しいものとなろう。変化は，人間の生活を豊かにする。したがって，われわれは，国民性における多様性をむしろ歓迎すべきである。(全

十九・311)[8]

　以上のように，新渡戸の『武士道』の多面性は，彼を培った教育，キリスト教の信仰，欧米で学んだ思想と文化が混在し，多角的な視野から構成されている点に特徴がある。また加藤も指摘するように，『武士道』の扉に引用された3人の異なる時代の人物——ロバート・ブラウニング，ハラム，シュレーゲルの言葉は新渡戸の「moralityとChristianity」において「その終極点で一致」[9]したのである。さらにプロテスタントである新渡戸がカトリックの司教の言葉に支えられて『武士道』を表そうとする意志には彼自身の内面が持つ「多面性と自己相克」が表れている。この『武士道』執筆に至るまでのこれらの過程が，同書の魅力を解く鍵ともいえよう。

(2) 武士道とキリスト教の比較（接点）

　新渡戸は滅びていく「武士道」に代わってキリスト教を唯一の道徳体系として考えていた。しかし彼は，キリスト教が単に来るべき新しい教えとして，単純に受容されることを望んでいたわけではない。彼は「武士道」に未来がないと断言する一方，欧米からの宣教師による宣教の問題点を明確に批判している。要するに宣教師は日本の歴史を全く知らず，イギリスやアメリカ風のキリスト教を伝えてはいるが，それはイエスの教えそのものを単純に表現したものではなく，さまざまな気まぐれな思いつきを含んだものとされる[10]。新渡戸によると「彼ら新宗教の教師たちは，幹，根，枝などを根こそぎにして，福音の種子を荒れ果てた土地に播くようなことをすべきであろうか。そのような英雄的な方法は，ハワイでは可能かもしれない。そこでは戦闘的教会が，富の搾取と先住民の種族の絶滅とに，完全な成功をおさめたといわれている。しかしこのような方法は，日本においては断じて不可能である」[11]。

　新渡戸にとって，キリスト教の教えは，それぞれの国民の道徳的発展

---
8) 鵜沼 (2004), 8。
9) 加藤信朗 (2008), 23。
10) 加藤和哉 (2008), 50。
11) 須知 (2000), 280。

の中で慣れ親しまれてきた言葉で表現されるべきものである。それは人種や国籍に関わりなく，人々の心に根づかせていくことである。いかなる民族の歴史も，神自らの手によって記述された人類の歴史の1ページであると彼は強調している。これは近代キリスト教の布教に対しての反省であり，現代にも及ぶ文化内開花（文化内受容・インカルチュレーション）というキリスト教の課題を新渡戸が先駆的に明言したものである。そこで新渡戸の道徳教育への強い関心も，まさにこの考え方によって説明できると思われる。新渡戸にとって，キリスト教は，神と特定民族との契約や，異文化ではぐくまれた聖書物語や欧米の教会用語，教理，神学用語などによって語られるべきものではなく，むしろ自らの伝統の中からはぐくまれた倫理，日常の言葉などで語られるべきものである。

　新渡戸は，新しい日本を導く精神的原理（新しい倫理）としてキリスト教を念頭においた。しかしそれは欧米キリスト教の教えをそのまま移植するのではなく，むしろ「武士道」の幹に接木することを前提として考えたキリスト教である。なぜなら伝統の「武士道」を顧みることが出来ない近代日本の新しい人間像は，武士道精神とキリスト教精神との出会いによって生まれるものだと思われたからである。その点において，新渡戸は，いわゆる「和魂洋才」を保ちながらも，「『和魂洋霊』（日本の伝統的な魂〈soul〉に，キリストの福音がもたらす霊を注入する）」[12]という組み合わせを指摘することも忘れていなかった。

2　新渡戸『武士道』における徳目研究

　『武士道』の中で新渡戸が諸徳の構造化を解説するとき，用いたのは儒学の用語である。この構造化の方法は新渡戸独自のものである。これはまた，「明治の文化人が欧米の道徳性に触れ，その倫理学思考に動機づけられて試みた，自己の精神的バックグラウンドとしての道徳性」であるともいえる[13]。

　この試みは，新渡戸がヨーロッパで学んだことの基礎の上に，日本の

---

12) 加藤和哉（2008），51。
13) 加藤信朗（2008），24。

伝統文化を比較して説明しようとしたものである。新渡戸は「武士道」を日本人の道徳性の基礎として提示しながら，さまざまな徳目や武士道を構成している諸要素を挙げ，全体的な特性として「武士道」を解説している。『武士道』第1章の内容は「武士道」の「道徳体系」として取り上げられている。武士道は日本の桜花であると同時に騎士の道であり，「武士の道徳的な掟であって，武士はこれを守り，行うことを教えられ，かつ要求されるものである」[14]と新渡戸が解説している。武士道の源泉は東洋思想たる仏教や神道であり，儒教である。

　仏教は運命に対する信頼感，危険と災難に対する禁欲的な平静さを与え，瞑想を通して自己と絶対的なものとを調和させる心を与える。神道は，主君に対する忠誠，先祖に対して敬拝，孝心などを教える。孔子の儒教の道徳的な教えは，武士道の豊かなよりどころとなる。とくに儒教の政治道徳の格言の多くは，支配階級にある武士たちにとってふさわしいものであった。さらに孟子の「惻隠の心」といった，民を思いやる心を醸成し，武士階級に好まれた。

　儒教は五常（仁，義，礼，智，信）や五倫（父子、君臣、夫婦、長幼、朋友）で構造化されるのが伝統的な試みであった。しかし新渡戸の『武士道』の諸徳の構成は，『大學』『中庸』などといった孔子・孟子によるものではなく，むしろ欧米の習俗，徳論の学習をふまえたもので，それとつき合わせて新渡戸が自己を支える道徳性の要素分析と構造化を行ったものである。

　『武士道』の3章から9章までは，諸徳の構造化に関することが論じられている[15]。新渡戸の徳論では，「義または正義」という徳目が第一に挙げられている。「義とは勇気を伴って為される決断力である。道理にまかせて決断をし，いささかもためらうことをしない心をいう。死ぬ

---

14) 須知（2000），32, 34。
15) 第3章　義または正義
　　第4章　勇気・敢為堅忍の精神
　　第5章　仁・惻隠の心
　　第6章　礼儀
　　第7章　真実および誠実
　　第8章　名誉
　　第9章　忠義

べき場合には死に，討つべき場合には討つことである」[16]。新渡戸が説くところによれば，「厳正な意味における教養に関しては，孔子の教える道が，武士道のもっとも豊かな淵源であった。孔子が説いた，君臣，父子，夫婦，長幼，朋友の，この五倫の道は，中国よりこの聖人の教養が輸入される以前から，わが国の民族的本能が，これを認め重んじていたことであって，孔子の教えはこれを確認したにすぎない。」[17]

　加藤は，新渡戸が構造化した「武士道」の諸徳について，古代ギリシャの思想を用いて問題点を指摘している。まず「武士道」の諸徳の構造には欧米の社会で見られる「枢要徳」たる『知恵』または『賢慮』，『節制』，『正義』，『勇気』の内，知恵または賢慮，節制と正義が欠如している。これらはプラトンないしアリストテレスら，キリスト教を含み，西洋の人間性と民主主義を理解するために外すことは出来ない重要な徳である。

　古典のギリシャ思想およびプラトンの『国家』篇では，「義と正義」の徳が「知恵」と結びつけられている。「五常」のなかでは「智」と「義」との関連は不可欠である。新渡戸の構造から考えてみると，勇気から忠義への関係が強調されているが，「義，仁，智」という関連性が失われている。既述したように[18]，『武士道』第3章において，「義または正義」が扱われてはいるが，アリストテレスの「正義論」と対比すると，「他人への関係としての正義」という徳の価値が見失われている[19]。

　アリストテレスの「正義論」は市民の間の「公正」「等しさ」を教えて，ヨーロッパの民主主義の基礎を作り，またついには近代ヨーロッパの政治理念をもたらしたものと思われる。いうまでもなく「正義」という徳は，すべての人の人間性を根拠づけるものであり，人と人を互いに「親愛」のきずなで結ぶ徳目である[20]。しかしそれは『武士道』の義の徳目の説明においては現れてこない。

　それと同時に第5章で扱われる「仁・惻隠の心」が「正義」に密接

---

16) 須知（2000），58，林子平の言として引用されたもの。
17) 須知（2000），48。
18) 注15参照。
19) Höffe (1999), 167-68 参照。
20) 加藤信朗（2008），28。

に結びつかないのは，キリスト教の教えからすれば問題である。キリスト教徒であった新渡戸稲造が，「義」「正義」「仁」「惻隠の心」などといった人間の道徳性を解説しながら，キリスト教の「枢要徳」とよばれる「へりくだり，謙遜」を無視したことによって，「武士道」とキリスト教との接点になりうるものであった「仁愛」の説が分かりにくいものとなっていると思われる。

　これはすでに第2章「武士道の源流」で神道には「原罪」の教義を入れる余地がないと説かれていることに関係がある。新渡戸はここで仏教ではなく神道に日本人の精神的基盤を求めようとしているが，仏教的観念は聖徳太子以来，日本人の心性に深くしみこんでいると言わねばならない。そして仏教における「無明」の観念はキリスト教の「原罪」の観念にきわめて近いものなのである。さらに新渡戸はこの章で，孔子の教えは日本人の民族本能が以前からすでに確認していたことを追認したに過ぎないと述べているが，これも根拠を欠いた速断である。こうして，神道に日本人の精神性の基盤を置き，武士道の源流を求めようとするこの章での新渡戸の説は「廃仏毀釈」という明治政府の路線にそったものではあるが，それは一つの主張ではあっても，真実からは遠い[21]。

　菅野氏も指摘しているように，武士道の道徳観念は一般の道徳と比べると大きく異なる。彼は次のように説いている。

　　武士道は，第一義に戦闘者の思想である。したがってそれは，新渡戸をはじめとする明治武士道の説く「高貴な」忠君愛国道徳とは，途方もなく異質なものである。
　　とはいえ，武士道が全く道徳と相いれない暴力的思想であるわけではない。武士道ももちろん，ある種の道徳を含み持っている。だがそれは，一般人の道徳とは大きく異なる道徳である。平和の民にはおよそ想像を超えた異様な道徳。それが武士道の道徳なのであ

---

21) 加藤信朗 (2008), 29.

る。

　　武士の道徳というと，多くの人が，忠孝，仁義といった儒教的徳目を思いうかべることだろう。忠孝仁義は，江戸時代の武士たちの世界で盛んに唱えられ，明治武士道もまた，忠義・忠孝を核心的概念として鼓吹している。武士道といえば忠孝仁義というのもまた，今日の通り相場になっているように見える[22]。

このように加藤が指摘した，新渡戸「武士道」の徳目の「廃仏毀釈」との親和的傾向は確かなものである。明治の武士道は国家主義者とキリスト教徒という異なった論点があったが，両者は違いを超えて一つの大きな共通点を持った。それは武士道を日本民族の道徳，国民道徳と同一視しているところである[23]。新渡戸自身も，おそらく「武士道」を学術的な問題として研究するのでなく，むしろ彼が吸い込んだ道徳観念をアメリカに説明し，「将来の国際世界におけるアメリカおよび日米関係の重要性を予想したことにあったと思われる」[24]。

青年時代に研究のためにアメリカへ渡った新渡戸は，アメリカ倫理道徳面に対して，基本的に批判的な気持ちがあっただろう。日本にもたらされたアメリカ的なものの中から，新渡戸の馴染みのなかったものは，西洋における個人主義とそれにむすびついた利己主義であったと思われる。そこで新渡戸は，日本の古来の生き方を守っていくために，封建制度のもとにあった江戸時代の「武士道」の精神を掘り起こした。新渡戸がとらえるアメリカ的「個人主義」によって失われつつある日本の伝統とは，封建制度による忠誠心をはじめとする絆で結ばれた共同社会のことである。

こうした側面について，新渡戸は以下のように述べている

　　封建制度は政治制度としては失敗したとしても，社会制度としては多くの貴い道徳的特徴をこれまで発展させたのであった。今日の個人主義的な社会組織が，日々の人間関係を現金の貸し借りで成り

---

22) 菅野 (2004)，20-21。
23) 菅野 (2004)，261。
24) 鵜沼 (2004)，4。

立たせているのとは違って,封建制度は,人々を仲間同志の間の個人的絆で結びつけたのだった。(全十七・521)[25]

封建制度とともに,新渡戸が保とうとしたのは自然との調和にある生命の形象だと思われる。近代西洋の科学技術は,自然を破壊し,自然を人間のために存在しているという考え方を推進した。それに対して,新渡戸は自然がもっている独自の価値を強調した。そして彼は近代西洋の個人主義や功利主義を乗り越えるために,神道的自然観念に基づいて,日本人の感受性,神観,祖先崇拝などといったことから,日本的共同体の在り様を強調しようとしているとみられる。天皇への主君忠誠との関連では,新渡戸には「少年期の大教宣布の感化以外に,旧南部藩士新渡戸家の神祇を尊ぶ環境,さらに明治天皇が明治9年・14年の東北巡幸にあたり祖父傳に三本木原開拓の偉業を嘉賞されたこと(農学志向への転機),カーライル『衣服哲学』からの感化とキリスト友会(クェーカー)の信仰,大正4年の大嘗祭参列など」[26]といった背景が見られる。

3 加藤信朗による新渡戸稲造理解の要諦

新渡戸稲造は,明治・大正・昭和といった日本の社会にさまざまな変化をもたらした時代に活躍した思想家であり,国際人である。当初,彼は「太平洋の橋」になるという夢を持ってそれを実現した。新渡戸稲造は日本を外国へ紹介するために多くの書物を著した。それは日本のことを知らない欧米人に理解してもらうために書かれた,日本語や英語の書物であった。中でも有名になったのは,アメリカでの静養中に書かれた『武士道』である。

さらに,1912年(大正元年)に英語で出版された『ジャパニーズ・ネーション』(『日本国民——その国土と人民と生活』)では,日本のさまざまな事柄——歴史,地理,政治,農業,経済,宗教,道徳などといったことをアメリカ人に講義していった。新渡戸は明治のみならず,昭

---

25) 鵜沼(2004),7。
26) 佐藤(2008),139。

和に至るまで日本と西欧との友好関係を保つために講演に出かけて回った。

同時に彼は，とりわけ外国の事情を日本人に紹介するという働きにおいて非常に優れた人物であった。1934年には『西洋の事情と思想』という書物も刊行され，東西のテーマを取り上げ，西欧の問題等を日本人に紹介するということが中心になっている。若い時期に新渡戸自身が望んだ「太平洋の橋」にならんとする志が具体化されたものである。新渡戸はアメリカと日本との間だけでなく，ヨーロッパも含めて東洋の考え方を西洋に伝え，西洋の文化と思想を日本に伝えるという仕事に生涯を捧げたといえる。

先述の通り，彼の活躍を支えたのはキリスト教のクェーカーの教えであった。とくに，その教えの中の神的なもの——すなわち「神からの光」を受ける人との関係が重視されている。その「内なる光」の光源は聖書が啓示する神の中にある。この神秘的な「光」は，キリスト教に限らず，他の宗教と並んで人びとの精神をより高い境地へと導くものである。

新渡戸『武士道』を，哲学の視点から検証した加藤は，新渡戸自身が「農業学」を専門としながらも，畑違いの東洋の精神史に取り組んだ，その「素手の取り組み」に愛着を覚え，ここに新渡戸に代表される「日本人一般」の「こころ」を読み取った[27]。また加藤は明治期の日本の様子や日本人の心性を新渡戸を通して読み取り，そこに当時の人びとの気骨を見出している。つまり加藤は古典ギリシャ・ローマの源泉からヨーロッパ精神史を学んだ上で，「日本およびアジアの心の源泉」に近づこうという志をもって『武士道』を読解したのである。グローバル化時代の反動として起こった『武士道』ブームと，昨今の憲法改正への動きの中にあって，あえて『武士道』をとりあげ，新渡戸が「太平洋の橋」となるべく歩んだその精神を検証したことは注目に値する。

加藤は，新渡戸とは専門分野や時代，方法論を異にしながらも，まなざしの向かう先を同じくしていることがうかがえる。新渡戸は若くして東西の「制度社会」の違いを肌で感じ，歴史と文化の多元性を事実とし

---

27) 加藤（2008），32-33。

て受け入れながらも「内なる光」説に支えられ，「友愛の絆」を築くことを求めた。この点について加藤は新渡戸を民族の多様性，宗教の多様性，文化の多様性を主張する時代の先駆者として評価している。

グローバル化社会における文明の衝突を目の当たりにし，加藤は過去の反省に基づいて，他の民族，とくに東アジアとの共生を図ることの必要性を訴えている。新渡戸『武士道』に関する論考執筆後にオリエンス・セミナーで発表し，その後刊行された「報復の正義と赦しの正義——共生の正義を求めて」[28]，『平和なる共生の世界秩序を求めて』[29]等の著書において上述の論が展開されている。

加藤は，地球上の人々が同時性を持ち，同所性を共有することになった現代にあって，「共生の正義」すなわち「『公共性』の正義」が求められなければならない，とした上で以下のように述べている。

> それは「世界国家」の実現を求めることではない。民族，文化伝統，宗教の多元性の表面化は「全地球化（globalization）」がもたらした世界の現状である。それゆえ，他民族，他文化伝統，他宗教の固有の尊厳を認め，許容する，「近代主権国家」の枠を越えた「共生の秩序」がいま求められなければならない。それが容易なことでないのは目に見えている。しかし，これが実現されないかぎり，人類に明るい未来はない[30]。

これこそ，加藤が訴える，世界に響かせるべき東アジアの声なのである。新渡戸が「太平洋の橋」となったように，グローバル化する世界にあって加藤は日本と世界，とりわけ日本と東アジアの他の民族との間の連帯の必要性を見出している。アジアの他民族・他文化・他宗教の共存がもたらす価値を，グローバル化を推進する国ぐにに伝えようという試みは今も続けられている。かつて芭蕉が俳論の中で述べた「古人の跡を求めず，古人の求めしところを求めよ」という言葉は，新渡戸『武士道』を検討し，グローバル化時代にあって，「人類の共生と平和の世界」

---

28) 加藤（2005）。
29) 加藤（2013）。
30) 加藤（2013），155。

構築を目指す加藤の姿勢をよく言いえている表現であるといえる。

あ と が き

「終わりが始まり」

　これはここ数年，共同研究が終わりを迎えるたびに，加藤信朗先生が発してきた言葉です。本書もこの精神に支えられています。私たち執筆者は皆，人生のある時期ある場所で加藤先生と出会い，先生からの問いかけに突如として巻き込まれ，問を絶えず胸に抱きながら，自分なりの答を探し続けてきました。各章はその応答の記録ともいえます。こうした形を取ることで，答はある「終わり」を示しますが，同時にそれは先生への問いかけとなる。私たちが信ずるところでは，この「終わり」は新たなる問いかけとして，先生の応答の「始まり」なのです。そして応答はもう一つ別の問いと化す。哲学は「道をよく歩んで，花を咲かせ生を輝かせる時もあれば，命を失う時もある，しかし再び父(エロース)に与ることで新たな生を得る」（『饗宴』203e）。哲学の歩みは具体的な問いと答えの無限ループであり，その意味で，本書は加藤先生とその感化を受けた者たちのきわめて私的な——個を定義する——往復書簡の一齣なのかもしれません。

　それでもなお，私たちが向き合っている対象が，善・美・正義，存在と知，神と人間，平和なる共生といった，いつでもどこでもだれにとっても真に問題となる普遍的な事柄である限りにおいて，私的なやり取りも公に向けて発表する意味——理性の公的な使用——があると信じます。「人が文字の園に種をまくのは，私的な備忘録でないなら，同じ道を歩む全ての人のため」（『パイドロス』276d）なのだから。同じ問題を異なる視点から考える人々との新しい共同探究の「始まり」が私たちの切なる願いです。

　ただ，日常生活では問われることが少ない大切な問題をゆっくり考える哲学の時間と空間はやはり一般世界からかけ離れたものとなります。

あとがき

　その一つの交わり(コイノニア)として，加藤先生が東京都立大学の退職後に自宅で催されて20数年に及ぶマンデー・セミナーがあります。週に1回，月に2回，時には数か月の休みもあったりと頻度は違えど，集えば毎回3時間じっくりプラトンの原典に親しむ。日常と仕事のくびきから解放された参加者は普遍の光の下で自らを曝け出しつつ，しかしなぜか少し元気になっていつもの世界に戻っていく。暗闇にかすかに灯る火を手がかりに，それぞれの道を歩み続けます。

　日常と非日常を時空的に跳び越える私たちの往復運動も，それを陰で支えてくださる方々の存在なしには考えられません。マンデー・セミナーについて言えば，テキストとの，また先生との馴れ合いを決して許さない厳しい交わりの前後で，いつも太陽のように暖かいこころで参加者を包み込み，おもてなしいただいた奥様・加藤耀子さんに感謝の気持ちを捧げたいと思います。私たちは，共に食べ，飲み，語り合うといった人間の基本的な営みに自由な「閾」の喜びを体感したものです。

　本書の企画は2013年12月のマンデー・セミナーOB会に編者4人が集った時に遡ります。その企図は，まずは2014年7月に慶應義塾大学で催された，先生の米寿を記念するシンポジウム「加藤信朗哲学の再検討」（主催：科学研究費補助金　基盤研究（B）代表：納富信留）として具現化されました。いくつかの章（総論，4，6，10，11，12，14章）はそのときの報告に基づいています。ご参加いただいた方々と協力者の皆様にお礼申し上げます。

　最後に，本書の誕生に当たっては，知泉書館の小山光夫氏に大変お世話になりました。加藤先生との長いおつきあいに基づく数々のご配慮，深く感謝いたします。

　2015年5月

編者の一人として
栗　原　裕　次

執筆者一覧

（50音順　生年，最終学歴，現職，専攻）

一色　裕（いっしき・ゆたか）
1953年生。東京大学人文科学研究科美学専攻博士課程満期単位取得退学。現在，日本大学文理学部哲学科非常勤講師。美学。

荻原　理（おぎはら・さとし）
1967年生。ペンシルヴァニア大学 Ph.D.。現在，東北大学准教授。哲学。

金澤　修（かなざわ・おさむ）〔編者〕
1968年生。東京都立大学人文科学研究課博士課程単位取得退学，博士（文学）。現在，学習院大学文学部非常勤講師。西洋古代哲学，比較思想。

川出良枝（かわで・よしえ）
1959年生。東京大学大学院法学政治学研究科博士課程修了，博士（法学）。現在，東京大学大学院法学政治学研究科教授。西洋政治思想史。

神崎　繁（かんざき・しげる）
1952年生。東京大学大学院人文科学研究科博士課程単位取得退学。現在，専修大学文学部教授。西洋古代哲学。

栗原裕次（くりはら・ゆうじ）〔編者〕
1964年生。カリフォルニア大学アーヴァイン校 Ph.D.。現在，東京学芸大学教育学部教授。ギリシア哲学・倫理学。

高橋雅人（たかはし・まさひと）
1966年生。東京大学大学院人文科学研究科倫理学専攻博士課程修了。現在，神戸女学院大学文学部教授。倫理学。

瀧　章次（たき・あきつぐ）
1959年生。東京大学人文社会系大学院博士課程単位取得満期退学。現在，城西国際大学准教授。西洋古典学。

田坂さつき（たさか・さつき）
1959年生。東京都立大学大学院人文科学研究科博士課程満期退学，博士（文学）。現在，立正大学文学部哲学科教授。ギリシア哲学・倫理学。

田中伸司（たなか・しんじ）
1960年生。北海道大学博士後期課程中退，博士（文学）。現在，静岡大学人文社会科学部教授。ギリシア哲学・倫理学。

千葉　恵（ちば・けい）
1955年生。オックスフォード大学（哲学博士）Ph.D.。現在，北海道大学文学研究科教授。ギリシア哲学・中世哲学・言語と心の哲学。

土橋茂樹（つちはし・しげき）〔編者〕
1953年生。上智大学大学院哲学研究科博士後期課程単位取得満期退学。現在，中央大学文学部教授。哲学・倫理学・教父学。

出村和彦（でむら・かずひこ）
1956年生。東京都立大学大学院人文科学研究科博士課程単位取得退学。現在，岡山大学大学院社会文化科学研究科教授。哲学・倫理学・初期キリスト教思想史（教父学）。

納富信留（のうとみ・のぶる）〔編者〕
1965年生。ケンブリッジ大学（西洋古典学）Ph.D.。現在，慶應義塾大学文学部教授。ギリシア哲学・西洋古典学。

野村光義（のむら・みつよし）
1969年生。東京都立大学大学院人文科学研究科博士課程満期退学。現在，青山学院大学非常勤講師。ギリシア哲学。

ムケンゲシャイ・マタタ
1960年生。上智大学神学部神学科学士課程前期。現在，オリエンス宗教研究所所長。神学。

参考文献一覧

I　加藤信朗著作

加藤信朗（1952）「アリストテレスの第一実体」『哲学雑誌』714，哲学会編，1952年，44-59。

加藤信朗（1953）「メテクシスの問題——プラトン研究」『人文学報』10，東京都立大学，1953年，105-21。

加藤信朗（1954）「分割の問題（一と多）——プラトン研究」『哲學雑誌』719，720，哲学会編，1954年，31-46。

加藤信朗（1956/1997a）「プラトンの神学」『哲學雑誌』731，哲学会編，1956年，54-68；加藤（1997a），219-58。

加藤信朗（1959/1997a）「書かれた言葉と書かれぬ言葉」『哲學雑誌』742，哲学会編，1959年，79-83；加藤（1997a），259-67。

加藤信朗（1964/1997a）「ヘラス・フマニタス・自我——ギリシアのヒューマニズムをめぐる考察」『理想』376，1964年，34-44；加藤（1997a），55-70。

加藤信朗（1965/1997a）「自己と超越——プローティーノスの問題」『哲学雑誌』752，哲学会編，1965年，38-63；加藤（1997a），377-404。

加藤信朗（1967）「Cor, Praecordia, viscera——聖アウグスティヌスの『告白録』におけるpschychologiaまたはanthropoligiaに関する若干の考察」『中世思想研究』9，中世哲学会編，1967年，54-80。

加藤信朗（1968/1997a）「肉体——自己認識の問題点」『人間学の諸問題』，ソフィア叢書13，上智大学出版部，1968年，32-90；加藤（1997a），71-127。

加藤信朗（1971a）アリストテレス『分析論後書』訳・解説，『アリストテレス全集1』岩波書店，1971年。

加藤信朗（1971b/1997a）「アリストテレスの矛盾律について」『人文学報』75，東京都立大学，1971年，69-103；加藤（1997a），269-303。

加藤信朗（1973a）アリストテレス『ニコマコス倫理学』訳・解説，『アリストテレス全集13』岩波書店，1973年。

加藤信朗（1973b/1997a）「形の現象——存在の美をめぐる省察」『理想』483，1973年，1-26；加藤（1997a），429-67。

加藤信朗（1973c/1997a）「何がよいか」『理想』486，1973年，58-76；加藤（1997a），167-96。

加藤信朗（1974a/1997a）「白鳥の歌序説──『パイドン』解釈のための一つの試論」『理想』494, 1974 年, 103-18；加藤（1997a）, 405-28。

加藤信朗（1974b/1997a）「〈なにかのために〉と〈誰かのために〉──目的の構造」『理想』497, 1974 年, 101-13；加藤（1997a）, 197-217。

加藤信朗（1975a/1997a）「ホドスとメトドス──哲学の道について」『理想』510, 1975 年, 79-95, 511, 1975 年, 84-97；加藤（1997a）, 3-53。

加藤信朗（1975b/1997a）「身体論素描」『哲学』25, 日本哲学会編, 1975 年, 20-35；加藤（1997a）, 129-49。

加藤信朗（1975c/1997a）「καλόν, δίκαιον, ἀγαθόν（その一）──アリストテレスにおける超越価値の諸相」『人文学報』106, 東京都立大学, 1975 年, 53-86；加藤（1997a）「アリストテレスにおける超越価値の諸相──καλόν, δίκαιον, ἀγαθόν」, 343-75。

加藤信朗（1975d/1988）「プラトンの本」『プラトン全集 1』月報, 岩波書店, 1975 年；加藤（1988）211-15。

加藤信朗（1976/1997a）「『ニコマコス倫理学』の冒頭箇所（1094a1-22）の解釈をめぐって」『西洋古典学研究』24, 日本西洋古典学会編, 1976 年, 13-21；加藤（1997a）, 331-42。

加藤信朗（1977/1997a）「外・内・外と内を越えるもの」『人文学報』122, 東京都立大学, 1977 年, 103-17；加藤（1997a）, 151-66。

Kato, S. (1979/1996) "Kata, Katachi, Sugata—Besinnung auf die Grundstruktur der Seinserfassung in der japanischen Sprache—", *Journal of the Faculty of Letters*, The University of Tokyo (Aesthetics), 4, 1979, 95-99; repr. Kato (1996), 57-61；加藤信朗（1984）「かた，かたち，すがた──日本語における存在把握の基本構造についての思索」『講座・美学』2, 今道友信訳, 東京大学出版会, 1984 年, 257-65。

Kato, S. (1981a/1996) "Der metaphysische Sinn topologischer Ausdrücke bei Augstin", *Miscellanea Mediaevalia,* Veröffentlichungen des Thomas-Institutes der Universität Köln, Bd.13/2, Sprache und Erkenntnis im Mittelalter, Berlin-New York, 1981, 701-706; Kato (1996), 21-26.

Kato, S (1981b/1996) "On 'Dikaion' (Justice or What is right)", *Journal of the Faculty of Letters*, The University of Tokyo (Aesthetics), 6, 1981, 85-93; Kato (1996), 62-70.

加藤信朗（1983/1988）「知と不知への関はり──『カルミデス』篇における知の問題」『理想』601, 1983 年, 2-43；加藤（1988）「第二章 知──知と不知への関わり／『カルミデス』篇」, 99-135, 240-57。

加藤信朗（1984） → Kato (1979/1996)

加藤信朗（1987a/1988）「徳とは何であるかの問について──『ラケス』篇の場合」『人文学報』188, 東京都立大学, 1987 年, 63-129；加藤（1988）「第三章 徳──「徳とは何であるか」の問／『ラケス』篇」, 137-90, 258-66。

加藤信朗（1987b）「昭和二二年のギリシャ語一年生」『神田盾夫・美恵子──記念文集』ペディラヴィウム会編, 1987 年, 195-97。

加藤信朗（1988）『初期プラトン哲学』東京大学出版会, 1988 年。

Kato, S. (1991/1996) "The *Apology*: the beginning of Plato's own philosophy", *Classical Quarterly* 41, 1991, 356-364; Kato (1996), 1-9.
加藤信朗（1992）「『ポリティコス』篇における「雛形」の論法について」，『哲学』42，1992 年，55-75。
加藤信朗（1994a）「『ピレボス』篇における道徳性の概念」『聖心女子大学論集』83，1994 年，6-33。
加藤信朗（1994b）「アウグスティヌス『告白録』における場所的表現の存在論上の意味について」『聖心女子大学論叢』83，1994 年。
Kato, S. (1995/1996) "The Role of *paradeigma* in the Statesman", C. J. Rowe ed. *Reading The Statesman*, Academia Verlag: 1995, 162-172; Kato (1996), 10-20.
加藤信朗（1996）『ギリシア哲学史』東京大学出版会，1996 年。
Kato, S. (1996) *Selected Papers*, Tokyo, 1996.
加藤信朗（1997a）『哲学の道――初期哲学論集』創文社，1997 年。
加藤信朗（1997b）「価値語の構造――倫理学の基礎」『哲学論集』26，上智大哲学会編，1997 年，17-35。
加藤信朗（2005）「報復の正義と赦しの正義――共生の正義を求めて」『共生と平和への道』，聖心女子大学キリスト教文化研究所編，春秋社，2005 年，310-21。
加藤信朗（2006a）『アウグスティヌス『告白録』講義』知泉書館，2006 年。
加藤信朗（2006b/2014c）「五〇年余の研究生活を顧み，将来を託す」；加藤（2014c），39-61。
加藤信朗（2008）「『武士道』について――その多面性と自己相克」『キリスト教をめぐる近代日本の諸相――響鳴と反撥』鶴岡賀雄他編，オリエンス宗教研究所，2008 年，16-38。
加藤信朗（2009）『和田三造 イエス・キリスト画伝』監修，知泉書館，2009 年。
加藤信朗（2013）『平和なる共生の世界秩序を求めて』知泉書館，2013 年。
加藤信朗（2014a）「永遠と時間――アウグスティヌス『告白録』第十一巻をめぐって」『パトリスティカ―教父研究』17，教父研究会編，2014 年，7-57。
加藤信朗（2014b）「プラトン『テアイテトス』篇を学ぶ」朝日カルチャーセンター新宿校，2014 年。
加藤信朗（2014c）『加藤信朗　略歴　業績一覧』，私家版，2014 年。

II　日本語文献

秋山学（2007）「ボエティウスと古代世界の終焉」『哲学の歴史 2』内山勝利編，中央公論新社，2007 年，569-602。
安倍能成（1916）『西洋古代中世哲學史』岩波書店，1916 年。
尼ヶ﨑彬（2012）「数寄と遊芸」『日常性の環境美学――私的芸術と関心性の美学』西村清和編，勁草書房，2012 年，283-303。
天野正幸（1998）『イデアとエピステーメー――プラトン哲学の発展史的研究』東京大学出版会，1998 年。

生島幹三（1975）プラトン『ラケス』訳・解説,『プラトン全集7』, 岩波書店, 1975年。
一色裕（1996）「美の理解と探求への受肉――『パイドロス』における美学の問題」『美学』185, 美学会編, 1996年, 13-24。
一色裕（1999）「有益性と美――『ヒッピアス(大)』における美の定義の破綻の意味について」『西洋古典学研究』47, 日本西洋古典学会, 1999年, 41-51。
出隆（1937）「ギリシア人の政治と思想」『ギリシアの哲學と政治』岩波書店, 1943年, 223-67。
出隆（1941/1943）「プラトン」「コスモポリテースの倫理思想」,『岩波講座 倫理學第九冊』1941年；出（1943）, 269-386。
出隆（1943）『ギリシアの哲學と政治』岩波書店, 1943年。
出隆（1949）『西洋古代中世哲學史』角川書店, 1949年。
井上忠（1960/1974a）「プラトンへの挑戦――質料論序論」『東京大学教養学部人文科学科紀要』20, 哲学7, 1960年, 223-58；井上（1974a）, 3-36。
井上忠（1965a）「プラトン」『西洋哲学史』山崎正一・原佑・井上忠, 東京大学出版会, 1965年, 24-28。
井上忠（1965b/1974a）「イデア」『哲学雑誌』752, 哲学会編, 1965年, 1-37；井上（1974a）, 167-203。
井上忠（1974a）『根拠よりの挑戦』東京大学出版会, 1974年。
井上忠（1974b）「プラトン」原佑ほか『西洋哲学史』第3版, 東京大学出版会, 1974年, 24-28
井上忠（1980a）『哲学の現場』勁草書房, 1980年。
井上忠（1980b）「これからプラトンを読むために」『理想』570, 1980年, 21-28。
今井知正（1988）「自己知の謎」『哲学雑誌』103 (775), 哲学会編, 1988年, 99-121。
今道友信（1964）「プラトンにおけるイデアと一般者」『西洋古典学研究』12, 日本西洋古典学会編, 1964年, 40-55。
今道友信（1972）アリストテレス『詩学』訳・解説,『アリストテレス全集17』岩波書店, 1972年。
今道友信（1987a）『西洋哲学史』講談社, 1987年。
今道友信（1987b）「古典期の美学」『美の本質と様態』今道友信・橋本典子編, 放送大学, 1987年, 86-92。
岩田靖夫（1965）「「ポリーテイアー」におけるドクサとエピステーメー（一）」『哲学雑誌』752, 哲学会編, 1965年, 93-111。
岩田靖夫（1995/2014）『ソクラテス』勁草書房, 1995年；ちくま学芸文庫, 2014年。
内山勝利（1992）プラトン『第七書簡』訳, R. S. ブラック『プラトン入門』内山勝利訳, 岩波文庫, 1992年。
内山勝利（2004）『対話という思想――プラトンの方法叙説』岩波書店, 2004年。
内山勝利（2011）クセノポン『ソクラテス言行録Ⅰ』訳・解説, 京都大学学術出版会「西洋古典叢書」, 2011年。

鵜沼裕子（2004）「新渡戸稲造のアメリカ観とクェーカー主義」『聖学院大学論叢』16 (2), 1-10：http://www.seigakuin-univ.ac.jp/scr/lib/lib_ronso/contents/doc3/01.pdf.
荻野弘之（2003）『哲学の饗宴』NHK ライブラリー，2003 年。
加藤和哉（2008）「『武士道』執筆の背景と真の意図」『キリスト教をめぐる近代日本の諸相――響鳴と反撥』鶴岡賀雄他編，オリエンス宗教研究所，2008 年，39-60。
金子武蔵（1935）『古代哲學史』上，日本評論社，1935 年。
金子晴勇（1982）『アウグスティヌスの人間学』創文社，1982 年。
金子善彦，濱岡剛，伊藤雅巳，金澤修（2015 予定）アリストテレス『動物誌』訳・解説，『アリストテレス全集 8, 9』岩波書店，2015 予定。
菅野覚明（2004）『武士道の逆襲』講談社現代新書，2004 年。
栗原裕次（2013）『イデアと幸福』知泉書館，2013 年。
コースガード，クリスティーン（2005）『義務とアイデンティティの倫理学』寺田俊郎・後藤正英・三谷尚澄・竹山重光訳，岩波書店，2005 年。
高津春繁（1952）「プラトーン」『古代ギリシア文学史』岩波書店，1952 年，187-94。
小林信行（1993）「美と道徳」『プラトン的探究』森俊洋・中畑正志編，九州大学出版会，1993 年，61-80。
斎藤忍随（1963）プラトン『カルミデス』訳，『世界人生論全集 1』筑摩書房，1963 年。
斎藤忍随（1968）「《Ἀλήθεια》と《ἀλήθεια》」『西洋古典学研究』16，西洋古典学会編，1968 年，66-74。
斎藤忍随（1972）『プラトン』岩波新書，1972 年。
斎藤忍随（1978）「第 2 次大戦後のプラトン研究」『幾度もソクラテスの名を』II，みすず書房，1986 年，60-123。
斎藤忍随（1982/1997）『プラトン』講談社，1982 年；講談社学術文庫，1997 年。
佐藤一伯（2008）「新渡戸稲造における維新と伝統――日本論・神道論を手がかりに」『明治聖徳記念学会紀要』復刊 45，2008 年：www.mkc.gr.jp/seitoku/pdf/f45-8.pdf.
佐藤全弘（1998）『新渡戸稲造の世界・人と思想と働き』教文館，1998 年。
須知德平（2000）新渡戸稲造『武士道』訳，講談社インターナショナル株式会社，2000 年。
田坂さつき（2007）『テアイテトス研究――対象認知における「ことば」と「思いなし」の構造』知泉書館，2007 年。
田中美知太郎（1949/1985）「ギリシア思想」『ギリシア研究入門』村川堅太郎編，北隆館，1949 年；『西洋古代哲学史』『古代哲学史』筑摩書房，1985 年，3-71。
田中美知太郎（1953）「古典研究における解釈の問題――プロクロスの註釋から」『西洋古典学研究』1，日本西洋古典学会編，1953 年，1-10。
田中美知太郎（1959）「解説」『プラトン』田中美知太郎ほか訳，筑摩書房，1959 年，

453-60。
田中美知太郎（1966a）「ソクラテスとプラトン」『プラトンⅠ』田中美知太郎編，中央公論社，1966年，7-57
田中美知太郎（1966b）「対話篇の読み方」『プラトンⅠ』田中美知太郎編，中央公論社，1966年，38-41。
田中美知太郎（1969）「解説」，プラトン『国家，ソクラテスの弁明，クリトン』山本光雄ほか訳，河出書房新社，1969年，423-42。
田中美知太郎（1977）「哲学の文章について」『人間であること』文藝春秋，1984年，191-213。
田中美知太郎（1979）「プラトンにとって著作とは何であったか」『プラトンⅠ 生涯と著作』岩波書店，1979年，435-65。
田中美知太郎（1984）『プラトンⅣ 政治理論』岩波書店，1984年。
出村和彦（2011）『アウグスティヌスの「心」の哲学：序説』岡山大学文学部研究叢書33，2011年。
利光功（1976）「柳宗悦の民藝美論」『美学』107，美学会編，1976年，23-34.
中畑正志（1997）「書評：加藤信朗『初期プラトン哲学』」『西洋古典学研究』45，日本西洋古典学会，1997年，144-47。
納富信留（2005）『哲学者の誕生——ソクラテスをめぐる人々』ちくま新書，2005年。
納富信留（2012）プラトン『ソクラテスの弁明』訳・解説，光文社古典新訳文庫，2012年。
野村光義（2002）「徳と技術知」『哲学誌』44，東京都立大学哲学会，2002年，15-29。
朴一功（2010）『魂の正義——プラトン倫理学の視座』京都大学学術出版会，2010年。
波多野精一（[1901]/1949）「古代哲學史」『西洋哲學史要』大日本図書，1901年；波多野精一『波多野精一全集Ⅰ』岩波書店，1949年，7-94。
廣川洋一（2000）『古代感情論』岩波書店，2000年。
藤澤令夫（1963/1966）『ゴルギアス』訳，『プラトン名著集』田中美知太郎編，新潮社，1963年；『プラトンⅠ』田中美知太郎編「世界の名著6」中央公論社，1966年。
藤澤令夫 (1964)「精神の秩序——プラトンの哲学思想について」，藤沢令夫『藤沢令夫著作集 Ⅰ』岩波書店，2000年，173-92。
藤澤令夫（1976）「プラトン的対話形式の意味とその必然性——文学と哲学」藤沢令夫『イデアと世界』岩波書店，1980年，65-94。
藤澤令夫（1980）『イデアと世界』岩波書店，1980年。
藤澤令夫（1988）『プラトンの哲学』岩波新書，1988年。
藤澤令夫（1996/2000）「『パイドン』における自然哲学への出発とイデア原因論——反プラトン的解釈の徹底追及を兼ねて」『西洋古典学研究』44，日本西洋古典学会編，1996年，1-25；藤澤（2000），第Ⅲ巻，351-86。

藤澤令夫（2000）『藤沢令夫著作集』7巻，岩波書店，2000年。
松永雄二（1963）プラトン『カルミデス』訳，『プラトン名著集』新潮社，1963年。
松永雄二（1967/1993）「イデアの離在と分有について——或る序説」『哲学』17, 日本哲学会，1967年，20-41；松永（1993），107-29。
松永雄二（1975）プラトン『パイドン』訳・解説，『プラトン全集1』岩波書店，1975年。
松永雄二（1976）「或る構造（その1）」『理想』515, 1976年，2-21。
松永雄二（1980/1993）「「よくなすこと」或いは「よく生きること」——善（よい）と存在（ある）にかかわる問題地平の解明のために」『理想』570, 1980年，2-20；松永（1993），133-55。
松永雄二（1983/1993）「〈よい〉（善）というそのことへの接近——行為と徳（アレテー）にかかわる知の問題をめぐって」『行為の構造』九州大学哲学研究室編，勁草書房，1983年，25-55；松永（1993），157-92。
松永雄二（1993）『知と不知——プラトン哲学研究序説』東京大学出版会, 1993。
森俊洋・中畑正志編（1993）『プラトン的探求』九州大学出版会，1983年。
三嶋輝夫（1997）『プラトン対話篇『ラケス』——勇気について』講談社学術文庫，1997年。
三嶋輝夫（1998）プラトン『ソクラテスの弁明』訳・解説，『ソクラテスの弁明・クリトン』三嶋輝夫・田中享英，講談社学術文庫，1998年。
源了圓（1989）『型』創文社，1989年。
閔周植（1981）「デューイにおける美的経験と芸術」『美学』124, 美学会編，1981年，37-47。
柳宗悦（1985）『工芸文化』岩波文庫，1985年。
柳宗悦（2005）『工藝の道』講談社学術文庫，2005年。
山田晶（2014）アウグスティヌス『告白 II』訳，2014年，中公文庫。
山野耕治（1975）プラトン『カルミデス』訳・解説，『プラトン全集7』岩波書店，1975年。
山本光雄（1949）「プラトンの革命論——所謂彼の政體變化の辨證法について」『哲学雑誌』704, 哲学会編，1949年，97-105。
山本光雄（1959）『プラトン』勁草書房，1959年。
山本光雄（1971）アリストテレス『命題論』訳・解説，『アリストテレス全集1』岩波書店，1971年。
米盛裕二（2007）『アブダクション』勁草書房，2007年。
リーゼンフーバー，クラウス（1995）『西洋古代中世哲学史（改訂版）』矢玉俊彦訳，放送大学，1995年。
和辻哲郎（1936/1962）「ヒューマニズムの希臘的形態——ソクラテスに於けるポリス的人間の倫理学」『思想』173, 1936年，445-70；和辻（1962）「倫理学の創始者ソークラテース」211-37。
和辻哲郎（1939/1962）「プラトンの国家的倫理学」『思想』204, 1939年，1-22；和辻（1962）「前期プラトーンの国家的倫理学」，238-60。

和辻哲郎（1951/1962）「後期プラトーンの節度の倫理学」1951 年；和辻（1962），261-84。

和辻哲郎（1948/1962）『ポリス的人間の倫理学』白日書院，1948 年；『和辻哲郎全集 7』岩波書店，1962 年。

Ⅲ　欧語文献

Ackrill, J. L. (1974/1997) "Aristotele on *Eudaimonia*", *Proceedings of the British Academy* LX, 1974; in his *Essays on Plato and Aristotle*, Oxford University Press, 1997, 179-200.

Ajioka, C. (1998) "A Revaluation of William Morris's Influence in Japan", *The Journal of the William Morris Society,* 12(4), 1998, 21-28.

Algra, K. et al. (eds.) (1999), *The Cambridge History of Hellenisiticc Philosophy*, Keimpe Algra, K., Barnes, J., Mansfeld, J. and Schofield, M. (eds.), Cambridge University Press, 1999.

Allen, R. E. (1991) *The Symposium*, Yale University Press, 1991.

Annas, J. (1988) "Battling for the Soul of Plato", a review of Michael C. Stokes: *Plato's Socratic Conversations. Drama and Dialectic in Three Dialogues* (1986), *Classical Review*, 38, 1988, 62-64.

Annas, J. (1992) "Plato the Sceptic" in Klagge, J. C. and Smith, N. D. (eds.), *Methods of Interpreting Plato and his Dialogues* (*Oxford Studies in Ancient Philosophy*, suppl. vol.), 1992, 43-72.

Annas, J. (1995) "The dialogue form" *Introduction* in Annas, J. (ed.) and Waterfield, R. (ed. & tr.), *Plato, Statesman*, Cambridge University Press, 1995.

Annas, J. (1999) *Platonic Ethics, Old and New*, Cornell University Press, 1999.

Annas, J. (2002) "What Are Plato's "Middle" Dialogues in the Middle of ?" in Annas, J. and Rowe, C. (eds.), *New Perspectives on Plato, Modern and Ancient*, Center for Hellenic Studies, 2002, 1-23.

Armstrong, A. H. (ed.) (1970) *The Cambridge History of Later Greek and Early Medieval Philosophy*, Cambridge University Press, 1970.

Baker, M. and Green, J. (2011) *Recovering The Scandal Of the Cross*, 2nd ed., IVP Academic, 2011.

Balme, D. M. (ed.) (2002) *Aristotle, Historia Animalium*, edited by D. M. Balme, prepared for publication by Allan Gothelf, Cambridge University Press, 2002.

Barth, K. (1931) *Fides Quaerens Intellectum Anselms Beweis der Existenz Gottes*, Kaiser, 1931.

Bobonich, C. (2002) *Plato's Utopia Recast*, Oxford University Press, 2002.

Bonitz , H. (1870) *Index Aristotelicus*, Reimerus, 1870.

Bordt, M. (2006) *Platons Theologie*, Verlag Karl Alber, 2006.

Bosworth, A. B. (2006) "Alexander the Great and the Creation of the Hellenistic Age", in

The Cambridge companion to the Hellenistic World, Glenn R. Bugh (ed.), Cambridge University Press, 2006, 9-27.
Brickhouse, T. C. & Smith, N. D. (1989/1994) *Socrates on Trial*, Princeton University Press, 1989;『裁かれたソクラテス』米澤茂・三嶋輝夫訳, 東海大学出版会, 1994年。
Brickhouse, T. C. & Smith, N. D. (2001) "from *Plato's Socrates*", *The Trial and Execution of Socrates*, Oxford University Press, 2001, 190-223.
Brown, D. (2004) "Anselm on atonement", *The Cambridge Companion to Anselm*, Davies, B. and Leftow, B. (eds.), Cambridge University Press, 2004.
Burnet, J. (ed.) (1901/1910) *Platonis Opera II*, Oxford Classical Texts, Oxford University Press, 1901; 2nd edition, 1910.
Burnet, J. (ed.) (1907) *Platonis Opera V*, Oxford Classical Texts, Oxford University Press, 1907.
Burnet, J. (1924), *Plato's Euthphro, Apology of Socrates and Crito*, Oxford University Press, 1924.
Burnyeat, M. F. (1980) "Aristotle on Learning to Be Good", *Essays on Aristotle's Ethics*, Rorty, A. O. (ed.), Berkeley, 1980, 69-92：M. F. バーニェト「アリストテレスと善き人への学び」神崎繁訳,『ギリシア哲学の最前線II』井上忠・山本巍編, 東京大学出版会, 1986, 86-132.
Burnyeat, M. F. (1990) *The Theaetetus of Plato*, Hackett, 1990.
Cumberland, R. (1662) *De legibus naturae*, 1662
Droysen, J. G. (1836) *Geschichte des Hellenismus*, I, F, Perthes, 1836.
Gerson, L. P. (ed.) (2010), *The Cambridge History of Philosophy in Late Antiquity*, Cambridge University Press, 2010.
Giannopoulou, Z. (2013) *Plato's Theaetetus as a Second Apology*, Oxford University Press, 2013
Gill, C. (1990) "Platonic Love and Individuality", *Polis and Politics*, Loizou, A. & Lesser, H. (eds.), Avebury, 1990, 69-88.
Hardie, W. F. R. (1968/1980) *Aristotle's Ethical Theory*, Oxford University Press, 1968, 2nd edition 1980.
Harnack, A. (1886) *Lehrbuch der Dogmengeschichte* III Band, Mohr, 1886.
Hobbes, T. (1983) *De Cive*, Warrender, H. (ed.), Oxford University Press, 1983;『市民論』伊藤宏之・渡部秀和訳,『哲学原論』柏書房, 2012年.
Hochstrasser, T. J. (2000) *Natural Law Theories in the Early Enlightenment*, Cambridge University Press, 2000.
Höffe, O. (1999) "Aristote", Jean Kahn, J (trad.), Renault, A., *Histoire de la philosophie politique Tome I. La liberté des anciens.* Paris, Calmann-Lévy éd., 1999, 167-78.
Irwin, T. (1977) *Plato's Moral Theory*, Oxford University Press, 1977.
Isshiki, Y. (2003) "The Beneficial and the Fine: On the Meaning of the Failure of Definition of the Fine in Plato's *Hippias Major*", *The Great Book of Aesthetics* (CD-

ROM), Tokyo, 2003.
Kahn, C. H. (1987) "Plato's Theory of Desire", *Review of Metaphysics* 41, 1987, 77-103.
Kikuchi, Y. (1997) "A Japanese William Morris: Yanagi Soetsu and *Mingei* Theory", *The Journal of the William Morris Society*, 12(2), 1997, 39-45.
Korsgaard, C. (1983/1996) "Two Distinctions in Goodness", *Philosophical Review* 92, 1983, 169-195; in *Creating Kingdom of Ends,* Cambridge University Press, 1996, 249-74.
Kraut, R. (1983) *Socrates and the State*, Princeton University Press, 1983.
Long, A. A. and Sedley, D. N. (1987) *The Hellenistic Philosophers*, 1 and 2, Cambridge University Press, 1987.
Madec, G. (1998) "Cor", *Augustinus Lexikon* vol.2 Fasc.1/2, 1998, 1-6.
Marchant, E. C. (ed.) (1921) *Xenophontis Opera Ominia II*, Oxford Classical Texts, Oxford University Press, 1921.
Mayhew, R. (2010) "The theology of the *Laws*", in Bobonich, C. (ed.), *Plato's Laws: A Critical Guide*, Cambridge University Press, 2010, 197-216.
Menn, S. (1995), *Plato on God as Nous*, Southern Illinois University Press, 1995.
Meyer, S. S. (2011) "Living for the sake of an ultimate end", in Miller, J. (ed.), *Aristotle's Nicomachean Ethics: A Critical Guide*, Cambridge University Press, 2011, 47-65.
Miller, M. (1980/2004) *The Philosopher in Plato's* Statesman, Martinus Nijhoff, 1980; 2nd ed., Parmenides Publishing, 2004.
Moravcsik, J. (1971) "Reason and Eros in the 'Ascent-Passage' of the *Symposium*", *Essays in Ancient Greek Philosophy*, Anton, J. P. and Kustas, G. L. (eds.), State University of New York Press, 1971, 285-302.
Morrow, G. R. (1993) *Plato's Cretan City: A Historical Interpretation of the Laws*, with anew foreword by Charles H. Kahn, Princeton University Press, 1993.
Nehamas, A. (1986) "Socratic Intellectualism", in Cleary, J. (ed.), *Proceedings of the Boston Colloquium in Ancient Philosophy* 2, 1986, 305-06.
Nicoll, W. S. M. (ed.) (1995) Platonis Apologia, in *Platonis Opera I*, Duke, E. A., Hicken, W. F., Nicoll, W. S. M., Robinson, D. B. and Strachan, J. C. G. (eds.), Oxford Classical Texts, Oxford University Press, 1995.
Notomi, N. and Brisson, L. (eds.) (2013) *Dialogues on Plato's* Politeia (Republic), Academia Verlag, 2013.
Nussbaum, M. C. (1986) *The Fragility of Goodness: Luck and Ethics in Greek Tragedy and Philosophy*, Cambridge University Press, 1986.
O'Donnell, J. J. (1992) *Augustine Confessions*, vol.3 Commentary, Oxford University Press, 1992.
Owen, G. E. L. (1953/1986) "The Place of the *Timaeus* in Plato's Dialogues", *Classical Quarterly* N.S.3, 1953, 79-95; Owen (1986), 65-84.
Owen, G. E. L. (1973/1986) "Plato on the Undepictable", in Lee, E. N. et al (eds.), *Exegesis and Argument*, Van Gorcum, 1973, 349-61; Owen (1986), 138-47.

Owen, G. E. L. (1986) *Logic, Science, and Dialectic: Collected Papers in Greek Philosophy*, Nussbaum, M. (ed.), Cornell University Press.
Parkin, J. (2007) *Taming the Leviathan*, Cambridge University Press, 2007
Parsons, G. (2013) "Design", *The Routledge Companion to Aesthetics. Third Edition*, Gaut, B. and Lopes, D. M. (eds.), Routledge, 2013, 616-26.
Parsons, G. and Carlson, A. (2008) *Functional Beauty*, Oxford University Press, 2008.
Penner, T. and Rowe, C. (2005) *Plato's Lysis*, Cambridge University Press, 2005.
Plasger, G. (1993) *Die Not-Wendigkeit der Gerechtigkeit. Eine Interpretation zu "Cur Deus homo" von Anselm von Canterbury*, Beiträge zur Geschichte und Philosophie des Mittelalters NF 38, 1993.
Price, A. W. (1989) *Love and Friendship in Plato and Aristotle*, Oxford University Press, 1989.
Pufendorf, S. (1688) *De jure naturae et gentium*, 1688.
Quasten, J. (1950) *Patrology* 1, Christian Classics, INC., 1950.
van Riel, G. (2013) *Plato's Gods*, Ashgate Publishing, 2013.
Ross, W. D. (1949) *Aristotele's Prior and Posterior Analytics,* Oxford University Press, 1949.
Rowe, C. (1992a) "On Reading Plato," *Méthexis*, 5, 1992, 53-68.
Rowe, C. (1992b) "Parasite or fantasist? The role of the literary commentator," *Cogito* 6-1, 1992, 9-18.
Rowe, C. (2007) *Plato and the Art of Philosophical Writing*, Cambridge University Press, 2007.
Saito, Y. (2007) *Everyday Aesthetics*, Oxford University Press, 2007.
Santas, G. (1969/1971/1980) "Socrates at Work on Virtue and Knowledge in Plato's *Laches*," *Review of Metaphysics* 22, 1969, 433-60; repr. Vlastos, (1971), 177-208; (1980), 177-208.
Sasaki, K. (1995) "The Beautiful and Language", *Journal of the Faculty of Letters, the University of Tokyo, Aesthetics* 20, 1995, 45-55.
Schmitt, F. S. (ed.) (1968) *S.Anselmi Opera Omnia*, F.Frommann 1968.
Schneewind, J. B. (1998) *The Invention of Autonomy*, Cambridge University Press, 1998.
Schöpsdau, K. (2011) *Platon Werke: Übersetzung und Kommentar, Band IX 2, Nomoi, Buch VIII-XII*, Vandenhoeck & Ruprecht, 2011.
Sedley, D. (2003) *Plato's Cratylus*, Cambridge University Press, 2003.
Sedley, D. (2004) *The Midwife of Platonism*, Oxford University Press, 2004.
Sheffield, F. (2012) "The *Symposium* and Platonic Ethics: Plato, Vlastos, and a Misguided Debate", *Phronesis* 57, 2012, 117-41.
Sheriff, J. K. (1994) *Charles Peirce's Guess at the Riddle*, Indiana University Press, 1994.
Slings, S. R. (1994) *Plato's Apology of Socrates: A Literary and Philosophical Study with A Running Commentary*, edited and completed from the papers of the Late E. De Strycher, *Mnemosyne* Supplement 137, Brill, 1994.

Smith, A. (1976) *An Inquiry into the Nature and Causes of the Wealth of Nations*, vol. 1, Campbell, R. H., Skinner, A. S. and Todd, W. B. (eds.), Clarendon Press, 1976.

Shustermann, R. ([1992]/2000) *Pragmatist Aesthetics: Living Beauty, Rethinking Art*, Basil Blackwell, 1992, 2nd ed., Rowman & Littlefield, 2000; R. シュスターマン『ポピュラー芸術の美学』秋庭史典訳, 勁草書房, 1999 年。

Stokes, M. (1986) *Plato's Socratic Conversation: Drama and Dialectic in Three Dialogues*, Athlone Press, 1986.

Stokes, M. (2005) *Dialectic in Action: An Examination of Plato's Crito*, The Classical Press of Wales, 2005.

Strauss, L. (1952) *Persecution and the Art of Writing*, The Free Press, 1952.

Szlezák, T.A. (1993/1999) *Reading Plato*, Zanker, G. (trans.), Routledge, 1999 (first published 1993).

Szlezák, T.A. (1985) "Die moderne Theorie der Dialogform" in *Platon und die Schriftlichkeit der Philosophie: Interpretationen zu den frühen und mittleren Dialogen*, De Gruyter, 1985, 331-75.

Vlastos, G. (1954) "The Third Man Argument in the *PARMENIDES*", *Philosophical Review* 63, 1954, 319-49.

Vlastos, G. (ed.) (1971/1980) *The Philosophy of Socrates*, Anchor Books, 1971; University of Notre Dame Press, 1980.

Vlastos, G. (1973/1981) "The Individual as an Object of Love in Plato", in his *Platonic Studies*, Princeton University Press, 1973, 2nd edition 1981, 3-34.

Vlastos, G. (1994) *Socratic Studies*, Burnyeat, M. (ed.), Cambridge University Press, 1994.

Williams, B. (1998) *Plato: The Invention of Philosophy*, Phoenix, 1998.

Williams, B. (2006) *The Sense of the Past : Essays in the History of Philosophy*, Princeton University Press.

Woozley, A. D. (1979) *Law and Obedience: The Arguments of Plato's* Crito, Duckworth, 1979.

人名索引
(近・現代の思想家，研究者。注は含まない)

アナス J. Annas　36
安倍能成　30
アレン R.E. Allen　113
イエーガー W. Jaeger　230
出隆　31
井上忠　8-9, 17, 32-33, 36-37
今道友信　8, 26, 136, 186
ヴィトゲンシュタイン L. Wittgenstein　154
ウィリアムズ B. Williams　153, 176
ヴラストス G. Vlastos　6, 15, 17, 106, 107, 157
オーエン G.E.L. Owen　6, 17
荻原理　3, 13
大森荘蔵　8
大森正樹　186
オドンネル J.J. O'Donnell　201

加藤和哉　10
金澤修　13
金子武蔵　30
金子晴勇　201
カーライル T. Carlyle　255
カールソン A. Carlson　164
河谷淳　9
川出良枝　10, 229
カーン C.H. Kahn　13, 15
神崎繁　5, 10
神田盾夫　197, 198
カント I. Kant　164
カンバーランド R. Cumberland　236-40
キルケゴール S. Kierkegaard　17, 205
菊池裕子　164
クアステン J. Quasten　184
栗原裕次　13

黒田亘　8
高津春繁　31
小林秀雄　232

斎藤忍随　31
斉藤百合子　163
佐藤全弘　245
清水哲郎　10
ストークス M. Stokes　34, 36, 37
シュスターマン R. Shustermann　153
シュトラウス L. Strauss　34
シュレーゲル F. Schlegel　245, 249
スミス A. Smith　240, 241
セドレー D. Sedley　116

高田三郎　9
高橋久一郎　9
田坂さつき　3
タラント H. Tarrant　37
ダン J. Dunn　231-33
ドッズ E.R. Dodds　198
田中美知太郎　31-33
谷隆一郎　10, 186
千葉恵　9
チャーニス H. Cherniss　6, 17
土橋茂樹　10
デカルト R. Descartes　17, 198, 205
出村和彦　10

ニーチェ F. Nietzsche　198
新渡戸稲造　243-57
ヌスバウム M.C. Nussbaum　157, 159
納富信留　3, 13, 78, 148
野村光義　13

朴一功　10

芭蕉　257
パース C.S. Peirce　154, 156
パーソンズ G. Parsons　163, 164
波多野精一　30
バーニェット M.F. Burnyeat　6, 116
ハラム H. Hallam　249
廣松渉　58
藤沢令夫　17, 32
プーフェンドルフ S. Pufendorf　236–40
ブラウニング R. Browning　249
ホッブズ T. Hobbes　235, 236, 238–41
ボボニッチ C. Bobonich　127
メルロー＝ポンティー M. Merleau-Ponty　205

マデック G. Madec　201
松永雄二　8, 19, 33
ミケランジェロ Michelangelo　189
ミッチェル・ミラー M. Miller　7
三嶋輝夫　7
宮本久雄　10, 186
メイヒュー R. Mayhew　127

メン S. Menn　127–29
モリス W. Morris　164, 165

柳宗悦　164, 165
山田晶　201
山本光雄　31
山本芳久　10

ライル G. Ryle　6
ラスキン J. Ruskin　164, 165
ランボー A. Rimbaud　232
リール G. van Riel　127–29
ルター M. Luther　224
ロウ C. Rowe　5, 7, 34, 36
ロス D. Ross　107
ロック J. Locke　231
ローデ E. Rohde　198
ローティー R. Rorty　153
ロビンソン T. Robinson　37

和田三造　10
和辻哲郎　31

事 項 索 引
(→は「〜を参照せよ」, ⇒は「〜を見よ」。注は含まない)

あ 行

アカデメイア　20-21, 47
贖い・買い戻し (redemptionem)
　　213, 223　→贖罪
悪　61, 92, 94, 95, 98, 130, 143, 155,
　　156, 172, 176, 178, 188, 192-193,
　　218, 219, 222, 237　→善悪の知
悪徳　142-143
アダム　193, 194
アテナイ古典哲学／古典ギリシア哲学
　　39, 45, 46, 230
affectio（広義の魂の受動）　155, 157
アポリア／アポリアー　14, 60, 93, 96,
　　97, 99, 101, 104, 111, 116, 117, 119-
　　25, 132
憐れみ　211-13, 216, 220-23
意志の真っ直ぐ（アンセルムスの）
　　（rectitudo）　212, 217, 221-24
一　41, 47, 50, 52, 53, 68, 105-08, 111,
　　112
　　――なるもの（根拠・神）　114,
　　117, 121, 127, 188, 208
イデア・形相　19, 41, 52, 53, 104-
　　08, 110, 112, 113, 137-41, 145, 150,
　　151, 156, 162, 198, 208
　　イデア論　15-17, 19, 20, 28, 30-
　　31, 65, 103, 106-08, 136, 137, 150,
　　151, 208
　　イデア数　107, 110　→数に関する
　　思索
宇宙論　5, 20
永遠　104, 106, 109, 112-14, 117,
　　151, 194, 203, 207, 209, 213, 231,
　　246　→時間
エイドス　⇒類と種
エネルゲイア（論）　136, 187
エロス／エロース（愛の神／愛）　40,
　　112, 113, 119, 141-44, 149, 154,
　　157-60, 162
応用芸術　163, 164
恐れ／恐怖　62, 80-83, 92, 113, 143,
　　154, 172, 215, 235, 236
思いなし　77　→ドクサ

か 行

懐疑論　112, 114
回心　201, 203
回折的（reflexive）価値　170, 171,
　　174　→正義
快楽主義　18, 20
かた（型）　13, 135-43, 150, 151
かたち（形）　8, 9, 12-13, 41, 43, 47-
　　54, 67, 135-44, 149-51, 158, 187-
　　89, 193
神　40, 60-62, 73-78, 82-84, 109,
　　110, 112-19, 123-27, 129-31, 142,
　　147, 148, 186-88, 190-96, 200-03,
　　205-14, 216-25, 237, 239, 240, 245,
　　247, 250, 256
　　デーミウールゴス　110, 125, 128
　　――存在の否認　74
　　――に似ること (ὁμοίωσις θεῷ)
　　116, 187, 188, 190-95　→神化
　　――の国 (civitas Dei)　203, 245
　　――の知／知恵　40, 148, 214
観 (species)　213
感覚判断　137-39, 142
還帰　121, 204
関係的 (relational) 価値　170, 171,

174 →善
感情・感覚の座（mens） 202 →心の奥底
観想（θεωρία） 157, 179, 180, 195, 196, 213
基体 126
期待しうる（elpis einai） 68
きまり 41, 47, 53, 143
救済 62, 192, 195, 196, 212, 213, 219, 223
旧約聖書 219, 234
教会/エクレーシアー 184, 190, 203, 249, 250
共同体主義（アリストテレスの） 236, 240 →個人主義
教父（Patres Ecclesiae） 46, 184, 186, 187, 191, 195, 196, 198
──研究会 184, 186, 207
──・中世哲学 8, 10, 184, 185, 187, 198
キリスト教（思想） 9-10, 17, 46, 184, 190, 198, 199, 223, 243-50, 252-54, 256
キリストを模倣する（imitatio Christi） 193
クェーカー 244, 248
クポラ建築 190
グローバル（化）/全地球化 231-232, 243, 256, 257
敬虔 93, 95, 98, 191
敬神 60, 62, 74-78, 81-84, 110, 117
決定的な時（カイロス） 84
ゲノス ⇒類と種
原初状態の復元（人間本性の）（ἀποκατάστασις） 194-95 →復活
賢慮 78, 232, 252 →思慮
後期哲学/対話篇（プラトンの） 3-7, 14, 16-21, 28, ,69, 103-05, 116, 119, 124-26, 129, 131, 185
公共の生 230-231
構想力/想像力 16, 104, 111, 112

幸福（εὐδαιμονία） 87, 90, 97-98, 149, 168, 169, 236-40
国際プラトン学会（IPS） 5, 13, 37
告訴状（ソクラテスへの） 74
こころ/心（animus） 69, 202, 203, 207, 256 →精神
──の奥底（cor） 202, 208-10 →心臓
五常（仁、義、礼、智、信） 251, 252
個人主義 236, 241, 254, 255 →共同体主義
事柄（そのもの/自体） 12, 27-30, 40, 56-58, 66, 76, 81, 92, 104, 105, 110, 140, 178, 179, 186, 189, 199, 207, 209, 224
五倫（父子、君臣、夫婦、長幼、朋友） 251, 252

さ　行

最大類（アリストテレスの） 49, 50, 53
作業仮説 58
定め（μοῖρα）/運命 83, 141, 149 →モイラ
三一
「──的」という構造/──構造 8, 9, 11, 14, 17, 18
──的解釈 9, 103, 104, 111
トリアーデ（善・美・正義） 171, 175
死 17, 61-62, 64, 68, 80-84, 88, 100, 104, 111, 112, 116, 117, 122, 145, 147, 172, 190, 193-95, 212, 213, 219, 222-25, 236, 251, 252
「──に体」（善悪の知） 85, 96, 98, 99
時間 73, 84, 109, 203, 207 →永遠
自己 10, 11, 15, 17, 29, 32-33, 36, 40, 41, 55, 57, 60, 64, 67, 68, 78, 86, 104, 121-126, 142-145, 147-50,

事項索引

153, 156, 159, 162, 172, 177, 179, 180, 185–90, 196, 198–210, 211, 219, 230, 235–41, 244, 249–51 →わたし
――自身への再帰　187
――知　11, 15, 64, 86, 148, 149, 189
――のあるがまま（「真」）　186
――保存　238, 239, 241
――無化（κένωσις）　187, 196
自証知　76, 77
自然／生命的な　193, 194, 216, 241 →霊的
自然学　40, 45, 47, 145
自然状態（ホッブズの）　238
自体的（intrinsic）価値　170, 171, 174, 176 →美
詩人批判　158
実践　12, 28, 30, 32, 149, 150, 167, 196
至福　192, 193, 211–213, 216, 220 →幸福
社交性（socialitas）　236, 237, 239, 241
醜　155, 156, 162, 172, 176, 208
修辞学　153, 161, 162 →弁論術
儒学／儒教　244, 245, 250, 251, 254
受肉　17, 191, 195, 207, 210, 212–14
受容／応答／変容（キリスト教の日本における）　243, 246, 249, 250
初期自然哲学（ギリシアの）　42, 45, 53
初期哲学／対話篇（プラトンの）　28, 36, 42, 59, 73, 85, 100, 103, 104, 110, 146
贖罪　211–14, 216, 217, 221, 223, 225
思慮　→賢慮
　φρόνησις　91, 144, 148–50
　σωφροσύνη　64, 86–91, 93, 95, 98–100, 154
真／真理／真実　8, 16, 27, 28, 35, 36, 57, 59–62, 68, 73, 75–77, 82, 84, 90, 101, 104, 112, 113, 118, 122, 123, 128, 130, 131, 141, 144, 146, 158, 162, 186, 188, 189, 193, 196, 199, 200, 202, 205, 206, 208, 209, 213, 216, 221, 245, 253
――真実を語る　49, 75–77, 80
――真理の内面性と超越性　199, 200, 203
信（πίστις, fides）／信仰　61, 62, 75, 76, 82, 122, 123, 184, 186, 211–16, 219, 223–25, 245, 248, 249, 255
――のみ（ルターの）（sola fide）　224
――のロゴス（理）（fidei ratione）　212
仁／惻隠の心　247, 251–54
仁愛（benevolentia）　237–41, 253
神化（θέωσις）　187, 195 →神に似ること
神学　9, 46, 62, 125, 126, 184, 211, 231, 235, 250
人格　137, 144, 148, 149, 150, 151, 170, 177, 184, 201, 211, 212, 215, 216
心身二元論的人間把握／自我観　196, 201
心臓（cor）　201, 202 →心の奥底, 胸もと, はらわた
身体（σῶμα, corpus）　48, 49, 113, 154, 155, 159, 160, 192, 201, 202, 205 →魂, 肉, 肉体
神的なものへの類似（ἡ πρὸς τὸ θεῖον ὁμοίωσις）　192 →神化
神道　244, 245, 251, 253, 255
神秘　67–69, 131, 132, 195, 254
新約聖書　197, 198, 207
数に関する思索　107, 108, 114 →イデア数
枢要価値（cardinal value）　170
――枢要徳　252–253
すがた（姿）　13, 41, 68, 78, 115–17, 121, 136, 137, 144–51, 159, 188, 207

→かた（型），かたち（形）
素直な眼　32
正義　78-82, 93, 95, 98, 106, 140, 141, 144, 146, 148-50, 155, 156, 164, 170, 171, 174-76, 178-80, 211-13, 216-19, 221-24, 251-53, 257　→回心的価値
　交換的――　174, 179
　司法的――　211, 212, 215, 217-21, 223
　是正的――　179
　端的――　222-24
　配分的――　174, 179, 215
　比量的――　218, 219
政治　4, 7, 10, 46, 115, 168, 179, 180, 196, 230-35, 247, 251, 252, 254, 255
　――家　4, 5,
　――的思考（political thinking）　231
　――哲学　5, 7, 9, 10, 20, 63, 115, 167, 229-34
精神（διάνοια, animus）　136, 137, 143, 144, 148, 150, 197, 198, 201, 202, 207, 244, 246-48, 250, 253, 254, 256
生の選択　147, 158, 159
西方的偏り　196
節制／節度　5, 93, 95, 141, 143, 144, 154, 174, 215, 252　→思慮
説明／ロゴス（λόγος）　98, 108, 123, 126, 130, 138, 140, 145, 146, 158, 161, 162, 165, 189, 213, 225
善／アガトン（ἀγαθόν）　13, 18, 61, 65, 68, 78, 83, 90, 92, 94, 95, 97, 98, 106, 107, 109, 110, 130, 131, 140, 143, 146-48, 150, 153-56, 158, 159, 162, 169-71, 176-78, 215, 216, 222, 232, 233, 235, 237
　――悪の知　64, 85, 87-91, 93, 95-100
像／似像／似姿　81, 106, 139, 141, 158, 193-95

想起　137, 138, 140-143
ソクラテス裁判　59, 73, 84, 115　→告訴状
ソクラテス対話篇　15
ゾーン・ポリティコン　229, 231, 234, 235

た　行

第一哲学（アリストテレスの）　125
『大學』　251
第三人間論　6, 106
太平洋の橋　255-57　→東アジアとの共生
太陽（の比喩）　130, 131, 192
ダイモーン／ダイモニオン　87, 98, 109, 110, 112-14, 117, 118, 208
対話　7, 27, 29, 30, 32, 34-37, 77, 79, 94, 97, 108, 145-47, 200, 211, 213, 214, 225, 231　→問答
部処（タクシス）（τάξις）　61, 117
堕罪　193, 194
他者　117, 146, 147, 172, 179, 203, 207, 235, 239-41
脱自（ἔκστασις）／脱自的（ekstatic）　142, 170, 171, 177, 187, 188, 196
魂（ψυχή, anima）　16, 17, 52, 62, 64, 65, 67-69, 77, 78, 84, 104, 109, 110, 112, 113, 119, 126-31, 141-43, 145, 149, 155, 157, 159, 160, 188, 191, 193-95, 201, 204, 205, 208, 212, 213, 215-18, 221, 222, 224, 225, 247, 250
　――の運動（自己運動）　126, 130
　――不滅／不死　62, 64, 65, 145
単一説（unitarian）　17, 18　→発展説
知　11, 15, 28-29, 39-41, 43, 60, 61, 64, 66, 76-78, 82, 83, 85-101, 105, 107, 108, 121, 147, 158, 160, 163, 189, 200, 211-13, 215, 216, 220, 224, 230
　知恵／知慧　40, 60-61, 77, 114,

115, 117, 121, 128, 147, 148, 214,
　　　221, 232, 252
　　知識　　11, 18, 42, 66, 67, 113–15,
　　　117, 130, 138–40, 142, 150, 247
　　知性（νοῦς）　　108, 109, 119, 127–
　　　31, 143, 146, 169, 191, 208, 212
　　知と不知　　60, 73, 76–77, 86, 87, 89
中期哲学／対話篇（プラトンの）　　14,
　　16–20, 28, 42, 103, 104, 106, 107,
　　112, 126
中世哲学　　⇒教父・中世哲学
『中庸』　　251
超越（性）　　16, 17, 53, 111, 114, 123,
　　137, 148, 150, 159, 168, 170, 174,
　　175, 180, 188, 190–92, 195, 199,
　　200, 203, 205, 216
超越イデア論　　16, 17, 19　→イデア
　　論
超過と不足　　48, 49, 51
ディアノイア（διάνοια）　　130, 143
ディアレクティケー／対話法／辯證学
　　5, 14, 20, 85, 97, 98, 104, 105, 108,
　　111, 155
定義（definition）（アリストテレスの）
　　4
哲学者（philosophos）　　7, 13, 21, 32,
　　33, 42, 53, 55, 56, 61, 68, 115–17,
　　124, 132, 147, 148, 151, 153, 154,
　　159, 163, 164, 184, 185, 230, 233,
　　235, 236
哲学の道／途　　11, 57, 120, 121, 150,
　　187, 210
哲学方法（論）　　5, 11, 20
同一（性）　　48, 96, 107, 108, 113, 114,
　　125, 138, 145–47, 149, 150, 159,
　　160, 162, 208
統一性（魂全体の）　　143, 157
洞窟（の比喩）　　81, 114, 115, 117,
　　192, 196
東方教父　　186, 187, 191, 195, 196,
　　198
同名異義・同名同義　　49

徳（ἀρετή）　　7, 11, 28, 29, 83, 85, 86,
　　92, 93, 95–99, 113, 141, 144, 150,
　　154, 155, 158, 163, 169, 171–74,
　　177, 179, 187, 192, 215, 216, 244,
　　246, 250–54
　　――の一性　　94, 95, 100
　　――道徳（性）　　239, 244–51, 253–
　　55
ドクサ　　27, 29, 57, 112–14, 118, 126,
　　130, 140　→思いなし

　　　　　　　　な　行

内面（性）／内面化　　17, 190, 191,
　　199, 200, 203, 204, 206, 246, 249
何であるか（τί ἐστιν）　　29, 56, 60, 68,
　　78, 83, 85–87, 90, 93, 95–99, 101,
　　103, 110, 115, 117–19, 122, 139,
　　140, 184, 187
二極構造　　106–08
肉（σάρξ）　　190, 193
肉体（σῶμα）　　8, 12, 16, 17, 64, 65,
　　68, 141, 143, 144, 150, 160, 188–96,
　　198–201, 203, 204, 206–09, 222　→
　　身体
二世界説／論　　16, 108–12
日常語／言語　　13, 52, 105–08, 135
日本的共同体　　255
人間　　52, 56, 59–61, 66, 77, 78, 80,
　　84, 109, 110, 112–14, 116–18, 122,
　　123, 130, 131, 136, 141, 148, 150,
　　154, 155, 158, 164, 172, 188–93,
　　195–98, 200, 202–05, 207, 208,
　　212–25, 230, 231, 233–41, 248, 250,
　　253–55
　　――本性／――とは何か　　16, 104,
　　112, 117, 118, 122, 187, 188, 191–
　　95, 229, 233, 235, 239

　　　　　　　　は　行

場（コーラ）　　21

廃仏毀釈　253, 254
場所　27, 69, 81, 82, 202-08
機織り術　4
発見的原理　58
発展説（developmentalist）　17, 18
　→単一説
パラデイグマ（παράδειγμα）　4, 5
　範型　106, 136, 149, 150, 193
　雛形/雛型　4, 18, 105-07
　見本/模範像/exemplum　148-50, 222-25
　範例/例　145, 148, 200
はらわた（viscera）　201　→胸もと, 心臓
万人の万人に対する戦争　236, 240, 241
美/カロン（καλόν）　8, 65, 106, 107, 113, 137, 140-44, 147-50, 153-65, 170-74, 176-78, 188, 198, 218, 247
　――の大海原　160
　――/愛の階梯　144, 154, 158-60, 162
　美しさのために（καλοῦ ἕνεκα）　172, 173, 175, 178-80
東アジアとの共生　257　→太平洋の橋
秘儀　142, 158, 159, 195
フィリア/友愛　157, 179, 256
武士道　244-54
不知　60, 73, 76-78, 86-89
　――/無知の自覚　77, 78, 84, 89, 101, 104, 117, 121
　無知（ἀμαθία）　120, 140, 147
復活（ἀνάστασις）　191, 194, 195
　→原初状態の復元
仏教　244, 245, 247, 251, 253
プトレマイオス朝エジプト　44
普遍　11, 41, 47, 53, 69, 136, 138, 144, 148, 150, 157, 161, 196, 215, 216, 231, 232
不文の教説　21
ブーレーシス（意欲）　126

分割（法）(diairesis)（プラトンの）　4, 5, 18, 20, 104-08, 110, 114　→定義
文献学（philology）　12, 74
ヘブライズム　197
ペプロス　21
へりくだり　195, 203, 253
　謙虚さ（humilitas）　203
　自発的な――（ἡ ἑκούσιος ταπεινοφροσύνη）　192
ペルソナ　9　→人格
ヘレニズム（時代の哲学）　9, 42-46, 197
弁論術　162, 175-76　→修辞学
封建社会　247
方法論的弁証　30-32, 35
誉/名誉　169, 174, 212, 214, 216-23, 225, 235, 246

ま　行

交わり/コイノーニア　183, 203, 207, 209
真っ当さ/真っ当な者（ἐπιεικής）　178, 179
マンデー・セミナー　12, 183, 185
道（行き）　57, 69, 120, 121, 160, 162, 167, 186, 196, 209, 252　→哲学の道/途
三つの顔　8, 16, 103
ミュートス/ミュトス　5, 14, 16, 25, 104, 111, 112, 126, 141, 157
ミラノ＝テュービンゲン学派　36
無情念（ἀπαθές）で無垢（ἀκήρατον）　192
胸もと（praecordia）　201　→はらわた, 心臓
メテクシス（分有）　65, 104, 106, 108-10, 131, 156, 209
モイラ（分け前）　68　→定め
目的・手段連関　169, 170, 176
目的論（アリストテレスの）　11, 113,

177
モーセ律法　218, 225
模倣　149, 192, 193
問答（法）　27-29, 56, 57, 63, 87, 120, 130 →対話

　　　　　　や　行

やまとことば / 和語　13, 135
友愛　⇒フィリア / 友愛
勇気（ἀνδρεία）　5, 78, 83, 91-96, 98, 99, 144, 154, 172, 174, 215, 246, 251, 252
ヨーロッパのロマン主義運動　245, 248

　　　　　　ら　行

螺旋状　29, 57, 211
リヴァイアサン　236
理解（understanding/intellectum）　6, 138, 139, 142, 154, 158, 162, 213
理性（νοῦς）　47, 53, 67, 104, 105, 109, 110, 123, 126, 127, 157, 188, 202, 208, 211-17, 219, 220, 232, 238 →知性
離存（理性の肉体からの）（χωρισμός）　188
類似（性）　68, 107, 108, 192
類と種 / ゲノスとエイドス（γένος, εἶδος）　48-53
類比　145, 161, 176, 196
霊的　193-95 →自然 / 生命的な
レオン拘引事件　78-83
ローマ帝政時代の哲学　45

　　　　　　わ　行

わたし / 私　121, 122, 200, 203, 207 →自己
「――はある」,「――は世界のうちにある」ということ　198, 199, 203, 206, 207, 210
――を越えてあなたにおいて（supra me in te）　205, 206

原典箇所索引

アウグスティヌス　17, 183–87, 190, 197–210, 229–36, 240, 252
『告白』　10, 12, 195, 199–202, 206
　第7巻　208–9
　第10巻　205–6
　第11巻　206–7, 209
　第12巻　185, 209
　第13巻　209
『三位一体論』
　第15巻　202
アリストテレス　8–9, 20–21, 42–43, 45, 47, 67, 113, 122, 136, 159, 183, 197–98
『カテゴリー論』　155
　第1章　49
　第2章　49
　第3章　48
『命題論』
　第1-4章　49
『分析論前書』　9
『分析論後書』　6, 9, 11, 47, 67, 167
　第1巻第1章　49
　第2巻第14章　51
　第2巻第19章　49, 52
『トピカ（トポス論）』　20, 21
『自然学』
　第2巻第2章　170
『魂について(デ・アニマ)』
　第2巻第1章　51
　第2巻第4章　170

　第3巻第3章　215
『動物誌』　47–53
　第1巻第1章　48
　第1巻第6章　49–50, 53
　第8巻第40章　50
『形而上学』　168
　Δ巻第13章　155
　Λ巻第7章　170
『ニコマコス倫理学』 9–13, 20, 155, 157, 167–80
　第1巻第1章　168–69
　第1巻第2章　169
　第1巻第7章　169
　第1巻第8章　171
　第2巻第3章　171, 215
　第3巻第7章　172, 175
　第3巻第8章　172
　第3巻第9章　172
　第4巻第1章　172–73, 175
　第4巻第2章　173–74
　第4巻第6章　172
　第5巻　178, 252
　第5巻第1章　179
　第6巻第11章　179
　第7巻第4章　215
　第8巻第1章　179
　第8巻第2章　171, 177
　第8巻第3章　177

　第8巻第4章　215
　第9巻第4章　177, 179
　第9巻第7章　171, 177
　第9巻第8章　178
　第9巻第9章　179
　第10巻第7章　180
『エウデモス倫理学』 175
　第1巻第1章　171
　第3巻第1章　172
『大道徳学（マグナ・モラリア）』　175
　第1巻第21章　172
『政治学（ポリティカ）』 4, 7, 229–31
　第1巻第2章　229–30
　第7巻第3章　179–80
『弁論術』
　第1巻第5章　177
　第2巻第4章　177
『詩学』　158
アンセルムス
『神はなぜ人間に』 211–25
ウェルギリウス　198
エウドクソス　20
エウリピデス
　「断片」698　145
エピクロス　44, 62
『メノイケウス宛の手紙』　62
『主要教説』　62

オウィディウス
『変身物語』　238
オリゲネス　184, 191
キケロ　198
『トゥスクルム荘談話』
　　44
クセノクラテス　20, 46
クセノポン
『ソクラテスの想い出
　（ソクラテス言行録）』
　　79
　第 4 巻第 4 章　79
グレゴリオス（ニュッサの）
　　186, 191–96
『アポリナリオス反駁』
　　192
『至福について』　192–
　　93
『ステファヌス頌歌』
　　192
『魂と復活』　193–94
『教理講話』　195
スペウシッポス　20, 46
聖書　198
『創世記』　193
『エゼキエル書』　219
『詩篇』　198, 202
『マタイ福音書』　209
『コリント前書』　194
『ロマ書』　224–25
セクストス・エンペイリコ
　ス　112
セネカ　198
ディオゲネス（シノペの）
　　53
テオプラストス　46
デモクリトス　53
トマス・アクィナス
　　10, 66, 183, 215, 235
バシレイオス
『聖霊論』　191
パルメニデス　8–9, 42,

108, 188
プラトン　多数
『ソクラテスの弁明』
　　11, 15–17, 56, 59–62,
　　69, 73–85, 116–17,
　　108, 188
　17b　77
　18c　74
　20d　77
　20e　78
　21a　77
　21b　76–77
　21d　77
　22a　77–78, 148
　22e　78, 147
　23a　77, 148
　23c　78
　24a　75, 77
　26c　74–75
　28b　147
　28d　81
　28e　81–82
　29b　77
　29d　80, 83
　30d　85
　31e　80–81
　32a　80–81
　32b　79
　32c　79
　32d　79
　34a　81
　42a　83
『クリトン』　80, 116,
　　46b　146
　49a　146
『エウテュプロン』
　　7b　140
『プロタゴラス』　18, 94
『カルミデス』　11, 15,
　　29, 36, 64, 85–91, 96–
　　101
　159c　155
　173d　87

　174b　87, 90, 98
　174c　87–88
　174d　88–90
　175b　89
　175c　90
　175e　90
　176a　90, 100–1
『ラケス』　11, 15, 29–
　　30, 78, 85, 87, 91–99
　192c　155
　194e　92
　199b　94
　199d　95, 98
『リュシス』
　218d　172
『ヒッピアス大』　160
『ヒッピアス小』　37
『ゴルギアス』　171,
　　175–76
　459d　176
　462c　176
　474c　156, 176
　474d　176
　491b　176
『メノン』　11, 15, 18,
　　97
『パイドン』　17, 61–
　　62, 64–65, 69, 107,
　　110, 112, 137–140,
　　142
　64a　62
　64c　64
　66b　62
　69b　188
　74b　142
　74c　139
　74d　138
　75c　140
　91d　65
　95e　65
　98c　145–46
　99a　146

99c	65, 110	第8巻	171		3–7, 13, 19–20, 125, 129
100c	65	第9巻	171		
102c	145	606a	68	269c	110
102d	162	613a	191	『ピレボス』	6, 13, 18–
102e	144–45	『パイドロス』	20,		20, 127
103d	145		140–44, 156–57, 162	21a	69
118a	79, 148	245b	142	30c	128
『饗宴（シュンポシオン）』		248c	143	『ティマイオス』	6,
	112, 140, 153–62	249c	142–43		19–21, 64, 106, 110,
202d	113	249d	141		125, 127–29
206a	142	250b	141–43	28c	110
207d	113	250c	143	30b	128
207e	113	250d	141	『クリティアス』	19
208c	161–62	254b	143	『法律（ノモイ）』	4–5,
209e	144	254c	143		7, 19–20, 62, 69, 110,
210a	160–61	256a	143		125–27, 129–31, 229
210b	160	256c	143	713a	110
210c	160	274c	31, 124	715e	110
210d	160	275c	27	716e	110
210e	161	276d	57	897b	130
211c	160	『クラテュロス』	49	897d	110
211d	158	『パルメニデス』	6,	898e	131
211e	158		16–17, 19–20, 103–4,	904a	110
212a	113		106–8, 114, 129	『第二書簡』	
212b	161	『テアイテトス』	5–6,	312d	110
『ポリテイア（国家）』			11, 18–19, 69, 103,	312e	110
	4, 7, 13, 15, 19, 69,		107–8, 112–17, 129	314c	110
	110, 114–15, 117,	155d	132	『第六書簡』	
	130–31, 140, 229, 233,	174b	117	323d	110
	252	176a	188, 191	『第七書簡』	110
357b	169, 180	176b	116	325a	83
472c	149	184b	114	328e	33
472d	149	197a	145	341b	27, 31, 110
490b	130	『ソフィスト（ソフィステス）』		プロティノス	9, 16,
505b	99		6, 18–20, 49,		197, 208
506d	110		55, 107–8, 114, 127,	『エネアデス』	
508d	130		129	I. 2	191
511d	130	219a	105	ヘラクレイデス	20
517d	81	249a	129	ルクレティウス	
533d	130	254a	110	『物の本性について』	
534b	131	『政治家（ポリティコス）』			44

Between Immanence and Transcendence

—A Festschrift in Honour of Shinro Kato on His Eighty-Eighth Birthday—

CHISEN-SHOKAN, Tokyo

CONTENTS

Preface   Shigeki TSUCHIHASHI   v

Introduction: The 'Trinitarian Structures' of the Philosophy of Shinro Kato
                                                      Noburu NOTOMI   3

Methodos in Philosophy

1   On the Approaches to Plato — A Review with Reference to S. Kato's Theses (1988) —   Akitsugu TAKI   25

2   What Does Greek Philosophy Mean? ——Reading Kato's *A History of Greek Philosophy*   Osamu KANAZAWA   39

3   Kato's Plato — On Plato's Early Philosophy, 'Prelude to a Swan Song', etc. —   Satoshi OGIHARA   55

Interpretations of Plato

4   *Kairos*, the Critical Moment   — Shinro KATO on *The Apology of Socrates* —   Shinji TANAKA   73

5   Knowledge of Good and Evil in Plato's *Charmides and Laches*   Mitsuyoshi NOMURA   85

6   *Daimonion* Vocation —— On the Trinitarian Interpretation   Satsuki TASAKA   103

7   God, *Nous*, and Soul in Later Plato   'The Theology of Plato' by Shinro Kato   Masahito TAKAHASHI   119

Kalon and *Arete*

8   The Dynamism in Plato's Theory of Forms   — Learning from '*Kata, Katachi, Sugata*'   Yuji KURIHARA   135

9   The Invention of Beauty and Everyday Aesthetics   —— The Role of Beauty in the Formation of Morality
                                                              Yutaka ISSHIKI   153

10   On Moral Goodness and Beauty—'For the Sake of Beauty (καλοῦ

ἕνεκα)'

Shigeru KANZAKI   167

Philosophy and Belief

11   Contemplation and Incarnation —— Towards S. Kato's Theory of the Body   Shigeki TSUCHIHASHI   183
12   The Self, the Body, and My Presence — On Prof. Kato's Studies in Augustine—   Kazuhiko DEMURA   197
13   Justice as Rectitude in Anselm's *Cur Deus Homo* —— Towards 'Human Perfection'   Kei CHIBA   211

Towards the Peaceful Coexistence of Human Beings

14   The Early Modern Theory of Mutual Benevolence Reconsidered —— Towards a Political Philosophy of Peace and *Kyousei*   Yoshie KAWADE   229
15   Pluralism beyond People and Culture —— Kato's Reflexion on Nitobe Inazo's *Bushido*   Mukengeshayi MATATA   243

Afterword Yuji KURIHARA	
259	
Contributors	261
Bibliography	263
Index of Subjects and Names	275
Index Locorum	284

〔内在と超越の閾〕　　　　　　　ISBN978-4-86285-213-7

2015年7月25日　第1刷印刷
2015年7月30日　第1刷発行

編者　　樹留次修夫
　　　　茂信裕
　　　　橋富原
　　　　土納栗
　　　　金澤

発行者　小山光ャット
製版　ジ

発行所　〒113-0033 東京都文京区本郷1-13-2
　　　　電話03(3814)6161 振替00120-6-117170
　　　　http://www.chisen.co.jp
　　　　株式会社 知泉書館

Printed in Japan　　　　　　　　印刷・製本／藤原印刷